农村经济综合管理示范特色专业及实训基地建设项目课程系列教材

农产品冷链物流

主　审：雷秀明

主　编：任智乾　钟　岚　卢连娇

副主编：雷　云　吴　艳　庞春宁

　　　　江昭玉　朱奕啟　郑光就

参　编：赖雪娉　黄小霞　韦柏林

　　　　陈长华　陆小慧　陈慧萍

　　　　赖江连　徐　琨　陆荣程

　　　　黄光榴

辽宁大学出版社

图书在版编目(CIP)数据

农产品冷链物流 / 任智乾,钟岚,卢连娇主编. — 沈阳：
辽宁大学出版社，2021.12
ISBN 978-7-5698-0435-5

Ⅰ. ①农…　Ⅱ. ①任…②钟…③卢…　Ⅲ. ①农产品
－冷冻食品－物流管理　Ⅳ. ①F252.8

中国版本图书馆 CIP 数据核字(2021)第 134825 号

农产品冷链物流
NONG CHANPIN LENGLIAN WULIU

出 版 者：辽宁大学出版社有限责任公司
　　　　　　(地址：沈阳市皇姑区崇山中路 66 号　邮政编码：110036)
印 刷 者：沈阳海世达印务有限公司
发 行 者：辽宁大学出版社有限责任公司
幅面尺寸：170mm×240mm
印　　张：16
字　　数：280 千字
出版时间：2021 年 12 月第 1 版
印刷时间：2021 年 12 月第 1 次印刷
责任编辑：张　茜
封面设计：刘熙川　徐澄明
责任校对：吕　娜

书　　号：ISBN 978-7-5698-0435-5
定　　价：45.00 元

联系电话：024－86864613
邮购热线：024－86830665
网　　址：http://www.lnupshop.com
电子邮件：lnupress@vip.163.com

前　言

改革开放以来,我国的农业发展取得了举世瞩目的成就,农业产值不断攀升,生产结构得到了优化,为整个社会的稳定和国民经济的发展做出了贡献。然而,随着经济的不断发展,农业发展中的短板—物流问题也逐渐凸显。农业是一个由多链条组成的复杂整体,物流环节的缺失将影响农业的可持续发展。农产品物流中涉及内容最广的就是生鲜农产品,它们的产量大,物流难度高,与人们群众的日常生活密切相关。特别是随着收入水平的提高,人们对农产品的新鲜和安全度有了更大的关注,搞好这类农产品的物流也就成为了农产品物流业的发展重点。正是基于此,冷链物流的发展受到了越来越多的关注,成为农产品物流业的发展趋势。然而,由于起步晚、基础设施建设等方面落后,我国的农产品冷链物流无论在理论上还是实际发展中都存在许多问题,如不加以改善,势必影响农产品物流业的整体发展。

农产品作为我国国民经济的重要支柱,其质量安全问题关乎民生。农产品冷链物流可从农产品的物流环节保障农产品的食品安全问题,降低物流过程中因农产品污染、变质、腐烂等引发的安全事故。然而,随着人们对冷链食品消费需求的逐年提高,农产品冷链物流的问题也不断浮出水面,本书主要围绕农产品冷链物流的基本功能进行阐述,主要从以下几个方面研究:第一,概述农产品冷链物流的基础知识;第二,对农产品冷链物流的基础理论及意义进行概述;第三,分析农产品包装与流通加工的功能;第四,对农产品配运功能进行分析;第五,对农产品仓储功能进行分析;第六,对农产品物流信息进行分析;第七,针对我国农产品冷链物流提出具有可行性的对策与措施;并且在本书的最后环节附有农产品冷链物流相关的综合训练,便于更好理解与记忆。

本书由广西梧州农业学校下列人员编写:任智乾、钟岚、卢连娇担任主编,雷云、吴艳、庞春宁、江昭玉、朱奕啟、郑光就担任副主编。其中项目一、项目七由任智乾负责编写,项目二、项目五由钟岚负责编写,项目三由卢连娇负责编写,项目四、项目六和综合训练由雷云、吴艳、庞春宁、江昭玉、朱奕啟、郑光就负责编写,在编写过程中,北京络捷斯特科技发展有限公司广西分公司总经理.高级物流师陆荣程同志及广西贺州市中通快递有限公司黄光榴同志对教材编写的各项目内容进行审核,在此一并表示衷心的感谢!

目　录

项目一 农产品冷链物流概述

近年来,随着农业结构的调整和居民消费水平的提高,生鲜农产品的产量和流通量逐年增加,全社会对生鲜农产品的安全和品质提出了更高的要求。农产品冷链物流是最大限度地保证农产品品质和质量安全、减少损耗、防止污染的特殊供应链系统。加快发展农产品冷链物流,对于促进农民持续增收和保障消费安全具有十分重要的意义。

【引例】"新鲜果蔬冷链物流的复杂性在哪里?"

一般新鲜果蔬具有与其他农产品(肉、禽、水产、蛋等)不同的特点,即新鲜果蔬采后仍然是具有生命的活体,并且还在不断地进行新陈代谢,消耗养分和水分,产品新鲜度和品质也会下降,而且由于新鲜果蔬水分与糖分含量较高,极易遭受微生物和害虫的侵染,在贮藏和运输过程中易腐烂变质,从而失去商品价值。新鲜果蔬的这些特点决定了其物流有别于其他产品冷链物流。新鲜果蔬的物流过程经过了集中、整修、分选、分级、清洗、预冷、包装、冷藏、气调贮藏、催熟、运输、销售等环节。

新鲜果蔬冷链物流具有以下特点:

第一,在采收环节,采收时间需要根据当年的气候、果蔬的品种、树龄、销售期等因素综合考虑。

第二,新鲜果蔬产品具有不均一性,果蔬收获后的品质、大小和形状各不相同,因而在采后需要对果蔬进行整修、清洗、分选、分级等商品化处理。

第三,需要保持新鲜果蔬的新鲜度和品质,延缓新鲜果蔬的衰老,减少微生物的侵害。新鲜果蔬从收获到销售的过程需要有一定湿度的冷藏环境或保持在一定温度、湿度及对气体成分可进行调节的环境中,而果蔬的种类、品种不同,果蔬的保鲜技术、措施也不一样,因而新鲜果蔬冷链物流远比其他一般的冷链物流复杂,管理的难度更大。

【思考】新鲜果蔬冷链物流有何发展潜力?请你谈谈新鲜果蔬冷链物流的发展前景。

任务一 农产品冷链物流基础知识

一、农产品冷链物流基本概念

(一)冷链的定义

冷链(cold chain),根据《中华人民共和国国家标准:物流术语(GB/T 18354—2006)》,定义为"根据物品特性,为保持其中品质而采用的从生产到消费的过程中始终处于低温状态的物流网络"。

冷藏区(chill space),根据《中华人民共和国国家标准:物流术语(GB/T 18354—2006)》,定义为"仓库内温度保持在0℃～10℃范围的区域"。

冷冻区(freeze space),根据《中华人民共和国国家标准:物流术语(GB/T 18354—2006)》,定义为"仓库内温度保持在0℃以下(不含0℃)的区域"。

冷藏农产品(refrigerated agricultural products),根据中华人民共和国国家标准《冷藏食品物流包装、标志、运输和储运》,定义为"在物流过程中,中心温度维持在8℃以下、冻结点以上,并最大程度保持原有品质和新鲜度的农产品"。

冷藏运输(refrigerated transportation),根据中华人民共和国国家标准《冷藏食品物流包装、标志、运输和储运》,定义为"采用可以达到低温要求的运输设备,将农产品从一地点向另一地点运送的物流活动"。其中,包括装载、运输、卸货等一系列操作。

冷冻农产品(frozen agricultural products),根据中华人民共和国国家标准《冷冻食品物流包装、标志、运输和储运》,定义为"以可食用农、畜、禽、水产品等为主原料,经加工处理、速冻、包装等工序,在−18℃以下储运与销售的农产品"。

易腐农产品(perishable agricultural products),根据中华人民共和国物资管理行业标准《易腐农产食品机动车辆冷藏运输要求》,定义为"在常温下保存或流通易于腐败变质的农产品总称"。常见的易腐农产品对于温度的要求,见表1.1。

表 1.1 易腐农产品的温度要求

货物名称	温度/℃
速冻食品(速冻分割畜禽肉、速冻水产品、冷冰蛋、速冻米面食品、速冻蔬菜等)	−18
鲜鱼、其他海鲜(活体除外)	+2
熟食、集体用餐低温盒饭类	0~4
冷鲜肉类、水产类蛋类	0~4
豆制品、冷藏奶制品	4~7
新鲜蔬菜、水果	1~15

(二)冷链及冷链物流

"冷链"概念的提出最早可追溯到 1894 年,美国人阿尔贝特·巴尔里尔(Albert Barrier)与英国人 O. A. 莱迪齐(O. A. Ruddich)先后针对"冷链"概念提出自己的见解,但直到 20 世纪 40 年代,冷链物流才被投以足够的关注,并迅速发展起来。

Singh(2008)将"冷链"界定为"有温度控制的供应链",认为一个完整的冷链是一种在一定温度范围内连续的储存和分销活动,它可被用来延长产品保质期,如新鲜农产品、冷冻食品、感光胶片、化学品和药品等。日本进一步深化了冷链物流研究,认为"冷链是通过采用冷冻、冷藏、低温储藏等方法,使鲜活食品、原料保持新鲜状态,由生产者流通至消费者的体系"。该定义认为冷链是一种体系,这在某种程度上来讲也是一种新的认识。《中华人民共和国国家标准:物流术语(GB/T 18354—2006)》则将冷链定义为"根据物品特性,为保持其品质而采用的从生产到消费的过程中始终处于低温状态的物流网络"。

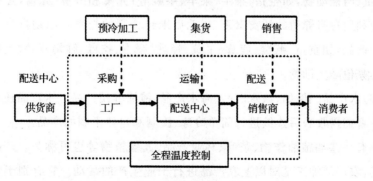

图 1.1 冷链供应链流程图

(三)农产品冷链物流

农产品冷链物流是指使肉、禽、水产、蔬菜、水果、蛋等生鲜农产品从产地采收(或屠宰、捕捞)后,在产品加工、贮藏、运输、分销、零售等环节始终处于适宜的低温控制环境下,最大限度地保证产品品质和质量安全、减少损耗、防止污染的特殊供应链系统。农产品一般是指农业生产出来的初级产品,即在农业活动中获得的植物、动物、微生物及其产品,如高粱、花生、玉米、小麦等。初级农产品是指种植业、畜牧业、渔业产品,不包括经过加工的各类产品。它包括以下几类。

(1)食用菌,是指自然生长和人工培植的食用菌,包括鲜货、干货以及农业生产者利用自己种植、采摘的产品连续进行简单保鲜、烘干、包装的鲜货和干货。

(2)瓜、果、蔬菜,是指自然生长和人工培植的瓜、果、蔬菜,包括农业生产者利用自己种植、采摘的产品进行连续简单加工的瓜、果干品和腌制品(以瓜、果、蔬菜为原料的蜜饯除外)。

(3)花卉、苗木,是指自然生长和人工培植并保持天然生长状态的花卉、苗木。

(4)药材,是指自然生长和人工培植的药材,不包括中药材或中成药生产企业经切、炒、烘、焙、熏、蒸、包装等工序处理的加工品。

(5)牲畜、禽、兽、昆虫、爬虫、两栖动物类。例如,牛皮、猪皮、羊皮等动物的生皮;牲畜毛、禽羽毛、兽毛,是指未经加工整理的动物毛和羽毛;活禽、活畜、活虫、两栖动物,如生猪、菜牛、菜羊、牛蛙等;光禽和鲜蛋(光禽,是指农业生产者利用自身养殖的活禽宰杀、褪毛后未经分割的光禽);动物自身或附属产生的产品,如蚕茧、燕窝、鹿茸、牛黄、蜂乳、麝香、蛇毒、鲜奶等;除上述动物以外的其他陆生动物。

(6)水产品。例如,淡水产品、海水产品、滩涂养殖产品。水产品还包括农业生产者捕捞收获后连续进行简单冷冻、腌制和自然干制的产品。

还有一些如粮油作物、茶叶、林业产品、其他植物等也可称为农产品。综上所述,农产品加工是对以上农产品进行工业生产的活动。它有别于农产品深加工,其加工后一般能看出产品原有的形状或特征。

农产品冷链物流作为冷链物流的一个方向,是指以保证鲜活农产品的品质为目的,以保持低温环境作为核心要求的供应链系统。

谢如鹤(1998)提出,冷链物流不仅指低温储运,同时还要最大限度地保持农产品的鲜活特性。

韩宇红(2006)认为,农产品冷链物流这项"系统工程"是"防止污染的特殊供应链系统"。

庞胜明、袁志业、魏朗(2006)将农产品冷链物流界定为以农产品全程恒温为中心,从农产品的采收开始,经过分级、加工、包装、分配到运输、销售,每一环节都是在适宜的低温环境下运行的一种物流供应链系统。

将冷链应用于农产品物流,一方面有效地降低了损耗,另一方面也从源头上保证了农产品的食品质量安全。冷链物流的发展不仅可以为农产品提供优质的贮藏和运输条件,而且也能有效地保证农产品的稳定供应,扩大销售半径,实现农民增收。农产品冷链物流相比常温条件下的物流系统要求更高、过程更复杂,是一个庞大的系统性工程,各节点间衔接的有效性直接关乎农产品冷链物流的运输效率,图 1.2 给出了农产品冷链物流的概念模型。

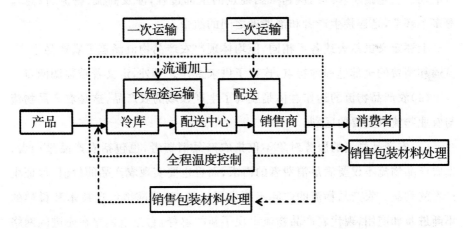

图 1.2 农产品冷链物流的概念模型

二、农产品冷链物流的内涵

通俗地讲,物流,即"物的流通",因而物流可描述为物质资料的物理流动,通过加工、配送、储存、信息处理等过程,使物质资料从生产者流向消费者。自人类社会诞生开始,物流也相继出现,并存在和发展于各个不同的领域。农产品物流作为其中的一个方面,除了包含物流的一般特征外,还具有自身的特点。

赵敏(2007)在《农产品物流》中认为,农产品物流是指为了满足用户需求,实现农产品价值而进行的农产品物质实体及相关信息从生产者到消费者之间的物理性经济活动。具体地说,它包括农产品生产收购、运输、储存、装卸、搬运、包装、配送、流通加工、分销、信息活动等一系列环节,并且在这一过程中实现了农产品的价值增值目标。

张敏(2009)指出,农产品物流是:"以实现农产品价值增值为目标,以满足消费者需求为目的而进行的农产品从收购到流通加工等一系列物理性流动。"

李碧珍(2010)认为,农产品物流是"为了满足消费者需求,农产品由产地向销地转移的物理性经济活动,是农产品的储存(常温、低温或者冷藏)、运输、装卸、流通加工、包装、配送和信息处理等各环节的有机结合。"

芦亚丰(2012)提出,农产品物流是指在满足消费者需求的前提下,通过田间采集、仓储、包装、运输、配送等一系列操作实现农产品价值增值的系统性经济活动。它包括了农产品从起点到终点的全部过程,涉及商流、物流、信息流等多个环节,是连接生产者和消费者之间的纽带。

上述定义虽然表述各不相同,但均体现出农产品物流涵盖了农产品生产、流通和消费的全部过程的特点,连接了供求主体。另外,定义着重强调两点:

(1)农产品物流的运作客体是脱离了生产领域的农产品,这是农产品物流与农业物流最重要的区别。

(2)农产品物流的服务对象不仅指农产品消费者,也包括农产品生产者,即农产品物流不仅要满足消费者的需求,而且也要实现农产品的价值,保证生产者的利益。农产品物流的内涵不断发展延伸,随着网络信息技术和科学的不断进步和应用,现代农产品物流出现了新的解释,它是指建立在先进的网络和信息技术基础之上,整合利用现代交通和仓储设施,依靠大量的商务信息指令,将农产品运输、仓储、加工、装卸、包装以及流通加工、配送、信息处理等经济活动进行一体化经营和管理的综合产业活动,以最终实现优化农产品流通渠道、全方位降低涉农企业经营成本、最快最好地服务于农产品生产者和最终消费者等目的。

三、农产品冷链物流的货物种类

(一)根据农产品货物品类划分

1.冻畜禽肉类

畜禽肉类主要包括牛、羊、猪、鸡、鸭、鹅肉等,其主要营养成分有蛋白质、脂肪、糖类、无机盐和维生素等,由肌肉组织、脂肪组织、结缔组织和骨骼组织组成。畜禽经屠宰后即成为无生命体,对外界的微生物侵害失去抗御能力,同时进行一系列的降解等生化反应,出现僵直、软化成熟、自溶和酸败等四个阶段。其中,自溶阶段始于成熟后期,是质量开始下降的阶段,特点是蛋白质和氨基酸分解、腐败微生物大量繁殖,使质量变差。肉类的贮藏应尽量推迟进入自溶阶段。

冷冻贮藏是一种古老的、传统的保存易腐败货物的方法。货物由于酶的分解、氧化和微生物生长繁殖而失去使用价值,冷冻可以钝化酶的分解、减缓氧化、抑制微生物生长繁殖,使货物处于休眠状态,在产品生产数周甚至数月后仍保持原始质量。

通常肉类在−18℃以下即达到休眠状态,但−23℃以下的低温比−18℃的低温可成倍延长冷藏期。在−30℃以下的冷藏期比在−18℃以下的冷藏期长一倍以上,其中猪肉最为明显。许多国家明确规定,冷冻农产品、制成品和水产品必须在−18℃或更低的温度下运输。客户一般要求货物在运输期间温度保持在−18℃以下。

2.冻鱼和水产品

鱼类和水产品主要含有水分、蛋白质、脂肪、矿物质、酶和维生素。其中,蛋白质含量较高,还有人体必需的八种氨基酸。鱼类和水产品与畜禽肉相比,其肌肉组织松软,不饱和脂肪酶含量高,且酶含量也高。

鱼类和水产品死后不但会出现僵直、成熟、自溶和酸败等四个阶段,而且在僵直前还有一个表面黏液分泌过程,这种黏液是腐败菌的良好培养基。上述四个阶段持续时间较短,尤其是软化成熟阶段极短,这是因为多种酶和微生物在较低的温度下仍有很强的活性。在自溶阶段,蛋白质和氨基酸分解,腐败微生物大量繁殖,使质量变差。

鱼类和水产品的贮藏时间与温度密切相关。在正常情况下,温度每降低10℃,冻藏期增加3倍。多脂鱼类较低脂鱼类冻藏期短,红色肌肉鱼类冻藏期更短。一般冻藏温度是:少脂鱼和水产品在−18℃~−23℃;多脂鱼在−29℃以下,部分红色肌肉鱼可能要求达到−60℃的低温。在冻藏和运输期间应使用尽可能低的温度,并应避免任何温度波动。

3.冻水果和蔬菜

水果和蔬菜是人类必需的农副产品,其营养价值因品种及生长、成熟、贮藏条件等的不同而有较大的差异,主要含有水分、糖类、有机酸、酶、纤维素、色素和维生素等。一般常见果蔬对储藏温度和湿度的要求见表1.2。水果和蔬菜采摘后,果实组织中仍进行着活跃的新陈代谢过程,在很大程度上是母体发生过程的继续,未成熟的可继续成熟,已成熟的可发展至老化腐烂的最后阶段。多数水果和蔬菜经过冻结和冻藏后将失去生命的正常新陈代谢过程,由有生命体变为无生命体。冻水果和蔬菜由大批量散装到零售小包装的多种运输形式,应特别注意货物的特殊要求以免造成货损,一般规律是冻藏温度越低,货物品保持越好。

表1.2　果蔬保鲜温度与湿度要求

保鲜库名称	温度/℃	相对湿度/%	保鲜库名称	温度/℃	相对湿度/%
苹果保鲜库	1	90	香蕉保鲜库	14	80
西瓜保鲜库	4	75	青椒保鲜库	10	80
韭菜保鲜库	0	90	草莓保鲜库	1	75

冷冻蔬菜在冻结前通常用热水或蒸汽烫洗,以杀灭大量的细菌和减缓酶的作用。用水密的复合材料包装,且贮藏在低于−18℃的温度下,在没有温度升高波动的情况下能延长蔬菜的冻藏期。

冷冻水果通常不用烫洗,而采用酸处理。因此,选择适当成熟度和高质量的水果进行冷冻处理非常重要,因为再好的包装和低温也不能避免低水平的酶化作用。

4.冰淇淋

冰淇淋是人们用于清凉解暑、充饥解渴的营养价值很高的农产品,含有脂肪、蛋白质、碳水化合物、矿物质和维生素等。生产中的低温灭菌操作、清洁的运输、适当的温度设置和完整的包装,可以保证冰淇淋在市场上是安全的农产品之一。冰淇淋组织细腻是感官评价的一个重要标准,这主要取决于其冰晶的尺度、形状及分布。冰晶越小,分布越均匀,口感越好。除加工外,在冻藏过程中,低温控制冰晶尺度也是保证质量的有效方法。

冰淇淋包装材料有涂蜡纸、纸箱和塑料桶等。外包装对避免冰淇淋损坏和热袭起重要的保护作用。冰淇淋通常使用6.09米的冷箱运输,温度应设置在-25℃以下,并应避免任何温度波动。

5.奶制品

冷冻奶油通常是大宗货物。习惯做法是将奶油装在纸箱内,纸箱装在货盘上,然后再装入冷箱内运输。虽然有些奶制品可在较暖的温度下运输,但实际温度一般设置在-14℃以下或更低,因为大部分奶油在低于-8℃下没有微生物损坏,并且保持良好的质量。可长期贮存的硬奶酪通常在1℃～7℃温度下运输,这取决于奶酪的种类、包装、运输距离和作为加工或零售的用途。其他奶酪通常用冷箱在0℃～13℃温度下运输。

(二)根据农产品货物所在温度区间划分

1.保鲜货物

保鲜货物一般是指贮藏保鲜的各种水果、蔬菜、花卉、苗木等。保鲜货物的特点是贮藏保鲜期长,经济效益高,如葡萄保鲜7个月,苹果6个月,蒜薹7个月,品质鲜嫩如初,总损耗不到5%。一般葡萄产地价只有1.5元/千克,而贮藏到春节前后售价可达6元/千克。一般情况下,一次性投入建成冷库,使用寿命可达30年,经济效益十分显著,具有当年投资当年见效的好处,并且操作技术简单、维修方便。制冷设备可微电脑控制温度,自动开机、停机,无须专人监护,配套技术经济实用。

保鲜货物是存放在保鲜库中的。保鲜库又称高温冷库,主要用来存放需要短期储藏的水果、蔬菜产品。保鲜库和其他农产品冷库相比,在设计冷库制冷量时要考虑货物呼吸热量和冷库通风换气热量。同时,为了保证货物储藏品质,在对保鲜冷库设计时还要考虑库内空气的湿度。

由于农产品在采收后昼夜温差较大,并且空气中的相对湿度较低。蔬菜、水果在这样的环境中储藏时间将大大地缩短,储藏品质也将大大地下降。据大量实验研究,蔬菜、水果在保鲜库内储藏时间能延长1/3。再者,水果保鲜冷库贮藏是抑制微生物和酶的活性,延长水果蔬菜贮存期的一种贮藏方式。保鲜冷库技术是现代水果蔬菜低温保鲜的主要方式。水果蔬菜的保鲜温度范围为0℃~15℃,保鲜贮藏可以降低病源菌发生率和果实腐烂率,还可以减缓果品的呼吸代谢过程,从而达到阻止衰败、延长贮藏期的目的。现代冷冻机械的出现,使货物保鲜可以在快速冻结以后再进行,大大地提高了保鲜水果蔬菜的品质。

以气调技术为例,水果气调保鲜库是人为控制气体中氮气、氧气、二氧化碳以及乙烯等成分的比例、湿度、温度(冰冻临界点以上)及气压,通过抑制储藏物细胞的呼吸量来延缓其新陈代谢过程,使之处于近休眠状态,而不是细胞死亡状态,从而能够较长时间地保持被储藏物的质地、色泽、口感、营养等基本不变,进而达到长期保鲜的效果。气调保鲜库是目前国内外较为先进的果蔬保鲜设施。它既能调节库内的温度、湿度,又能控制库内的氧气、二氧化碳等气体的含量,使库内果蔬处于休眠状态,出库后仍保持原有品质。它的好处如下。

(1)延长果蔬的贮存期,一般比普通冷藏库长0.5~1倍,贮藏至最贵价格时上市出售,可获得最高利润。

(2)可使果蔬保持鲜度脆性。出库后的果蔬,其水分、维生素C含量、糖分、酸度、硬度、色泽、重量均能达到贮存要求。水果香脆,蔬菜嫩绿,与新采摘状相差无几,可向市场提供高质量的果蔬。

(3)可抑制果蔬病虫害的发生,使果蔬的重量损失及病虫害损失减至最小。

(4)果蔬出库的摆架期可延长到21~28天,而普通冷藏库的果蔬出库后的摆架期只能维持7天左右。

2. 冷藏货物的防腐处理

冷藏货物是在低于常温但不低于物品冻结温度的条件下,使冷冻冷藏类货物保持在货物所需的低温或恒温度环境下,目的是保持货物原有的品质,减少货物损耗。冷藏的温度一般控制在0℃~5℃。防止冷藏货物,即易腐农产品腐烂变质的方法称为防腐法。防腐法的主要原理是抑制有害微生物的生命活动,或将细菌、真菌全部杀死。一般采用的防腐法有高温处理、干制、熏制、盐渍或糖渍及冷藏处理等几种,现将各种防腐法简单介绍如下。

(1)高温处理。将农产品密封在马口铁罐中,要求罐不满气,然后将罐放在耐压浸渍器中加温到 120℃进行消毒,消毒时间需 1.5 小时,使农产品中的有害菌类和微生物全部死亡。

(2)干制。将鱼、肉、水果、蔬菜等进行烤干或晒干,制成鱼松、肉松、果干、鱼干和脱水蔬菜等。鱼与肉在烤干之前,一般先稍微加以盐渍,主要是使微生物失去生长、发育和繁殖的条件,几乎所有的易腐货都可以采用此法防腐。

(3)熏制。通常用于鱼和肉的防腐。熏制前一般先加以盐渍,熏时将农产品烘干,并覆以由燃烧所产生的防腐剂。

(4)盐渍或糖渍。盐和糖的渗透力很大,能使农产品细胞内的水分减少,以使微生物不易活动,甚至死亡。盐渍防腐法是最普通最便宜的防腐方法。

(5)冷藏处理。它使农产品温度降低,从而使农产品中所含水分结冰,发生脱水作用,或者使农产品温度降到 0℃左右。虽然利用这种办法能阻碍变质,但微生物并未死亡,仅是暂时处于休眠状态中,待温度升高后,外界的温度和湿度条件适宜时,微生物还能迅速地恢复其生命活动,对保管货物质量仍产生极为严重的威胁。因此,要长时间地运输和保管,必须使货物始终处于低温状态中,才能保证货物不致损坏,而使农产品保持其原有的品质。

需要注意的是,这 5 种防腐法中,前 4 种防腐法均改变了农产品的风味,降低了农产品的营养成分,甚至在防腐处理过程中产生不利于身体健康的物质,不值得提倡。因此,只有冷藏处理才有可能保持农产品原有的新鲜和风味,是最理想而且使用最广泛的防腐方法。

3.冷冻货物

冷冻处理是使冷藏物品的整体形成冻结,使农产品中的绝大部分水分和液汁结冰,这种处理要在低温−20℃以下速冻,而且冻结的速度越快越好。

一般情况下,肉类农产品及海产品是常见的冷冻货物。这是因为当温度下降到 0℃左右时,货物即使不结冰,低温也会使腐败微生物的生长、繁殖减慢,延长了这一类农产品的保质期。在冷冻时,农产品的液汁由水变成冰,不能再供应微生物生活所必需的水分,而且低温又进一步阻碍了微生物的生长和繁殖,从而大大提高了其耐藏性能。在冷冻过程中,农产品所含的糖类、蛋白质、脂肪和无机盐类等营养物质,几乎不会遭到损失;而在维生素中,除极易氧化的维生素C外,其余维生素变化极少。如果在处理过程中,设法破坏或长期抑制酵素活动,可在-25℃以下冻结,保藏于-18℃的环境中,维生素C的损失也很少。采用冷冻处理法保藏的农产品,因冻结会破坏细胞组织,故影响了农产品的营养价值和滋味,不能保证其原有的色、香、味不变,这是它很大的不足之处。

因此,可以清楚地知道不同的产品其温度带是不一样的,见表1.3。

表1.3 产品温度带

温度带	温度区间/℃	存储产品
常温带		方便面、饼干、日用品等
恒温带	10~20	红酒、果汁、乳饮料、蛋糕、沙拉、甜点、饭团等
冷藏带	0~18	冷冻肉类、水产品、速冻面点、冷冻调理食品等
深冷带	-18~-25	高端冰饮类、金枪鱼等

任务二 农产品冷链物流的特点及模式

近年来,由于物流环境的不断改善,农产品冷链物流得到了长足发展。目前,我国农产品冷链物流产业生存与发展环境不断优化。农产品冷链物流作为物流产业中的一部分,其重要性逐步被社会各界所认识。据农业部统计数据显示,我国目前全国农产品批发市场已达5000多个,承担了70%以上的农副产品流通任务,并初步形成了多层次、多主体、多类型的农产品市场流通新格局。一方面,我国农产品冷链物流已有一定规模的发展,但仍然存在诸多必须解决的问题,与发达国家比较,我国冷链物流产业的发展仍较为落后;另一方面,我国农产品冷链物流的断链现象较为严重。

一、农产品冷链物流的特点

(一)农产品冷链物流基础设施不断升级、日趋完善

由于我国农产品冷链物流发展前景良好,不少批发市场、大型农业企业和

零售企业开始投资建设冷链基础设施。

同时,为了确保我国粮食安全,我国政府积极筹备战略储备库的建设,这都大力推进了我国冷链物流基础设施的发展。目前,我国有冷藏库近2万座,冷库总容量为1038.43474万立方米。其中,常温容量为287.9226万立方米,低温容量为708.4094万立方米,超低温容量为42.72244万立方米。铁路机械冷藏车1910辆,机械冷藏汽车2万辆,冷藏船吨位10万吨,年集装箱生产能力100万标准箱。除此之外,由于生鲜农产品物流具有良好的发展前景,一些零售企业和大型农业企业积极投资建设低温供应链配送系统及生鲜农产品配送中心。一些大型连锁企业着手建立技术难度较高的生鲜农产品、果蔬等配送中心,初步构建了绿色农产品供应链及物流体系,为实现农产品冷链物流体系的运作创造了重要物质条件。

(二)农产品冷链物流规模快速增长、扩张势头强劲

目前,我国蔬菜产量约占全球总产量的60%,水果和肉类占30%,禽蛋和水产品占40%。每年,约有4亿吨农产品进入流通领域,冷链物流比例逐步提高。其中,果蔬、肉类及水产品冷链流通率分别达到5%、15%和23%,冷藏运输率分别达到15%、30%和40%,冷链物流的规模增长迅速。另外,随着人们消费水平的不断提高,农产品冷链物流得到消费者的认可,这都为我国农产品冷链物流提供了良好的发展前景。

(三)制冷设备不断更新换代,制冷技术日趋多样化

目前,我国制冷设备不断更新换代,为了实现低碳环保的绿色经济,以节电、节水为主要特点的蒸发式冷凝器正在逐步被推广应用。同时,随着我国农产品结构和包装形式的变革,尤其是小包装冷冻农产品业的快速发展,农产品冻结技术有了快速的进步,其主要采用快速、连续式冻结装置,加快了冻结速度,并提高了冻品的质量。另外,供液方式和制冷系统逐步趋于多样化发展。

(四)全国范围的低成本运输网络初具规模

近年来,我国各级政府对农产品物流业的发展给予了充分的重视与支持,重点加强了我国农产品物流网络的建设。我国已基本建成全国农产品流通"五纵二横"绿色通道网络。贯穿全国的"绿色通道"框架,为农产品运输提供了快速便捷的通道以及低成本的运输网络,加快了冷链物流在我国的发展。

(五)农产品冷链物流运作模式呈多样化发展

我国地域广阔,各地区经济发展、基础设施建设的程度不同,因而总的来看,我国农产品冷链物流的运作模式大体可分为以下三类:

一是以农副产品批发市场为主导的冷链物流模式;

二是以大型连锁超市为主导的冷链物流模式;

三是以龙头企业为主导的冷链物流模式。

目前,我国以农副产品批发市场为主导的冷链物流模式所占比重较大,并且在未来的一定时间内,该模式仍占主导地位。但随着农业产业化的不断发展,国家对"农超对接"政策的支持,以大型连锁超市为主导的冷链物流模式的比重将不断增加。

(六)第三方冷链物流企业不断创立,发展势头强劲

为了适应我国低能耗、低成本的冷链处理技术的广泛推广,以水产品和反季节果蔬为代表的高价值量农产品产业链迅速兴起,进一步促进了我国冷链物流企业的不断涌现。同时,我国冷链物流企业呈现出网络化、规模化、集团化的发展趋势。

(七)政府投入加大,促进农产品物流园区的建设

我国各级政府均加大了对农产品物流园区的支持力度,《农产品冷链物流发展规划》更是将建设物流园区工程列入九大"重点工程"。近年来,各地已经建成了不少大型的农产品物流园区,其中主要有配套八大功能区、拥有2万吨大型冷库的深圳国际农产品物流园,配套六大功能区的中国寿光农产品物流园,以及以果蔬深加工及仓储物流为主的福建永安农产品物流园。而且,山西太行山农产品物流园区、北京农产品中央物流园区等大型物流园区都已开工建设。

二、农产品冷链物流的传统模式

(一)自营物流模式

自营物流是指农产品生产者或相关企业(包括物品的买方和卖方)借助自身的物质条件自行组织物流活动的一种物流模式,它追求"大而全""万事不求

人"，利用自有的物资设备去运营物流业务。在自给自足的"小农"思想影响下，"大而全，小而全"成为主要的物流运作模式。在这种模式中，部分农业大户或者农产品加工企业也会向运输公司购买运输服务或向仓储企业购买仓储服务，但这些服务只限于一次性或一系列分散的物流功能，而且是临时性纯市场交易的服务，物流公司并不按照企业独特的业务程序提供独特的服务，即物流服务与企业价值链是松散的联系。

无论是我国的农产品流通企业或加工企业，还是国外的大型农场，农产品自营物流还在不断被采用，因为这种物流模式自身存在着以下诸多优点。

(1)可以使农场主或农业公司对物流系统运作的全过程进行有效控制，对农产品的生产和销售中的各个环节、市场对农产品的品种及质量要求、批发商以及零售商的经营能力等，都能掌握最详尽的资料，以便能够随时调整自己的生产经营战略。

(2)可以使企业在改造经营管理结构和机制的基础上充分利用原有物流资源，带动资金流转，为企业创造利润空间。

(3)可以使生产者或加工企业有效控制原材料的采购和产成品的销售，不必就相关的运输、仓储、配送和售后服务的佣金问题进行谈判，避免多次交易产生花费及交易结果的不确定性，降低交易风险，减少交易费用。

(4)可以使企业根据消费者需求和市场动向及时调整物流系统，提高服务水平，从而提高企业的品牌价值和竞争能力，同时还可避免因物流外包造成的企业商业秘密的泄露。

当然，自营物流也存在不少缺点，主要表现在以下几个方面：

第一，自营物流必须具备与生产能力相符的运输力量和仓储容量，这不仅给企业带来资金方面的负担，而且由于市场的不确定性还给企业带来一系列风险，尤其是在销售淡季，因为大量的运输和仓储设施闲置会造成极大的浪费。

第二，企业内部物流部门与其他许多相关部门存在一定联系，而各部门之间又有着相互独立的利益，致使管理难度加大。

第三，物流的运作要求具备专业物流知识和实践能力，企业选择自营物流，往往会因为物流不是企业主营业务，不具备相应优势而使物流成本高、服务水平低。

（二）第三方物流模式

第三方物流模式是指成立专业的物流企业受卖方或买方委托，从事物流业务的一种物流外包模式。借助这一模式，企业既可以在专业化服务的条件下节约物流成本，提高物流效率，又可以使卖方企业或买方企业集中人力和物力搞好本企业的业务，最终实现双赢目标。同自营物流相似，第三方物流同样具有自身的优势和劣势。

1. 第三方物流模式的优势

（1）农产品生产者或加工企业不仅可以通过第三方物流获得自己本身没有能力提供的或自己运行不具备任何优势的物流服务，而且可以摆脱自建物流设施和信息网络等物流专业设备所需的资金负担。

（2）第三方物流服务业存在规模经济和范围经济，生产者或加工企业将物流外包给他们，比自身运营更有利于降低其运作成本，同时还可以帮助企业避免盲目投资，将资金用于适当用途。

（3）由于第三方物流企业在信息网络和配送节点上具有资源优势，可以为消费者提供更满意的服务，增强企业的市场感召力。

2. 第三方物流模式的劣势

（1）将物流环节交给第三方来完成，往往使得货主或者企业对物流的控制能力降低，甚至出现物流失控的风险。

（2）第三方物流通常并不只是面对一个客户，当信息在更多的企业间共享时，企业的商业秘密就可能被泄露。

（3）第三方物流承担着执行某些战略的职能，通常对企业的战略具有很深的认识，能够得到与此有关的信息，致使企业核心战略被泄露的风险增加。

（三）农产品冷链物流的基本模式

1. 批发市场模式

批发市场模式是依托于一定规模的批发市场，由生产者或中间收购商将分散的产品集中到批发市场被批发商收购，然后再通过零售商销售，最终到达消费者手中的物流模式。这种模式的优点是规避产品分散经营，实现规模化，降低物流成本。我国农产品主要由分散的个体农户自主生产，农产品生产建立在小规模经营的基础上,批发市场是农产品的集散地,将农产品由分散到集中,再由集中到分散,主要从事产品收购和批发销售。批发市场是我国目前大宗农产品销售的主要途径。目前,我国甘肃省规模较大的农产品批发市场有兰州张苏滩瓜果批发市场、武威市农产品批发市场、甘肃省粮油批发市场、甘肃秦安县北大果品产地批发市场等。批发市场的基本模式如图1.3所示。

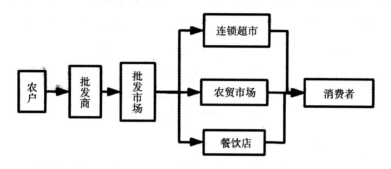

图 1.3 批发市场模式

2. 连锁超市模式

连锁超市模式是一种典型的物流结盟型模式,连锁超市与物流企业(或流通企业)结盟,物流企业或流通企业再与分散农户签订收购契约,三者之间形成稳定的合作关系。这种模式的特点是可以保证稳定的货源、减少物流环节、提高物流效率。连锁超市模式主要应用在生鲜农产品冷链物流方面。由于生鲜农产品具有易腐易烂、保鲜期短等特点,对物流冷链设备、运输时间、分销速度等要求很高,因而需要高效和快捷的物流服务,而连锁超市模式极大地满足了这种高效、快捷的要求,并且可以通过厂销直挂的方式,减少物流环节,实现链上节点的无缝对接,优化了整个物流供应链系统。连锁超市的基本模式如图1.4所示。

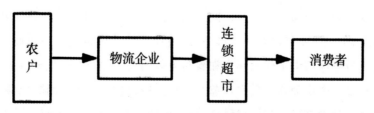

图 1.4 连锁超市模式

3.物流中心模式

物流中心模式是基于物流活动集约化、物流服务一体化的思想提出的。物流中心是一个广泛的概念,是各种物流节点的总称,各种物流基地、物流园地、集散中心、配送中心等都可称为物流中心。以物流中心为主导的农产品冷链物流模式是由农产品交易主体提供现代化和全方位物流服务的物流模式。我国大多数农产品物流主体规模小且分散,难以提供综合化的物流服务,把分散的农产品聚集起来,不仅可以提高物流资源的使用效率,而且可以解决小生产与大市场之间的矛盾。物流中心的基本模式如图1.5所示。

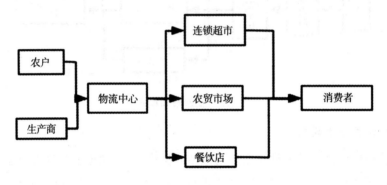

图1.5　物流中心模式

(四)农产品冷链物流供应链

《中华人民共和国国家标准:物流术语(GB/T 18354—2006)》对"供应链"的定义是"生产及流通过程中,为了将产品或服务交付给最终用户,由上游与下游企业共同建立的网链状组织"。由定义可见,供应链包含了生产和流通的全部过程,供应链中的产品是包括生产资料、半成品、产成品的全部实体产品,产品或服务的最终用户既可能是最终消费者,也可能是产业消费者,供应链的节点包括上游企业和下游企业。同时,概念还指出供应链是一个网链状组织,也就是说,供应链不仅仅是一个链条,而更应该是一张链网。一般而言,农产品冷链物流供应链由不同的环节和参与主体构成:产前种子、饲料等生产资料的供应环节—产中种养业生产环节—产后分级、包装、加工、运输、储藏、配送、销售环节—消费者。在我国,供应链被形象地称为"田间—餐桌"。

供应链管理是现代物流管理的高级阶段,是现代科技和信息网络发展带来的一种全新的管理理念和方法。由于物流对象是沿着供应链条流动的,因而物流管理实际上也是供应链的管理过程。供应链管理的目标在于最大限度地满足客户需求,即通过改善服务水平来提高客户满意度。管理思想是采用集成化的管理办法,把供应链上的各企业看成不可分割的整体,各节点成员各司其职、协调发展,从而形成一个能够快速适应市场变化且能有效满足客户需求的服务系统,实现整体效率最大化。因此,供应链管理的实质为解决各个主体之间的矛盾,协调个人利益与供应链集体利益的关系,从而提高供应链运行效率,节约交易成本。

供应链管理思想指导下的农产品冷链物流不仅表现出极大的集成化优势,能够设计出灵活多变的农产品冷链物流网络,建立合理的物流节点,全面提高冷链物流运作效率,也使得供应链各节点之间的联系更加密切,信息传递速度加快,信息量大大增加,各成员之间可以有效地分享和利用供应链上的所有供求信息和市场信息。有学者甚至提出新世纪的竞争不再是企业竞争而是供应链之间的竞争,可见,农产品冷链物流供应链管理有着明显的优势。我国农产品冷链物流产业目前仍处于起步阶段,如何将供应链管理思想应用于农产品冷链物流,使其能够高效、稳定、有序地进行,应该成为今后农产品冷链物流的重点研究方向。

三、冷链物流市场分析

(一)国内林果冷链物流市场分析

我国是世界上最大的水果生产国和消费国。我国国土面积广袤,从南到北、从东到西的气候条件差异大,产出的林果种类十分丰富。我国人口数量位居世界首位,随着人民生活水平的提升,对林果的消费需求巨大。"十二五"期间,我国林业朝两个方向发展:一是生态林业,注重林业的生态效益;二是民生林业,注重林业的经济效益。从民生林业来看,不可能再大规模采伐木材资源,因而其主要的发展方向是种植林果等经济林。2010—2015年主要水果种植面积见表1.4。可以看出,我国水果种植面积呈逐年上升趋势,其中以苹果、柑橘以及梨的种植为主,是典型的林果产品。这三种水果的种植面积约占水果总种植面积的40%。

表 1.4　2010—2015 年主要水果品种种植面积统计表

指标(千公顷)	2010 年	2011 年	2012 年	2013 年	2014 年	2015 年
果园面积	11139.51	11543.85	1183055	12139.93	12371.35	13127.24
香蕉园面积	338.76	357.33	386.04	394.70	392.00	392.00
苹果园面积	2049.11	2139.94	2177.32	2231.35	2272.20	2272.20
柑橘园面积	2160.26	2210.99	2288.30	2306.26	2422.20	2521.30
梨园面积	1074.31	1063.14	1085.54	1088.57	1111.70	1113.30
葡萄园面积	493.43	551.99	596.93	665.60	714.60	767.20

在主要大宗果品中,苹果"十二五"期初种植面积 214 万多公顷,期末 232.8 万公顷,增长 8.8%;柑橘期初种植面积 221.1 万公顷,期末 251.3 万公顷,增长 13.7%;梨期初种植面积 106.3 万公顷,期末 112.4 万公顷,增长 5.7%;葡萄期初种植面积 55.2 万公顷,期末 79.9 万公顷,增长 44.7%;香蕉期初种植面积 35.7 万公顷,期末 40.9 万公顷,增长 14.6%。

从全国林果水果种植面积的地区分布情况看,"十二五"期初面积在 100 万公顷以上的依次为广东、陕西、河北三省,"十二五"期末面积在 100 万公顷以上的依次为陕西、广西、广东、河北四省区。

2015 年中国林果品产业继续保持快速发展的趋势,如图 1.6 所示。

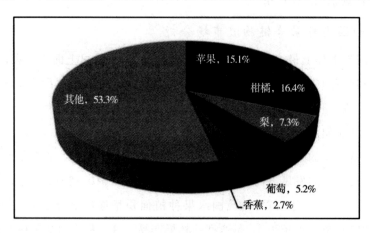

图 1.6　我国果园种植面积占比分布图

随着林果种植面积的增长,林果的产量也呈现快速增长的势头。2015

年,全国国产水果总产量达到历史新高,总计达到 2.71 亿吨,比上一年增长 1.5%。苹果、香蕉、柑橘与葡萄成为全国主要的林果产品。以苹果为例,2015 年总产量达到 4261.3 万吨,比上年增长 169 万吨,增长幅度为 4.1%。需要注意的是,在 2010—2015 年期间,2010 年苹果产量仅为 3326.3 万吨,2014 年突破 4000 万吨,达到 4092.3 万吨。中国苹果产量一直处于平稳增长阶段。与苹果有着相似产量变化趋势的还有国产香蕉、柑橘、梨以及葡萄,这些大品类国产水果一直保持着每年递增的趋势,见表 1.5。

表 1.5　不同种类林果的年产量统计表

指标(万吨)	2009 年	2010 年	2011 年	2012 年	2013 年	2014 年	2015 年
林果产量	12246.39	12865.27	14083.30	15104.44	15771.30	16588.20	
苹果产量	3168.08	3326.33	3598.48	3849.07	3968.26	4092.32	4261.34
香蕉产量	883.39	956.05	1040.00	1155.80	1207.52	1179.19	1246.3
柑橘产量	2521.10	2645.24	2944.04	3167.80	3320.94	3492.66	3660.08
梨产量	1426.30	1505.71	1579.48	1707.30	1730.08	1796.44	1869.86
葡萄产量	794.06	854.89	906.75	1054.32	1155.00	1254.58	1366.93

(二)湖南省林果生产与冷链物流市场分析

1.湖南省林果生产概况

经过多年的发展,湖南省的林果产业成效显著。从产地分布看,从湘东到湘西都有不同水果的主产区;从品种看,主要有柑橘、桃、李、梅等 10 多种林果。其中,柑橘是全省最普遍的林果。根据湖南省林业厅的统计数据,到 2016 年,全省林果种植总面积达 480820 公顷,其中,柑橘种植面积为 325850 公顷,梨的种植面积达 36930 公顷,桃子种植面积为 26650 公顷,葡萄种植面积为 18890 公顷,猕猴桃种植面积为 10770 公顷;换算成百分比,这些林果的种植面积分别为 67.8%、7.7%、5.5%、3.9%和 2.2%。

2.湖南省冷链物流市场概况

(1)湖南省物流基础设施现状

在交通网络建设方面,截至 2015 年年底,全省公路通车总里程为236886公里,其中高速公路通车里程达 5653 公里,居全国第 6 位,全省已基本形成了以"五纵六横"高速公路为主骨架的公路网络,实现100%的乡镇和具备条件的建制村通水泥(沥青)路。形成了由16条国道7098公里(含9条国家高速公路)、162条省道38045公里组成的总里程45143公里的国省干线公路网和190254公里的农村公路网;全省通航总里程11968公里,居全国第3位,现有港口63个,泊位1853个(其中千吨级以上泊位104个),基本形成了以洞庭湖为中心,"一纵五横十线"高等级航道网为骨架,长沙、岳阳港为主枢纽的内河水运体系。在航空运输方面形成了以长沙黄花国际机场为中心的航空运输网络。交通基础设施日趋完善,为湖南省冷链物流的发展提供了有力的交通运输保障。

(2)冷链物流基础设施快速发展

冷链物流的基础设施主要涉及冷库建设与冷藏运输车辆。根据湖南省商务厅的统计数据,2016年湖南省可用于冷链运输的冷藏车辆3000多辆,湖南省冷库容量达到180万吨左右。此外,由湖南省发改委和湖南省商务厅审批的正在建设的冷库约30个。

(3)冷链物流先进技术逐步推广

近年来,冷链物流新技术不断涌现,一批先进的冷链技术在冷链物流实践中逐步得到推广应用。这主要体现在:一是冷库技术从传统的用于简单保存货物的低温仓库向智能化作业的冷库发展;二是冷链运输车辆朝智能控制、恒温控制、GPS定位跟踪等方面发展。

(三)长株潭城市群林果冷链物流市场分析

长株潭城市群集聚了湖南省40%的人口,也是湖南省最主要的林果消费区域,因而以下针对长株潭城市群的林果冷链需要做简要的市场分析。

1.长株潭城市群冷链物流市场概况

分析市场的情况,需考虑问题的两个方面,即冷链需求情况与供给情况。一方面,从需求情况来看,长株潭城市群是湖南省平均生活水平最高的三个城市,因而对林果的消费需求在湖南省中属前列,也就意味着对冷链物流的需求是最大的。另一方面,从供给情况来看,根据省发改委的统计数字,截至2015年,长株潭城市群现有的冷库总容量达219300吨,从事冷链相关的企业有51家。到2020年,长株潭城市群的冷库设计容量为363180吨。

2.长株潭城市群冷链物流市场预测

发达国家的经验表明,林果的消费需求与人均 GDP 有着十分密切的关系,其中 4000 美元是一个临界点,当人均 GDP 高于 4000 美元(约合人民币25000 元)后,对林果的消费需求呈现快速增长趋势,这也意味着冷链的发展面临巨大的需求。2016 年,湖南省人均可支配收入达到 21200 元,比上年增长9.3%;长株潭城市群的人均可支配收入突破了 2500 元。由此可见,对冷链的需求进入快速增长期,大力发展冷链物流显得十分紧迫。表 1.6 是长株潭城市群的冷链需求情况。

表 1.6　长株潭城市群冷链需求与能力测算表

指标	林果	蔬菜	肉食品	水产品	合计
2020 年人均消费量(kg)	123.3	512.3	75.4	42.8	753.8
2020 年全省冷链规划比例(%)	25	25	35	41	
2020 年冷链需求量(万吨)	46.77	139.07	24.55	20.14	230.53

对表 1.6 进行简要的分析表明,到 2020 年,长株潭城市群的冷链需求量将达 230 万吨以上,其中,林果的冷链需求量可达 46 万吨以上,因而冷链市场的需求是巨大的。

任务三　案例分析

云南农产品冷链物流网络的构建

一、云南省农产品冷链物流网络现状分析

发达国家的农产品冷链物流发展水平已经很高了,在美国、欧洲、东南亚等国家和地区已经形成了完善的农产品冷链物流体系。有些国家的农产品冷链流通率已经占到销售量的 50%,而且还在继续扩大,其发展特点表现为以下几方面。

（一）完整的一体化农产品冷链物流网络

发达国家的农产品冷链物流发展已进入稳定成熟阶段，有良好的发展体系，计划性、组织性是其最大的特征。发达国家大都实行农业"小规模、大合作"的组织形式，这在一定程度上实现了产品流通的规模效益。农产品的物流主体主要是企业化经营的农场、农产品批发与零售企业以及农户联合起来的协同组织，而非个人。发达国家的农产品生产高度专业化、标准化，产品加工、销售网络完善，使得生产、加工、销售、物流等环节得以有机结合，保证产品供应链的协调运转，形成能够对市场需求做出快速反应的商品供应保障体系。同时，确保各环节的质量安全也是冷链物流体系的核心问题。

美国拥有一个庞大、流畅、高效和专业化的农产品物流体系。美国的蔬菜物流是最为典型的农产品冷链物流体系，从田间采摘开始到最终消费实行全程冷链模式，包括采后预冷—气调冷藏—冷藏运输—冷藏批发—超市冷柜—消费者冰箱，整个物流环节的产品损耗率仅 1%～2%。美国还建立了冷链物流质量安全体系，农产品质量分为三类可追溯制度，即农业生产环节、包装加工环节和运输销售过程，该制度是一个完整的链条，实现了农产品从田间到餐桌整个冷链物流过程的食品安全管理与控制。

（二）完善的冷链基础设施和先进的冷链技术

发达国家拥有便捷的交通网、完善的服务体系和配送系统、有效的保鲜设备、快速的信息处理网络，为实现低成本、高效率的物流服务体系和物流配送系统创造了良好的条件。国外的交通运输设施十分完善，海运、铁路、公路、空运都很发达便利。高速公路遍布城乡，公路呈网状结构；铁路冷藏运输业也较有规模。发达国家在农产品冷链物流系统中广泛采用先进的产地预冷技术、自动化冷库技术、冷藏运输技术等，能够使农产品贮藏保鲜期比普通冷藏延长1～2倍，大大提高了产品质量，并满足消费者对农产品多样化、高度化的需求。

日本政府从国情出发，在全国范围内大力开展物流基础设施建设，对大中城市枢纽地区物流设施用地也进行了合理的统筹规划，形成了便捷的交通运输网络、完善的物流体系和配送系统，拥有了完备的冷藏保鲜设施、先进的储运包装技术，为日本生鲜农产品低成本、高效率的物流服务体系和物流配送网络的形成创造了良好的条件。

（三）农产品冷链网络的信息化程度高

信息技术的应用在农产品物流中越来越重要，它有效地促进了农产品流通系统的快速发展。农产品冷链物流要实施全程温度控制管理，必须以先进的信息技术作为支撑；通过信息技术建立电子虚拟的农产品冷链物流供应链管理系统，对各环节中的货物进行跟踪，对冷藏车的使用进行动态监控，同时将各地的需求信息和连锁经营网络联结起来，以确保物流信息快速可靠地传递。同时，发达国家也重视农业信息化方面的建设，通过搭建覆盖范围广的计算机信息网络平台，采用电子交易的手段为农场主和企业带来便利，大大节约了交易成本，也促进了农产品的快速流通。

欧洲国家农产品物流的信息化程度高，可以通过互联网进行物流链上各环节的操作。例如，荷兰花卉拍卖市场在世界享有盛誉，在荷兰花卉物流系统中发挥着不可或缺的作用。荷兰的花卉和园艺中心采用了世界先进的电子拍卖系统、新式电子交换式信息系统和订货系统，通过电子化操作向全球许多国家的客户和消费者提供全面且专业的物流服务。

（四）政府大力投入与支持

发达国家农产品冷链物流网络的发展水平普遍较高，这与政府对农产品物流的大力支持密不可分。政府往往给予农民一些优惠政策支持并不断制定相关法律、法规给予保障，从宏观上协调发展。同时还对农产品物流提供资金、教育等方面的支持和帮助，促进了各国农产品冷链物流业的健康、有序发展。日本、美国、荷兰等国每年从政府财政中拨款，对改善农产品冷链运输、储存、加工和销售的项目进行补贴，包括修建公路、码头、仓库（包括冷库）和市场等基础设施。在金融、服务等方面也会制定一些优惠政策，促进蔬菜等农产品物流的发展。

二、国内农产品冷链物流网络现状

（一）我国冷链物流的发展历程

我国制冷业起初非常落后，1949 年，冷藏库总容量不过 3 万余吨，冷冻运输装置几乎没有，在 1952 年开展了冷藏运输，当时也仅仅拥有 237 辆冰冷型保温车和无制冷装置保温车。经过几十年的迅速发展，冷藏链建设取得了令人瞩目的成就。截至 1988 年,全国建设了各型冷藏库 1000 多座,总容量达到了 220 万吨,规模比 1949 年前扩大了 70 倍左右。同时,各种冷藏冷冻的运输装置也有了很大的发展。

1988 年至 1992 年,全国各地区大范围推广"菜篮子工程",南菜北运数量增多,冷冻肉类食品的跨地区运输量也大幅提高,生鲜农产品的运输主要靠铁路冷藏车运输,此时,农产品冷链也逐步发展起来了。据统计,截至 1992 年,铁路冷藏车已有 5400 多辆,冷藏汽车的总数已经达到 15000 多辆。随着人民生活水平以及对食品质量要求的提高,2004 年,我国冷链物流有了飞跃性的发展,并且在国家政策的扶持下,我国冷链物流的发展也开始向国际先进水平迈进。

(二)我国农产品冷链物流网络的现状

从 20 世纪 90 年代开始,随着一些农产品连锁经营体系在全国各地的迅速兴起,农产品流通规模的日益扩大,专业分工细化和低温食品的逐渐普及与成熟,冷链物流引起了人们的关注。进入 21 世纪后,我国农产品冷链物流有了飞速发展。农产品冷链运输主要靠公路和铁路两种方式。在农产品公路冷藏运输中,冷藏运输车辆主要有保温车、冷藏车和保鲜车。截至 2008 年,我国有保温车、冷藏车和保鲜车共 3 万辆,占地分别为 31%、49% 和 20%,如图 1.7 所示。我国铁路冷藏货运量仅占易腐货物运输量的 25%,不到运输总量的 1%。据统计,到 2008 年,我国铁路冷藏车有 7492 辆,其中机械冷藏车、加冰冷藏车和其他类分别占 35%、41% 和 24%,如图 1.8 所示。

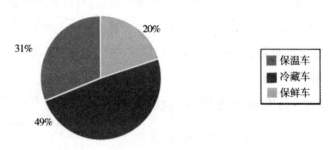

图 1.7 我国公路冷藏运输车辆结构图

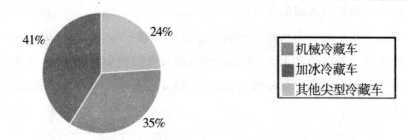

图 1.8 我国铁路冷藏运输车辆结构图

2005 年底,我国"五纵二横"鲜活农产品流通"绿色通道"网络基本建成,并于 2006 年 1 月 15 日全部开通,该网络贯穿了我国 31 个省、自治区、直辖市。这是我国第一次构建全国范围内的低成本生鲜农产品运输网络,为我国生鲜农产品跨区域长途运输提供了快速便捷的主通道,覆盖了全国所有具备一定规模的重要鲜活农产品生产基地和销售市场。从 2010 年 12 月 1 日起,我国开始实施了所有收费公路对整车合法装载鲜活农产品的车辆免收通行费的政策。这就意味着农产品绿色通道不仅仅局限于"五纵二横"和各省市自行规定的高速路段,而是扩大到全国所有的收费公路,这样就大幅降低了生鲜农产品在冷链流通环节的运输成本,切实改善了鲜活农产品的流通环境,这将使我国冷链物流进入一个快速发展的新时期。

但是,从总体上来看,目前我国农产品冷链物流发展仍处于初期阶段,软硬件方面的建设还不完善,包括冷链物流的基础设施设备建设方面,第三方冷链物流的发展规模方面,冷链专业化人才队伍的建设以及冷链物流相关政策法规制定等方面,与发达国家相比都还存在很大的差距。

三、云南省农产品冷链物流网络的现状

(一)云南省现有的农产品物流组织网络模式

随着农业产业结构的调整和农业技术的进步,云南省生鲜农产品供给量在逐渐增加,产量基本能够满足社会的需求。目前,依据云南省农产品物流的经营主体和经营模式的不同,其物流网络模式可分为以下几种。

1. 以专业农产品批发市场为主导的农产品物流模式

该模式是由农产品生产者直接将农产品批发给批发商,之后再以零售

的方式销售给终端消费者的流通模式,如图 1.9 所示。其中,农产品批发市场是为农产品集中批发交易提供平台的物流中心,在农产品流通中占有主导地位。在这种模式中,农产品的运输批量小和运输距离短,在本地农产品批发市场不需要冷藏运输,其他各个物流环节均需要进行冷藏运输、加工和储存。

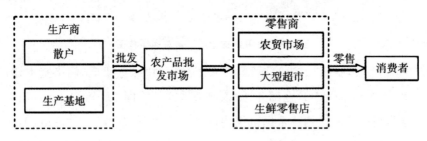

图 1.9　以专业农产品批发市场为主导的农产品物流模式

云南省依托独特的地理气候环境,已在省内建成了多个特色农产品生产基地,如华宁县柑橘生产基地、宾川县葡萄种植基地、曲靖市麒麟区现代农业蔬菜基地、保山市绿色无公害蔬菜基地,以及滇中、滇南、滇西北地区优质花卉生产基地,并形成了"云菜""云果""云花"等生鲜农产品特色优势产业。蔬菜和水果的流通以云南省本地专业农产品批发市场为主,它充分发挥了农产品集散、价格形成、信息传播的功能,在带动产销、搞活流通、保障供应和促进农业农村经济发展等方面作用明显,同时逐步形成了一个覆盖城乡、连接产地和销地的主要农产品交易市场网络。但与其他发达地区相比,云南省农产品批发市场在质量安全监管、交易方式以及准入制度等方面还存在着很大的差距,这种状况不利于云南省农产品在流通中的增值,同时也会影响农民增收。因此,这种以农产品批发市场为主导的流通模式必须升级改造。

从云南省的农产品市场结构看,大规模农产品批发市场的建立,局部实现了农产品不同地域及不同季节的调剂和互补,但仍停留在初始原材料性农产品的集散和销售上,由于常温状态下初级农产品保鲜困难,损耗量大,给季节性和区域性调配带来了无效物流和诸多不便。

2. 以龙头企业为主导的农产品物流模式

近年来,随着云南省农业企业的蓬勃发展,龙头企业在农产品流通中发挥着连接农户和市场的桥梁作用。龙头企业多以农产品加工企业和流通企业为主,在该模式下,以云南省农产品市场需求为驱动,龙头企业通过与本地或外地的批发商或零售商在战略上建立合作伙伴关系和一体化经营,将农产品及时地从农户运送到市场以满足消费者的需求。

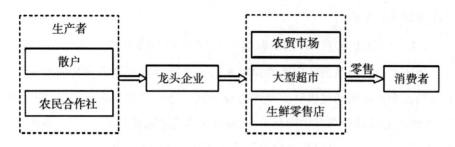

图 1.10 以龙头企业为主导的农产品物流模式

近几年,政府加大培育和扶持花卉龙头企业,截至 2009 年,已经有昆明海宇、云南丽都花卉、云南锦苑花卉、昆明英茂集团、昆明斗南花卉等多家加工型和流通型的花卉企业,通过与全省各地区的花卉农户合作,建立种植点,实现均衡、规模化生产,并按合同定期收购农户生产的鲜切花进行对外统一销售,使云南省花卉畅销国内外市场。这一模式使云南省花卉的生产、加工以及销售有机结合,形成了产业的良性循环。

3. 以超市为主导的农产品物流模式

这是一种短而快的流通模式。农户采用"新鲜直送"的方式,将农产品直接送达超市,最终销售给消费者,省去了过多的中间物流环节,不仅降低了物流成本,而且保障了农产品的质量及安全。

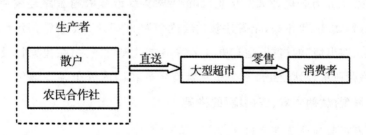

图 1.11 以超市为主导的农产品物流模式

目前,昆明家乐福超市与果蔬种植专业合作社开展了"农超对接"流通模式,实现了新鲜蔬菜、水果等农产品的直供,让消费者获得了更多的实惠。该模式较适合于农产品规模化生产的地区,对物流基础设施和设备的要求都很高,而在省内的生鲜农产品生产大多数还有分布散、批量小且品种多等特点,并且农产品物流服务水平较低。因此,该模式在云南省还处于起步阶段,占农产品流通比重不高。

(二)云南省农产品冷链基础设施网络的现状

物流基础设施是由物流线路和物流节点两部分有机结合配置而形成的、具备物流相关功能和提供物流服务的场所或设施。它包括物流园区、物流中心、配送中心以及分布在生产制造、商贸流通和交通运输领域的货场、仓库、码头、编组站、空港等,也包括为物流服务的部分交通和通信基础设施。

1. 农产品物流线路

云南省是我国与东南亚、南亚次大陆相通的连接点,是我国从陆路融入全球化的重要通道。云南省农产品的运输主要是通过公路、铁路进行联运,小部分是以水路、空运方式联运。目前,在云南省内已基本形成了公路、铁路、水路、航空等共同发展的物流线路网络。截至2009年年底,全省初步形成"七入省、四出境"公路通道的格局,昆明至泰国曼谷、昆明至越南河内、昆明至缅甸仰光、昆明至印度雷多4条国际公路通道境内段基本实现高等级化,7条通向邻省的干线公路也接近实现高等级化;基本建成了以昆明为中心、辐射全省的高等级公路网络,高速公路通车里程已达2550多公里,位居西部省区第一、全国第七;全省新改建农村公路里程创新高,"十一五"期间前4年累计新改建农村公路7.8万公里,2008年和2009年两年新改建农村公路连续突破2.5万公里,到2009年年底,全省建制村通达率为85.5%。全省铁路建设形成了"八入滇、四出境"的格局,是有史以来铁路建设规模最大、在建项目最多的时期,铁路营业里程达2308.4公里。航空发展在国内处于领先地位。云南水运通道呈现出"两入省、三出境"的格局。

2. 农产品物流节点

随着云南省农产品市场的日渐成熟与发展,以及国家相继下发的《物流业调整和振兴规划》和《农产品冷链物流发展规划》,云南省冷链物流的发展也在逐步引起省政府和国内外企业的重视。近几年，政府和企业等通过新建和改扩建的方式建设了多个农产品物流园区、物流中心和配送中心等，可以提供物流基本服务和物流综合服务。

西双版纳锦苑国际物流进出口公司在磨憨口岸投资的冷藏集装箱换装中心已正式投入使用，为充分发挥集装箱换装冷链运输提供了有利条件。在口岸启动的冷链集装箱换装业务推动了鲜活农产品的冷链无缝运输业务，实现了中泰两国冷链运输历史性的突破，并逐步完善了云南省冷链运输体系，提高了云南省鲜活农产品的国际市场竞争力。

2018 年 10 月，云南东盟国际冷链物流中心盛大开业。该物流中心设立从 - 35 ℃到 5 ℃的不同温区，最大限度地满足冷冻肉品、速冻食品、冷饮、果蔬、野生菌、鲜花等不同产品的冷藏冷冻要求。同时，可以满足多个不同商户在同一个物流中心完成农产品交易的需求，节约了大幅的时间成本和交易成本。该中心投入使用后的冷库容量高达 10 万吨，成为中国西南地区规模最大的冷链物流中心。云南东盟国际冷链物流中心项目立足于西南市场，面向全国，辐射东南亚国家，为云南丰富的农副产品资源提供了综合性大型冷冻冷藏品交易的平台，可以有效带动云南省农产品的国际、国内流通，解决省内冷库规模不足与日益增长的市场需求的矛盾。

2010 年 4 月，由云南省新长征实业集团投资的云南新长征国际物流中心开工建设了，该国际物流中心是一个特大型、多功能及配套设施齐全的现代商贸物流中心，将成为云南省面向东盟的国际物流平台和"桥头堡"战略重要基地。农产品也会成为该中心的重要服务对象，全面实现农产品冷链物流，加快与东盟农产品的互换交流。

（三）云南省农产品冷链物流信息网络的现状

信息化对冷链物流的发展是非常重要的。应充分利用现代化信息技术，在信息平台上，对农产品的生产基地、批发市场、第三方物流以及大型超市等进行统一管理，使物流信息变得通畅，将大大缩减农产品的增值时间。而目前在云南省内的农产品冷链物流信息化建设几乎还没有，所以还需积极发展冷链物流信息化。

（四）云南省农产品冷链物流网络中存在的问题

总结国内外农产品冷链物流系统的优秀经验，云南省农产品冷链物流的发展还存在以下问题。

1. 对农产品冷链物流认识水平不够，思想上忽视

尽管这些年在滇中地区根据特色农产品的需要建立了一定数量的冷库，尽管有企业开始考虑建设面向东南亚、南亚的区域冷链物流中心，但是，作为我国生鲜农产品的生产大省，云南省冷链流通率远远低于5％的全国水平，生鲜农产品基本没有自己的品牌，冷链物流基础设施严重不足，冷藏运输车辆稀缺，这些都是影响云南省现代农业发展的根本要素。

2. 农产品冷链物流缺乏统一规划、管理和整合

由于云南省农业产业化程度和产供销一体化水平不高，虽然总体产销量巨大，但在生鲜农产品和易腐食品供应链上缺乏上下游之间的整体规划与协调，因而在一些地区的局部发展中存在严重的失衡和无法配套的现象。另外，生鲜农产品物流渠道环节众多，运作主体多样，在整个多环节多主体的物流链条上，流通效率低下，经常出现物流不畅、产销脱节现象。整体发展规划的欠缺，影响了生鲜农产品冷链的资源整合以及行业的推动。因此，从物流需求、物流成本、食品物流安全、农产品品质等角度分析，生鲜农产品物流实施冷链管理显得尤为重要，应当构建适合云南省情的生鲜农产品冷链物流体系，以保证食品品质，降低物流成本，保障物流安全，实现生鲜农产品的快速稳定的流通。

3. 农产品冷链设施设备落后及技术水平低，使物流过程中的损耗量大

由于云南省冷链物流设施和设备的标准化程度低，保鲜储藏专用技术设备短缺以及冷库布局不合理与数量不足，加之受到运输储藏作业条件的制约而大大限制了运输半径和交易时间，因而大部分农产品流通过程中都采取常温物流方式，缺乏必要的冷链物流的功能保障。云南省冷链物流设施设备及技术的欠缺，使云南省农产品流通过程中的损耗量大。据不完全统计，云南省水果蔬菜等农副产品在采摘、运输、储存等流通环节上的损失率高达25％～35％，而发达国家损耗率仅为5％。

4.农产品冷链市场化和专业化程度低,第三方物流企业较少

在现行的云南省农产品物流运作系统中,只有少量的资金实力相对雄厚的农场、产地批发商、销地批发商、初级加工企业、大型连锁零售商,大部分为力量单薄而分散的农户、个体运输商、小商店及个体商贩。虽然从事生鲜农产品物流运作主体的绝对数量大,但众多的参与个体属于多元化、分散化和非专业化,这使得物流活动作业分散,专业化程度不高,组织管理效率低下,缺乏竞争力,难以实现物流系统规模效益。

目前,在云南省内还很少有第三方物流企业能提供对农产品整个物流环节的温度控制,这使得多数农户或公司不愿意也无法放心地将冷藏物流业务外包,而多数是采用自营的方式运输,即使外包,也仅仅是区域性配送或者短途冷藏运输,这在一定程度上也阻碍了云南省第三方冷链物流业的发展。

5.冷链物流系统节点信息化基础弱,传递渠道不畅

长期以来,云南省农产品整个物流系统从农户到零售终端,各流通环节由于缺乏完善的农产品信息采集、加工整理和发布体系及手段,农民对市场供求信息的获取渠道单一,各经营环节信息滞后失真现象严重,因而没能形成自己的特色优势品牌,市场的认可度低。

四、云南省农产品对冷链物流的需求分析

随着经济的快速发展和人均生活水平的提高,农产品的产量及需求量也在逐渐扩大,对冷链物流系统的需求也将进一步增加。本节分别通过对云南省未来5年农产品的产量以及出口量两方面进行预测及需求分析,来确定云南省农产品对冷链物流的需求存在着巨大的增长潜力。

(一)云南省农产品产量预测分析

近几年,云南省立足资源优势,着力推进优势农产品的区域化、商品化和规模化发展。从2004年开始,云南省政府出台了将粮食、蔬菜、水果、花卉等17类农产品作为优势农产品重点培育,一系列得力措施促进了云南省特色农产品的良好发展。截至2009年,云南省主要农产品的产量稳步持续增长,且质量水平也不断提高。表1.7列举了2001—2009年云南六大类生鲜农产品的产量,与冷链物流需求密切相关。

表 1.7　2001－2009 年云南省六大类农产品的产量表　　　（单位：万吨）

年份	2001	2002	2003	2004	2005	2006	2007	2008	2009
蔬菜	6523	750.25	839.00	914.68	970.90	103.78	1113.33	1166.54	1215.50
水果	85.00	85.63	96.50	115.590	136.60	16256	20237	266.18	260.18
肉类	21950	235.83	254.09	277.79	900.04	322.05	335.05	288.17	397.00
牛奶	15.60	17.52	21.71	26.85	30.90	36.40	42.390	50.20	48.40
水产品	18.02	19.26	20.43	22.05	23.85	29.24	33.40	39.37	45.50
花卉(亿枝)	16.00	23.34	26.30	33.60	36.00	39.90	49.90	52.90	56.02

　　为更加直观地展示出云南省 2001－2009 年以上六大种类农产品的产量走势，给出各产品的产量示意图，如图 1.12 所示。

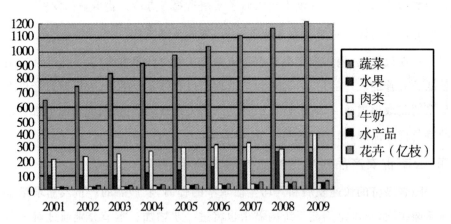

图 1.12　2001－2009 年云南省六大农产品产量示意图

　　从图 1.12 中可以看出，云南省六大生鲜农产品的产量都呈正增长的趋势，各主要农产品 2009 年的产量是 2001 年的 1.5～3 倍左右，尤其是水果、牛奶和水产品。这么大规模的增产，除了部分满足农户自己的生活需要以外，其余都是在国内外流通。对云南省未来农产品产量变化趋势进行预测分析，可从一定程度上反映云南省农产品冷链物流需求总体规模的发展变化情况。将 2001－2009 年五大类农产品（除花卉外，因数据统计口径不一致）的产量求和，得出结果，如表 1.8 所示。

表 1.8　2001－2009 年五大类农产品的总产量表　　（单位：万吨）

年份	2001	2002	2003	2004	2005	2005	2007	2008	2009
序号（t）	1	2	3	4	5	6	7	8	9
总量（Y）	1006.02	13183	1231.73	1390.48	1498.29	1594.09	1762.45	181056	1966.58

花卉产业作为云南省重点发展产业，过去 10 年该产业健康有序发展，这意味着在未来几年对冷链物流的需求也会逐年增长。

（二）云南省农产品出口物流需求分析

云南省作为特色农产品的产出大省，其出口资源丰富，热带水果、蔬菜、食用菌及花卉等的出口保持了同比增长的良好态势。据统计，云南省在 2010 年 1－10 月累计出口各类农产品达 59.2 万吨，销售额首次达 10 亿美元，占全省外贸出口总额的 17.1％。2004－2009 年云南省六大农产品出口量如表 1.9 所示。

表 1.9　2004 －2009 年云南省农产品累计出口量表　　（单位：万吨）

年份	2004	2005	2006	2007	2008	2009
总量（Y）	35.8	41.4	43.8	55.7	57.7	60.2

随着 2008 年昆曼国际大通道的贯通通车，作为连接云南与东南亚、南亚国家的 4 条陆路通道之一，它有效地改善了沿线的交通条件，并将逐步实现中国一东盟基础设施的互联互通，有利促进了昆曼公路物流的便利化。通过蔬菜换石油、鲜花换水果、冷果换热果等一系列项目的运作，加速了云南与老挝、泰国等国之间的贸易总额增长。据统计，2010 年，全省通过昆曼公路进出口农产品 1.5 亿美元。泰国和印度尼西亚是全省农产品的两大主要出口国，其中对泰国出口增长较快，创汇额同比增长 1.3 倍。2010 年，中国一东盟自由贸易区正式启动，云南省作为中国与东盟接壤的陆路核心通道，有着特殊的区位和交通优势，对促进云南对外贸易进出口增长起到了推动作用。2010 年 1－10 月，云南省农产品出口至东盟的出口额达到了 5.26 亿美元，同比增长 59.6％，约占全省出口农产品总额的一半。

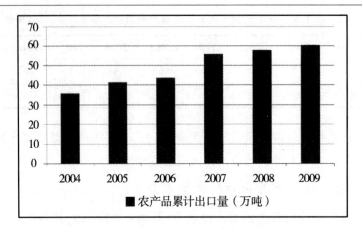

图 1.13 2004—2009 年云南省农产品累计出口量示意图

五、构建云南省农产品冷链物流网络的目标

云南省农产品冷链物流的发展滞后于全国平均水平,是因为其发展存在着诸多制约因素:冷链物流体系还处于专业化程度较低的阶段;冷链物流硬件设施和软件服务建设落后;农产品冷链物流体系缺乏整体协作;资源分配不合理;等等。加快推进农产品冷链物流发展,构建云南省农产品冷链物流网络对云南省农业经济具有重要意义。

(一)加快农产品大规模的流通

云南有丰富的生态资源类农产品,如野生菌、特色水果、特色蔬菜等,其生鲜农产品生产具有较强的比较优势,也是云南近年来新崛起的重要的出口产业。随着云南农产品区域生产布局的细化,农业特色产区和品种布局的日益优化,农产品流通逐渐呈现出大规模、长距离及反季节销售的特点,对农产品物流服务规模和效率提出了更高的要求。构建冷链物流网络有利于加快云南省农产品跨地区保鲜运输,促进农产品大规模的国内外流通渠道建设。同时,通过对农产品实施冷链处理,一年四季都能确保新鲜产品供应市场,为更多的消费者提供高质量的食品。

(二)改善物流作业环节,降低物流成本

生鲜农产品物流渠道环节众多,运作主体多样,由于受到运输及储藏作业条件的制约,大大限制了其运输半径和交易时间,且农产品在流通过程中损失

很大。据不完全统计,云南水果蔬菜等农副产品在采摘、运输、储存等流通环节上的损失率高达25％～35％,造成了较高的冷链物流成本,阻碍了农产品冷链的正常发展。构建有效的农产品冷链物流网络平台,有利于改善云南省冷冻冷藏基础设施设备、冷链配送体系等物流作业环节,极大地节约了物流运作成本。

(三)实现农产品质量的安全可靠

生鲜农产品容易受微生物侵染而变质,这些食品是引起食物中毒最常见的食品。要保障食品安全,就必须建立生鲜农产品冷冻、冷藏供应链,使易腐生鲜食品从产地收购、加工、贮藏、运输、销售,直到消费的各个环节都处于适当的低温环境之中,以保证食品的质量,减少食品的损耗,防止食品的变质和污染,以实现食品质量安全的有效控制。加快发展云南农产品冷链物流已经成为确保特色生鲜农产品品质、减少营养损失、保证食品安全的必要手段。同时,冷链物流是一项系统工程,从生产到消费的各个环节均有一套严格的技术指标体系,对不同品种和不同品质的农产品均要求有相应的产品控制与储存时间,保证云南农产品流通过程的质量安全。

(四)提升农产品的国际市场竞争力

云南省作为农业大省,其农产品除满足国内需求外也同时要满足国际需求。云南省蔬菜、水果、花卉等大部分是初级产品,在国外市场上缺乏竞争力,特别是近年来欧盟、日本、美国等发达国家和地区不断提高进口农产品准入标准,相关质量、技术和绿色壁垒已经成为制约云南农产品出口的重要障碍,冷链物流发展的滞后,在很大程度上影响了这些产品的出口。要想提高云南省农产品在国内外的竞争优势,就必须保证其拥有一个有效的农产品冷链物流网络。加快发展农产品冷链物流,已经成为提高出口农产品质量,突破贸易壁垒,增强国际竞争力的重要举措。

六、云南省农产品冷链物流网络的构建

(一)云南省农产品冷链物流网络的耗散结构演化分析

1.农产品冷链物流网络的耗散结构特性

农产品冷链物流系统是一个完全开放的大系统,它的发展受到系统内外各种环境的影响。根据耗散结构理论的描述,该网络是一个典型的耗散结构

系统,具有四个基本特性。

(1)开放性

从物流网络序结构的角度,也就是从供应链的角度来分析,本书将农产品冷链物流网络视为由农产品生产商、农产品批发商或零售商以及消费者等几种不同的主体且具有时序性的链式结构所组成,并分解为三个横向子系统:生产系统、集散系统和销售系统。这三个系统都与外界之间进行着物质、能量、资金及信息的交换,即吸取足够大的负熵流,使系统的负熵增加,达到系统总熵减少的效果,驱使系统向更高效、更有序的方向演化。例如,农产品种植之前进行种子和化肥等的采买,运输、冷藏过程中需要不断地从外界获取能量,并以废气、噪声等形式排放至环境中,同时农产品的销售中供求方需要进行信息交流及反馈等,这些过程的运行都将确保农产品冷链物流网络的有序运动。因此,它是一个开放的系统。

(2)远离平衡态

平衡态是指系统的一种状态,即在与外界无联系的条件下,系统各部分的宏观性质长时间内不发生变化的状态。在农产品冷链物流网络中各子系统的主体之间发展水平参差不齐,主要表现为农产品的生产环节中,单个农户和规模化生产基地在生产种类、规模等方面存在着较大的差距,彼此存在着相互竞争;集散系统中,产地批发市场和生鲜农产品物流中心之间存在着冷链物流运作水平差异化;而零售环节中,农贸市场与生鲜零售超市在运营模式及产品价格上也存在着很大的不同。各子系统的非平衡性、非对称性可以使系统通过涨落作用,不断向熵减小的方向演化,从无序走向有序。

(3)非线性作用

系统的不同元素之间存在着非线性机制,是系统演化的有序之源。在农产品冷链物流的各子系统内部发生了一些非线性动力作用,他们之间的竞争与协调的非线性作用促进了系统从无序向有序演化。例如,单个农户的种植生产技术的改进可能会促进周边的其他农户的迅速发展,这种非线性的连带效应为系统的有序演化提供了条件。

(4)涨落

涨落的发生是偶然的、杂乱无章的、随机的,破坏旧的稳定的结构,从而推动形成新的有序的结构。"涨落导致有序"告诉人们系统中的任何一个元素都有可能随时发生变化,而且任一元素的微小变化都能使得整个系统中的其他元素发生变化,并最终形成一个新的相对稳定的状态。农产品冷链物流各子系统所处的状态变化万千,任何一个子系统内的主体组织形态或结果发生变化,必定造成整个系统内部产生涨落现象。

2.从耗散结构看云南省农产品冷链物流发展

从前一部分的分析可以看出,应该从冷链物流的软、硬件方面尽一切努力,使云南省农产品冷链物流系统朝着有利于形成耗散结构的方向发展。目前,云南省在农产品流通政策、冷链配套设施等方面的建设都还处于初级阶段,滞后于农业产业的有序发展。虽然云南省农产品冷链物流初步具备了形成耗散结构的条件,当然这并不是等于它已经形成了耗散结构;即便形成了,也还是初级的,还应朝更高级的耗散结构方向发展,使之形成一个开放性的物流系统。系统内部各子系统之间要相互开放,进行交流,同时还要相互协同、密切合作,以适应消费者的各种不同需求。

(二)云南省农产品冷链物流网络的构建

云南省生态资源产品的流通受到季节性及地域性的限制,实施冷链物流才能够实现一年四季将新鲜的农产品供应国内外市场。由于云南省内尚未建设集生产、加工及配送为一体的农产品冷链配送中心,无法很好地满足云南省生鲜农产品对冷链物流的需求。依据云南省农产品产地和消费地跨度的不同,分别构建区域内冷链物流网络和跨区域冷链物流网络。

1.区域内农产品冷链物流网络

根据上一节对农产品流通渠道的分析,农产品流通渠道存在着三个主要环节,即生产、集散和销售。小规模的农户产品一般采取自给自足的生产模式及本地销售,一般不需要冷藏冷冻运输;而大规模的农产品生产基地一般种植大量的单一果蔬品种,其中一部分直接供应给本地批发市场或超市,其余部分送往加工企业进行农产品的初级加工,物流运作多以传统的自营物流为主,供应给省内的市、县之间的运输距离相对较短,一般也不采用冷藏冷冻运输。在省内区域,生鲜农产品除了在大型超市、连锁零售点等冷藏加工外,其他节点和环节的冷链运作率都很低。农产品冷链物流中涉及的冷藏冷冻产品相互之间有较强的替代性,本书构建了一个省内区域农产品自给自足的区域冷链网络模式,如图 1.14 所示。

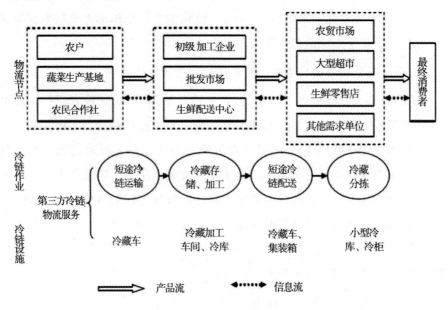

图 1.14　云南省区域内农产品冷链物流网络

　　构建的区域内农产品冷链物流网络,拟依托于第三方冷链物流供应商,实现农产品从产地到集散地短途冷链运输、配送业务的专业化、规模化,更好地衔接了产业链的上下游,消除了农产品流通中不必要的损耗,确保了生鲜农产品快速、安全地进入消费环节。在云南省内以蔬菜为例,2008 年以来,建成了现代蔬菜生产基地 65 个,产量占全省蔬菜产量的 60% 以上。在经营模式上,以"公司＋基地＋农户"以及农民专业合作社等产业化经营模式为主。全省从事蔬菜生产营销的农业专业合作组织、公司等达 900 多家;蔬菜加工企业达 347 家,加工能力达 150 万吨。云南省首家大型连锁生鲜超市——"欣农连锁生鲜超市"的开业实现了农产品销售系统与生产基地的无缝对接,消除了中间环节,同时也降低了销售成本,不仅使消费者从中得到实惠,也从源头上有效地解决了农产品的安全性问题。为了支持农产品营销企业和农民扩大直销渠道,减少流通环节,抑制蔬菜价格,昆明市政府在室内已经设置了 250 个蔬菜直销点,在未来 1～2 年时间内将增加不少于 300 个蔬菜直销点,其他州市所在地城市也增加了不少于 20 个蔬菜直销点,县级城市增加不少于 10 个蔬菜直销点。

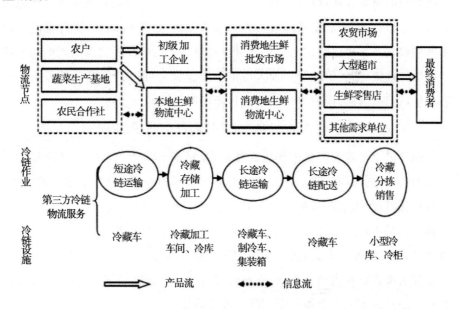

图 1.15　云南省跨区域农产品冷链物流网络

2.跨区域农产品冷链物流网络

以往跨区域物流作业环节过多,而且缺少专业化农产品冷链物流中心,冷藏运输率和储藏量偏低,仅仅覆盖少数跨区域流通环节,使整个冷链体系上下游环节严重脱节。本书构建的云南省农产品跨区域冷链物流网络通过有效地整合冷链和物流网络,采用短途运输、冷藏、配送等冷链作业,对本地初级农产品进行跨区域的集散和配送,保障了生鲜农产品全程处于低温环境中,促进了云南省特色生鲜农产品在国内外不同区域及不同季节的调节和互补。

七、对云南省发展农产品冷链物流的建议

云南省农产品冷链物流的规划与发展将是一个巨大的系统工程,一方面,有利于降低农产品的高物流成本,使云南省高质量的特色农产品畅销国内外;另一方面,也能对区域经济乃至整个国民经济产生良好的促进作用。本书对发展与优化云南省农产品冷链物流提出了几点建议。

(一)完善农产品冷链物流的发展环境以确保质量安全

随着冷链物流的国家标准、行业标准和地方标准的先后颁布实施,农产品冷链物流的重要性在逐渐被消费者所认知。全社会对云南省高质量农产品的需求不断增长,因而云南省政府必须加强宏观调控,以规划者、支持者的身份不断完善农产品冷链物流的发展环境。通过制定适应冷链物流发展的综合性法律法规政策、加大引导资金投入冷链行业建设力度以及创造公平公正的市场环境,达到促进云南省农产品冷链物流发展的目的。

(二)建立健全农产品市场流通网络以促进产品流通

建立健全生鲜农产品市场流通网络,是提高云南省生鲜农产品市场流通效率的有效途径。在云南省内,原有的农贸市场摊位多、进货渠道广而杂,难以规范化管理,人们往往把他们与脏、乱、差联系在一起,假冒伪劣、偷税漏税等现象屡禁不绝。因此,必须对原有的农产品集贸市场进行升级,引入"生鲜农产品超市"的零售方式;优化扩展农产品批发市场以提高服务水平;采取完善发展云南省农村供销合作社、农民经纪人等中介流通组织,疏通农产品生产地与消费地的流通渠道等一系列优化改进措施。

(三)加快培育专业化的第三方冷链物流企业以提高服务水平

从云南省农产品的产量及出口量趋势分析,冷链物流的需求将大幅度增加。而目前在云南省从事专业化的第三方冷链物流企业寥寥可数,完全滞后于云南省农业产业的快速发展。针对云南省农产品冷链物流的发展特点,应大力加快培育和发展专门为生鲜农产品产前、产中和产后提供专业化冷链服务的第三方物流企业或集团。根据云南省各地区的实际情况,第三方物流企业可考虑选择整合现有资源,成立独立的冷链物流运作部门;在重点消费地开展区域内冷链配送;与产地的农户或农产品基地联合,按条块开展低温运输服务等模式来开展冷链物流业务。

(四)鼓励推动云南省冷链物流的软、硬件建设

云南省冷链物流基础和配套设施的建设及投入均远远低于国内的平均水平,为了推动云南省农产品冷藏保鲜物流,降低流通过程的损耗率,必须大规模改造、更新及扩大现有的低温运输及仓储设施,确保冷藏农产品的最优质

量。尤其是冷库建设,它既是农产品冷链物流的中心环节,也是发展农产品冷链物流的核心设施。

农产品冷链物流的发展不但要有硬件设施的建设,还应加强信息及技术方面的应用及创新。应建设全省农产品冷链物流统一信息系统,健全冷链物流信息网络,适时掌控农产品市场信息,增强现代农业投入产出的科学决策。依托各类生鲜农产品优势产区、重要集散地区和大中城市等集中消费地区,建立区域性生鲜农产品冷链物流公共信息平台,实现数据交换和信息共享,优化配置冷链物流资源,为建立冷链物流产品监控和追溯系统奠定基础。鼓励市场信息、客户服务、库存控制和仓储管理、运输管理和交易管理等应用系统软件开发,健全冷链物流作业的信息收集、处理和发布系统,全面提升冷链物流业务管理的信息化水平。推广应用条形码、RFID(无线射频识别)、GPS/GIS(全球定位系统)、传感器、移动物流信息等技术,建立云南省区域性的生鲜农产品质量安全全程监控系统平台。明确冷链物流信息报送和信息交换的责任机制,提高监管部门的冷链信息采集和处理能力,提高行业监管和质量保证水平。

(五)积极培养冷链行业人才以提升行业素质

冷链技术是随着消费水平的提高和制冷技术的发展而逐步建立起来的。由于农产品易腐,特别是在流通中因温度的变化会引起品质的降低,因而对不同品种农产品都要求有相应的产品控制和储藏时间及温度的指标,所以冷链物流的运作管理具有科学性和技术性等特点,并且涉及了多门类学科知识。冷链物流行业的发展离不开具有冷链专业知识的人才。云南省物流行业及企业应积极培养和引进一批冷链物流的专业人才和高级管理人才;同时,通过加强与各高校的合作,使学生的理论研究和实际应用相结合,为该行业不断补充新鲜血液。只有通过对冷链物流人才的高要求,才能满足云南省农产品产业及物流业的飞速发展。

项目二 农产品冷链物流的理论基础及意义

任务一 农产品冷链物流相关理论

一、理论基础

农产品物流涉及的理论包括第三利润源理论、分工和流通理论、制度变迁理论、协同理论、产业融合理论等。

(一)第三利润源理论

第三利润源理论的诞生,得益于《物流——降低成本的关键》一书的问世。它的作者是日本知名大学的教授西泽修。他指出在20世纪五六十年代,日本由于受到美国技术的支持、资金的援助以及市场营销技术的引进,企业分别以降低生产经营成本、增加销售额作为第一、第二利润源。到了20世纪70年代,日本政府开始重视物流的作用,物流业得到高速发展。而在这一时期,由降低成本和提高销售额所带来的利润越来越有限,企业迫切需要寻找新的利润源以求得更大的发展。此时,以降低物流成本来提高企业利润的"第三利润源"理论的提出无疑给萧条的市场注入了新的活力,迎合了企业发展的需要。因此,该理论一经提出,便引起广泛关注,西泽修也因此名声大噪。

在经济发展的历程中,曾出现过以资源领域和人力领域为代表的两大利润提供领域。随着社会经济的发展,前两个领域所能带来的利润空间越来越小,几乎没有再创价值的可能,在这样的背景下,以降低物流成本为主导的第三利润源便为政府、企业所重视,涉及领域也愈加广泛。农产品物流作为物流的一部分,同样以第三利润源理论为基础,通过物流成本的降低、先进配送方式的运用,实现农业的增值。

(二)分工和流通理论

1.分工理论

马克思批判地继承了亚当·斯密的分工理论,揭示了分工的制度内涵。他提出分工与协作能够产生集体力形式的生产力,有效降低成本,提高劳动效率,对于农产品物流的发展有重要指导意义。

马克思的分工理论揭示了物流的产生是劳动分工的结果,各物流主体只有在分工的基础上注重协作才能保证农产品物流的正常运作。通过分工协作的方式,各物流主体可以节约农业交易成本,有效地集中解决资金、技术、信息等多方面问题,推动农业经营者扩大生产规模,进而促进新的农产品物流模式的探索和发展。

2.流通理论

马克思对商品流通的内涵做了深入分析,指出商品流通必然产生费用,这是企业不得不支付的用以克服交易不确定性的代价。他对流通时间、流通费用的论述,向我们揭示了一个道理:要想实现利润最大化,必须选择流通费用低的商品销售模式。马克思的这种通过节约流通时间、加快资本周转速度来节约物流费用、降低经营成本的思想对于农产品物流的实际运作具有现实指导意义。

邓小平在马克思流通理论的基础上,结合中国自身特点,提出了具有中国特色的商品流通理论,揭示了中国要想发展必须借鉴国外发展经验,改革流通体制,探索出符合中国国情的商品流通模式。这为农产品流通模式的转变、物流业的快速发展奠定了政治基础。

(三)制度变迁理论

制度即规矩,是被制定出来的行为规范和人际关系准则。诺斯在其著名的经济增长的"制度决定论"中指出,在目前可知的影响经济发展的所有因素中,只有制度因素对经济增长起决定性作用。诺斯认为,产品和要素的相对价格、技术进步、市场规模以及法律秩序是影响制度需求的主要因素;制度设计成本、实施新制度安排的预期成本和承受能力、现存制度安排和制度结构状况等因素会对制度供给产生影响。当原有的制度不能满足经济发展的需要,在转移或降低交易成本、获得更大的潜在利润等动因的诱导下,利益主体就会产生制度变迁的需求。在广泛研究的基础上,新制度经济学的杰出代表科斯和诺斯提出了制度变迁理论,他们把"制度变迁"解释为"原有制度框架的创新和被打破"。

我国学者林毅夫把制度按变迁主体的不同分为两种类型。一种叫诱导性变迁,是指由某些人或群体,为了获取一定的经济或政治利益,自发组织的制度变迁,又叫由下及上的制度变迁;另一种与之相对应,通过国家强制力实行的变迁,被称为强制性制度变迁。林毅夫认为,诱导性制度变迁可能导致搭便车现象、制度供给不足等问题的出现,政府应该发挥其在执行力等方面的优势,结合强制性变迁,降低制度变迁成本,推动经济发展。

从我国农产品流通体制特别是粮食流通体制的改革来看,由政府主导的农产品流通模式向"双轨制"流通模式转变,进而呈现出市场化、专业化的发展趋势,适应了经济发展的需要,是符合我国农业经济以及国民经济发展的制度变迁的。而由农业经济发展内在动力和需求所带来的农产品物流金融模式的出现,则是一种自发性的制度创新。这种制度变迁适应了现代物流的发展需要,对未来农村金融体系的发展以及农产品物流业的升级有重要作用。利用制度变迁理论,从宏观层面把握农产品物流业的发展方向,改革和探索适应经济发展的创新物流制度是未来农产品物流业发展的必由之路。

(四)协同理论

协同理论是美国战略理论研究专家 H. Igor Ansoff 首次提出来的,他于1965年出版了《公司战略》一书。协调理论强调了整体与部分之间的关系。系统各组成部分如果能够相互配合、相互激励就可能产生新的结构和功能,使得整体价值大于各部分价值之和。日本学者伊丹广之也认为协同能够最大限度地发挥现有资源的效能,带来新的发展机会。

农产品物流也是一个系统性的过程,它的发展离不开物流主体、物流客体、物流载体等一系列要素的配合,缺少任何一项物流都无法实现。从另一个方面来讲,物流涉及了包装、储藏、运输、配送等一系列活动,是一个从田间到餐桌的连贯性经济活动,需要各个部分紧密配合才能实现农产品的快速配送和调拨,进而降低经营成本,实现农产品价值的增值。在经济全球化的大背景下,物流组织只有相互配合、统一协调,整合利用物流资源才能提升物流业的整体效益,提高农产品的国际竞争力。因此,利用协同理论做好物流资源的协同、开发对于不断扩大农产品物流业的规模,参与国际竞争具有重要作用。

(五)产业融合理论

协同理论强调的是系统内部各组成部分之间的关系,而产业融合理论则从宏观的层面强调了各产业之间的竞争合作关系,从这个角度来看,产业融合理论可以看作协同理论的扩大化。产业融合理论最早出现在计算机、广播、印刷等领域,随着技术的进步,产业融合的现象越来越普遍,涉及领域也越来越广泛,逐渐成为推动经济发展的又一新的技术手段和理论工具。

马健(2002)认为,产业融合是各产业在有形、无形领域的融合,这种融合能够打破行业界限,改变原有产品的市场需求,形成新的竞争与合作关系,进而带来产业间在产品、业务及市场方面的全面融合和新的发展机遇。

根据产业融合理论,农产品物流业想要获得更大的发展不能仅仅停留在物流业一个角度,应全面把握整个市场经济的动态,联系上下游产业,加快与金融保险业、农产品加工业、零售业等的融合发展。特别是农产品冷链物流的发展,更需要与信息技术产业、冷藏运输业、食品加工业等产业相互配合,资源共享,才能达到技术、管理、市场等的全面创新和发展。

二、物流公共信息平台

物流公共信息平台是支撑现代物流业发展的神经中枢。现代物流与传统物流的一个重要区别就是有物流信息平台做支撑。我国物流信息技术的发展已有 20 多年的历史,但 2012 年以来才真正进入物流信息平台快速增长期。经过"十二五"期间的发展,物流信息平台建设取得了显著的成绩,各种物流信息平台项目得到快速发展,物流信息技术的发展受到各界的高度重视。在省级层面,已有一些物流信息平台开始在物流产业发展中起到较好的作用,如浙江省物流信息平台、湖南省物流公共信息平台、广东省物流信息平台等等。但这些平台除了有基本的"为货找车"和"为车找货"的功能外,在物流信息聚集方面还远远不够。一些信息企业出于商业利益开发了一些信息平台,但通用性及可操作性还不强。当前物流信息平台在很大程度上是信息孤岛,没有形成信息的共享与集聚效益。从整体上看,我国物流信息化程度还有待提升,物流信息平台的发展处于转型升级阶段,除了需要打通物流信息平台的信息共享功能外,还需要大力发展专业化的各类物流信息平台。

(一)物流公共信息平台市场概况

经过多年的发展,物流公共信息平台市场从导入期进入了快速发展期。各类物流公共信息平台项目不断涌现,市场竞争越来越激烈。当前物流信息平台发展中需要重视以下几个问题。

1. 物流信息平台的运营模式问题

物流信息平台与电子商务平台往往具有共生互补的关系,因而物流信息平台究竟该如何运营,物流信息平台的商业模式选择,物流信息平台与银行支付系统的衔接问题,这些都需要得到很好的解决,否则没办法理顺商业模式。一些物流信息平台重视前期开发的投入,但没有专业的运营管理团队,导致项目经营遇到瓶颈。一些物流信息平台项目重视营销,但忽略了平台功能的完善和个性化的建设需求。

2. 专业物流信息平台的建设问题

物流信息平台如果功能太全面,必然就容易失去特色。因此,在建设信息平台时,要着重考虑平台的受益面,即可能使用平台的企业和人员,还要关注信息平台如何能够有效支撑特色物流的发展。例如,冷链物流是物流业发展中起步较晚,但需求量大,且最有特色的一种物流,而目前这方面的专业化信息平台尚是空白,因而必须建设好专业化的物流信息平台。此外,物流信息平台的建设是一个持续改进的过程,必须根据市场情况,不断加大平台建设和投入,更新信息平台版本,才能适应新的市场发展。但很多平台项目没有重视持续建设投入,导致项目不能够形成可持续的竞争优势。

3. 物流信息平台的管理问题

物流信息平台项目需要建设和运营,更需要加强管理。很多物流信息平台项目重视前期开发,但在正式运营后管理跟不上,要么没有专业的管理团队,要么没有规范的管理制度,导致管理跟不上发展的需要,无法在激烈的竞争中取得优势。管理方面的另一个问题就是管理手段问题,很多信息平台的管理一味强调管理团队的自有化,从而导致管理成本的上升。对于正在发展中的信息平台来说,如果不能够有效控制成本,必将带来管理上的失控。一些信息平台不注重与用户的沟通,对用户的需求不能够及时响应,也会带来管理的困境。

(二)冷链物流信息共享平台市场竞争力分析

目前,市场上各类物流公共信息平台已不少,这些平台的外在表现就是各类物流信息网站,大部分是综合类信息平台。从湖南省的情况看,作为一个农业大省,湖南省农产品冷链正处在全面发展的关键时期,但缺少一个能够为农产品冷链发展服务的现代化信息平台。冷链物流信息共享平台市场竞争力体现在如下几个方面。

1.巨大的市场需求

湖南省作为传统的农业大省,农产品产量大,但由于缺少冷链物流的支撑,增产不增收的情况长期存在。近年来,湖南省特色农产品市场快速发展,无论是特色林果产业和高品质蔬菜,还是有机水产养殖业或以猪牛羊为代表的家畜养殖业,都有了规模化发展,形成了特色农业产业。但由于没有市场冷链物流的支撑,产业发展面临增值的难题。近年来,在政府的大力支持下,冷链物流运输装备与冷库发展迅速,为冷链物流的发展提供了硬件支撑,但一直没有冷链物流信息平台的支撑。

2.功能的专业性

冷链物流信息共享平台专注于服务冷链物流业的发展,具有极强的专业性。参与项目开发的团队成员有信息技术方面的专家、冷链物流专家、特色农产品养殖或者种植专家,他们从各自的专业角度为项目发展提供咨询服务,可有效保证项目功能的专业性。有关冷链物流的供给信息、装备信息都可以在该平台上找到。

3.政府的政策支持

湖南省高度重视冷链物流信息平台的发展,无论是《湖南省物流业发展三年行动计划(2015—2017)》,还是《湖南省冷链物流发展规划》,都明确要大力发展冷链物流信息平台。湖南省经济和信息化委员会高度重视本项目建设,将本项目作为支撑湖南省冷链物流发展的重点扶持项目,从资金保障方面给予重点支持。

4.运营的专业化

成立了一支专业化的经营管理团队,具有多年的物流信息平台推广和营运经验,有利于冷链物流信息平台的推广和发展。

任务二　农产品冷链物流的地位及发展意义

一、冷链物流的地位

农产品物流是整个物流体系中不可缺少的重要一环,是现代物流体系的重要组成部分,构建与社会主义市场经济相适应的农村商品流通体系,不仅是社会主义新农村建设的需要,而且是社会再生产,提高农民收入的必然要求。作为一个农业大国,发达完善的物流系统是我国实现农业现代化和经济可持续发展的前提和保障。冷链农产品物流包含在整个农产品物流体系中,是对传统农产品物流的升级,是经济社会发展到一定阶段的产物。

二、发展农产品冷链物流的意义

(一)发展冷链物流是提升农产品品质的关键

农产品是与消费者日常生活密切相关的产品,其缺乏价格弹性,消费者对价格的敏感程度低。人们生活水平提高和收入不断增加,对农产品特别是生鲜农产品品质的要求也越来越高,许多消费者把注意力转移到产品的新鲜程度和质量上来,对食品安全的关注度高。提高农产品品质的关键在于冷链物流的运用,通过全程的低温控制可以有效地降低产品的腐损率,延长产品寿命,保持其新鲜程度,极大地满足消费者的购买需要。因此,发展冷链物流是提升农产品品质、迎合市场需求的内在要求。

(二)发展冷链物流是提高农民收入、降低经营成本的必然要求

改革开放以来,农民的人均收入已由 1978 年的 133.6 元上升到 2009 年的 5153 元,农民人均收入虽逐步提高,但城乡收入差距却呈现扩大态势,2009 年城乡收入差距比达到 3.33∶1。要想提高农民的收入,必须降低农业生产经营成本,开拓新的农产品销售渠道和方式。根据 1991—2008 年的农

产品物流与农民收入关系的统计分析,得出农民收入与物流呈正相关关系,其收入的 1.13％是由物流贡献的。农产品冷链物流的发展不仅有利于加快农产品的流转速度,保证产品的新鲜度,提高销售价格,促进农民收入增加,而且可以降低农产品的损耗,减少浪费,构建可持续发展的节约型社会。

（三）发展冷链物流是提高农产品竞争力、参与国际竞争的内在需要

2009 年,我国农产品出口额达到 392.1 亿美元,其中果蔬等生鲜农产品的出口额占据了半壁江山。相对于国内自销,出口农产品对品质的要求更高。特别是在加入 WTO 之后,国际竞争越来越激烈,农产品的出口也受到了食品安全等贸易壁垒的影响。在这样的背景下,使用先进的配送方式,缩短产品运输周期,提升产品品质成为提高农产品竞争力的关键。冷链物流的运用适应了国际物流发展的大趋势,有利于我国参与国际竞争,加快与国际接轨的进程。从另一个角度来说,冷链的发展也使许多国外的农产品流入中国,不仅丰富了百姓的餐桌,也提供了宝贵经验,间接地促进了我国农产品品质的提升。

任务三 农产品冷链物流成本控制

我国农产品冷链物流之所以发展缓慢,很大一部分原因在于成本控制上,一旦使用了冷藏车辆进行运输,运输成本将大幅度上升,相应分摊到单位农产品上的成本也将大幅度提高,进而导致冷链农产品销售价格的提高。价格的提高势必导致需求的降低,面对激烈的市场竞争,很多企业选择放弃冷链,但是,放弃冷链就意味着放弃了农产品的质量,因而解决农产品冷链物流的成本控制问题在很大程度上不仅仅是降低成本的问题,而是在保证质量的前提下降低成本的问题。

一、农产品冷链物流成本的组成

农产品冷链物流成本主要包括农产品在冷链运输、储存、销售过程中所消耗的各种费用的总和。具体来说,就是农产品在冷链流通中所耗费的运输、仓储、包装、装卸搬运、流通加工、配送等环节所支出的人力、物力和财力的总和。由于农产品本身的性质不同,对冷链功能的要求也不同,进而成本控制的方面也有所不同。农产品冷链物流成本从构成上可以分为以下四个部分。

第一,运输成本。农产品冷链运输成本包括农产品从产地到配送中心或加工中心,然后再运到销售地点的费用,如燃油费、车辆通行费、车辆维修保养费、相关的人员费用和相关损耗等。该项成本与运输量、运输里程以及运输过程中对温度的要求密切相关。运输量越大,运输里程越长,运输时间越长,相关的运输成本越高;运输过程中对温度要求越低,运输成本越高,如－5℃就比0℃要耗费更高的运输成本。相关因素之间的增长关系如表2.1所示。

表 2.1　运输成本影响因数关系表

	燃油费	车辆通行费	维修保养费	人员费用	车辆折旧	罚款
运输量	正向	正向	正向	正向	时间/里程	超载
运输里程	正向	正向	正向	正向	时间/里程	正向
温度要求	正向	正向	正向	无关	无关	无关

第二,仓储成本。农产品冷链物流中的仓储成本主要包括农产品在配送中心、加工中心进行储存所耗费的相关费用,包括相关的人力成本、冷库储藏成本、装卸搬运成本等,该项成本主要与农产品的数量及储存温度要求相关,数量越大,温度要求越高,相应的成本也就越高。相关因素之间的关系如表2.2所示。

表 2.2　仓储成本影响因素关系表

	能耗	设施设备	管理费用	人工费用
储存量	正向	正向	正向	正向
储存时间	正向	无关	正向	正向
储存温度	反向	反向	无关	无关
仓库密封性	反向	正向	正向	无关

第三,惩罚成本。农产品冷链物流的惩罚成本主要指农产品没有按时按质按量运至目的地,而对冷链运营商的罚金,以及在运输过程中由于超载、超速等违反道路交通安全法所造成的罚金。该项成本与农产品质量有关,但完全可以避免。

第四,管理费用。这部分费用是指为了达到客户满意的服务水平所付出的相关物流费用,如冷链物流人员工资、办公成本、相关宣传费用,以及协调控制冷链物流过程所耗费的其他成本。这个部分的成本控制空间最大。

从农产品冷链物流的构成来看,惩罚成本和管理费用是主要的成本控制环节。从企业财务控制的角度看,农产品冷链物流成本可以分为主营业务成本和营运间接费用两个一级账户。主营业务成本又可以分为运输成本、仓储成本、包装成本、装卸搬运成本和流通加工成本五个二级账户。营运间接费用可以分为物流信息成本、物流管理成本、资金占用成本、物品损耗成本、保险和税收成本五个二级账户。

二、农产品冷链物流成本的特点

(一)农产品冷链物流成本显性与隐性并存

现行的会计科目中,仅仅将支付给第三方运输企业和仓储企业的费用列入物流成本,而对于使用企业自己的车辆进行运输,使用自己的仓库进行存储和使用自己的工人进行相关操作的成本计入其他科目,不列入物流费用科目内。因此,我们所能看到的仅仅是物流成本很小的一个部分,这在冷链物流行业也有明显的体现。

农产品冷链物流成本同时又具有显性,原因在于冷链物流本身具有鲜明的特点,那就是温度的全程控制。因此,所有与温度控制相关的成本都应列入冷链物流成本,这是显而易见的,也是被绝大多数冷链物流企业所接受的。并且在实际的工作中,显性的温度成本计算也较为简单。

(二)农产品冷链物流成本削减的乘数效应

农产品冷链物流活动与一般的物流活动一样,都具有成本削减的乘数效应。如果在物流成本中,冷链的温控成本占物流总成本的 50%,那么冷链的温控成本就是 100 万元;如果温控成本可以降低 10%,也就是说减少 10 万元的温控成本,实际上等于企业增加了 10 万元的净利润。假定企业的销售利润率仍为 5%,那么增加这 10 万元的销售利润实际上需要增加的销售额就是200 万元,占到企业销售额的 10%。现实中,增加销售额远比降低物流成本的成本要高得多,可见成本的削减对于企业经营的意义重大。

(三)农产品冷链物流成本不完全的效益背反

一般物流活动与冷链物流活动在效益背反问题上的区别在于,冷链物流活动的效益背反关系是不完全的,只是在部分的活动中存在效益背反。

在一般物流研究中存在的效益背反现象在冷链物流中也普遍存在,但情况有所不同。通常情况下,运输和仓储之间是存在效益背反的情况的,但是反映在农产品冷链物流上,由于农产品的生产者大部分是个体农户,他们不具备储存生鲜农产品的环境条件,因而对于收购农产品的加工厂商来说,冷库的建设是必不可少的。由于冷库的建设和租赁成本相对较高,一般厂商倾向于按照订单进行生产,而不会自行租赁仓库进行冷链存储活动。一般物流活动可以有选择地进行相关的运输和存储活动的组合,而冷链物流活动则基本上只存在一种选择,而没有运输与仓储活动的组合选择,实际上就谈不到效益背反问题。

三、农产品冷链物流成本控制存在的问题

根据西泽修教授提出的"物流成本冰山说",财务报表所反映的物流成本只能反映企业物流总成本的一个部分,相当大一部分物流费用是不可见的。显露出的物流费用只是冰山的一角,水下的物流成本远大于露出的一角,且水下的部分越大,露出水面的部分就越小。由此可见,物流成本的控制是非常困难的。目前在我国,农产品冷链物流成本控制的问题主要在于以下几点:

第一,没有形成完整的冷链物流成本计算科目体系。从目前企业会计核算的情况看,我国财务会计制度没有对物流成本核算对象、核算范围进行规定。因此,企业只能按照自己的理解来大致计算物流成本,而不能进行相对准确的计算和控制。物流成本散落在企业生产经营的各个环节,要将他们归拢并提炼出来相对困难。通常情况下,企业在计算成本时,只把支付给运输部门和仓储部门的费用列入物流成本,企业向外支付的物流费用仅仅是冰山的一角,企业内部消耗的物流成本是巨大的。

第二,冷链物流成本的局部控制导致的问题。由于冷链物流成本控制存在的困难很多,因而企业采取了化整为零的办法,对冷链环节进行局部的控制。冷链物流是一个系统性的概念,将冷链割裂开来进行局部控制的弊端很多。首先,局部控制方法不能从整体上把握冷链物流的总成本,企业局部冷链物流成本的最优化并不意味着总成本的最优化;其次,对冷链物流成本的局部控制导致企业领导者只能看到局部成本的组成,不能了解企业的总成本情况

以及相关成本与总成本之间的关系;再次,冷链物流成本的局部控制可能导致部门间的互相推诿和责任不明,给企业的正常管理带来困难。

第三,经济发展的不稳定性导致成本控制困难。近年来,中国经济发展迅猛,但同时也存在着相当多的不稳定因素,如企业人力资源成本的提高,工业原材料价格的上涨,燃油等资源类产品价格的变动,以及国家一些政策法规的出台,都会使冷链成本发生变化。在这样的环境下,对冷链物流成本的预测相对困难,要将冷链总成本控制在一个预定的范围内也是不现实的。

第四,农产品冷链流通环节信息不对称,导致冷藏车辆的空驶运输,冷冻冷藏仓库的闲置,带动了冷链成本的提升。同时,由于我国农产品冷链物流企业规模小,经营能力有限,不能达到经济规模,成本相对较高也是必然的。商超相对分散,也增加了流通环节的成本。

四、从供应链的角度对农产品冷链物流总成本进行综合控制

(一)通过一体化流程管理降低冷链总成本

成本来自生产经营活动,没有生产经营活动也就不会产生成本,并且成本会抵消利润,因而要降低成本,围绕这个核心,我们更多考虑的是成本局部控制。而供应链管理更多考虑的是上下游之间的关系,为了实现冷链总成本最低,可能在某些环节是无法实现局部成本最低的,因而需要更多地衡量企业和企业之间的关系,将成本的概念从局部推广到全链,对全冷链进行成本控制。这里降低成本的核心问题在于如何利用成本控制加强供应链上企业之间的合作,从而加强链上企业的竞争能力,从链竞争的角度获得优势。

(二)从需求端出发控制成本

成本规定了价格的下限,现代化生产方式对于成本的控制已经非常严格,但是消费者的接受能力却有所不同,因而现代生产更注重从消费者的角度考虑成本,也就是说,从产品还没有生产的时候开始,成本水平和价格水平就已经确定了,所以,对于成本的控制就是严格按照限定的成本水平进行生产的过程。对于农产品冷链来讲,首先应该确定的是冷链农产品的价格水平,然后,根据消费者可以接受的价格水平确定农产品的成本水平,之后从农产品产地开始对各个流通环节进行成本控制,保证农产品以可以接受的成本水平进入

消费流通环节。

(三)通过战略合作伙伴关系化解效益背反

效益背反广泛存在于企业的经营活动中和企业与企业之间的经营活动中,由于各自的经济利益不同,各个企业都希望实现自身利益的最大化,而局部利益的最大化与冷链整体利益的最大化有着很大的区别,因而供应链整体成本上升,利润下降。如果企业从供应链的角度出发,企业与企业之间通过协商达成某种利益的协调,形成战略合作伙伴关系,那么企业在其经营活动中就不会仅仅考虑自身利益,也会考虑到商业伙伴的利益。如果冷链成员之间的这种协调机制能够有效地发挥作用,那么效益背反关系就可以部分消除,进而从供应链的角度实现成本的控制。

(四)谨慎对待物流业务外包

一般认为,物流业务外包可以有效地降低企业物流成本,但是从供应链的角度来看,物流业务外包实际上是增加了供应链的成员,因而需要对外包企业成员进行慎重的选择。如果外包企业的竞争力、服务水平、成本水平与整体供应链的要求不符,那么外包的结果很可能是提高了冷链的整体成本,而不是降低。因此,对于物流业务外包,不论是运输环节、加工环节还是仓储环节、销售环节,都需要对外包企业进行详细的了解,对外包企业的效率、效益、成本等进行周密的考察之后,才能做出是否外包以及外包给谁的判断。

项目三　农产品包装与流通加工

任务一　农产品包装概念

子任务一　关于包装的理解

在社会的再生产过程中，包装处于生产过程的末端和物流过程的开端。它既是生产的终点，又是物流的起点。

一、包装的概念

（一）包装的定义

《中华人民共和国家标准：物流术语（GB/T 18354—2006）》对"包装"下了明确的定义："为在流通过程中保护产品、方便储运促进销售，按一定技术方法而采用的容器、材料及辅助物等的总体名称。也指为了达到上述目的而采用容器、材料和辅助物的过程中施加一定技术方法等的操作活动。"

从这个定义可以看出，包装不仅是一种技术和方法，而且是一个连贯的过程。通过这个过程可以使物品状态稳定，保证物品在运输、仓储、配送等物流环节中完好无损，便于销售和消费。

世界各国都提出了包装的定义。以下为美国、英国、日本和加拿大等国对包装的定义。

美国：包装，是使用适当的材料、容器，并施以技术，使其能将产品安全送达目的地，即在产品输送过程中的每个阶段，不论遭到怎样的外来影响，皆能保护其内装物，而不影响产品价值。

英国：包装是为货物的运输和销售所做的艺术、科学和技术上的准备工作。

日本：包装指在物品的运输、保管交易或使用当中，为了保护其价值和原状，用适当的材料、容器等加以保护的技术和状态。

加拿大：包装是将产品由供应者送到顾客或者消费者手中，而能保持产品完好状态的工具。

国内外对于包装的定义虽然表述不尽相同，但意思基本一致。从以上诸定义可以看出，包装实际上是在商品从生产企业到消费者手里的过程中，保证商品价值和使用价值能够顺利实现的特定功能系统，是构成商品的重要组成部分，它架起了商品生产与消费的桥梁，便于人们消费，与人们的生活密切相关。

（二）包装概念的新理念

根据商品特性而进行的包装，在保证产品实现使用价值方面发挥极其重要的作用，如保护商品、方便运输、促进销售等。这是传统意义上的包装概念和功能，但随着时代的发展和人们生活水平的提高，人们的消费结构和消费理念发生了巨大的变化，商品承载了人们更多的期望，因而包装也必须要随时满足人们的这些期望。相对于传统包装而言，时代进步赋予了包装概念现代的新理念。这些新的理念主要体现在生态理念、文化理念和科技理念上。

1. 生态理念

近年来，国内外包装工业持续快速地发展，无论在包装材料还是包装技法上都取得了巨大的进步。但在取得进步的同时，包装的负面效应也随之凸显出来，即包装对生态环境的影响。包装工业的发展不仅消耗了大量资源，而且对环境产生了污染。例如，大量使用包装材料会消耗很多自然资源，生产包装和使用包装的过程中也会产生废弃物。在循环经济发展和人们环境意识提高的同时，要长期发展包装工业，必然要注意包装对环境的影响。因此，在进行商品包装时，要从生态的角度来选择包装材料和包装技法，进行合理的生态包装设计。客观环境背景赋予了包装概念以生态理念。包装概念的生态理念是指充分考虑到包装的整个生命周期过程对资源、能源及生态环境的影响，尽量降低包装材料的环境负载，实现包装功能性和环境适应性的平衡和统一。目前，很多商品包装已经体现出了包装概念的生态理念，如包装容器的重复利用,用废弃材料制作包装容器,从而达到减少资源浪费的目的。

2.文化理念

商品包装是一个系统工程,除了做到精美、新颖、实用之外,还会受到社会形态、经济结构和人文风俗的影响,这就体现出了包装的社会性和文化性。不同商品的包装必须适应消费地的文化环境,适应这个国家、地区民族和宗教的意识形态,才能满足人们的消费心理。商品包装的文化性更能提升商品品位和档次,所以在商品包装过程中,企业要充分考虑包装的文化性,在这方面下足功夫,用文化的形式渲染产品,吸引消费者,使产品适应市场,增加产品的价值,创造企业效益和提高企业的知名度。

3.科技理念

包装的科技理念来源于科技进步。包装的科技理念包含两个方面内容:一方面是包装的科技意识;另一方面是包装的科技成分。科技意识主要是指在包装过程中不要拘泥于传统包装,要跟随形势将新的科技体现在包装上,如生态价值观、循环经济、可持续发展和绿色物流等;包装的科技成分是指包装的科技应用。随着科技的进步,一些新技术、新工艺、新材料和新设备随之增加,这些新成果一是体现在新型包装材料上,二是体现在新型包装技术和方法上,三是体现在包装印刷和装饰上。在包装中应用科技理念,既能保证包装的原有功能,又能符合时代发展的需要。

二、包装的发展历程

包装是人类智慧的产物,随着人们的生活生产需要而诞生,随着时代的发展而不断发展。按照时代发展过程,包装的发展历程可分为四个阶段:原始包装阶段、古代包装阶段、近代包装阶段和现代包装阶段。其中,古代包装阶段和近代包装阶段又可统称为传统包装阶段。

(一)原始包装阶段

人类的包装历史可以追溯至远古时期。在原始社会,人类仅靠双手和简单的工具采集野生植物、捕鱼狩猎来维持生活。包装起源于古人装载和转移生活资料的需要,人们利用自然界提供的树皮、果壳、兽皮、贝壳、龟壳等作为容器,用以盛装转移食物和饮水。这些活动采用手工包装,这些包装的方法很简单,所以原始包装阶段还属于包装的低级阶段。

(二)古代包装阶段

古代包装阶段历经人类原始社会后期、奴隶社会、封建社会的漫长过程。在这个阶段中,生产力的逐步提高使越来越多的产品用于交易,产生了商品和商业,人类文明在很多方面都发生了巨大变化。要使越来越多的商品能更好地运输和交易,必然要对其进行包装。古代包装在材料和技术上充分体现了当时的时代背景。

1.包装材料

人类截竹凿木,然后模仿葫芦等自然物的造型制成包装容器,用植物藤条编成篮、筐、篓、席,用麻、畜毛等天然纤维编结成绳或织成袋、兜,这些都可以用来包装物品。随着人类社会的发展,人们又制造了陶器、青铜器,后来发明了造纸术,使包装材料和容器有了科学性的突破。

在我国湖南省怀化市新建乡原始人的生活遗址中发现了原始的陶器,时间大约在公元前 5000 年;在西安半坡出土的文物证实,公元前 4000 多年就采用陶器盛水、储藏粮食了;殷周时期出现的包装材料有皮革、木材、竹类、陶瓷等;唐代就有"用纸囊贮茶叶,使其不泻茶"的记载。

2.包装技术与造型

在包装技术上,这一时期已采用了透明、遮光、透气、密封和防潮、防腐、防虫、防震等技术,以及便于封启、携带、搬运的一些方法;在造型设计和装潢上,已经应用对称、均衡、统一、变化等形式美,并采用了镂空、镶嵌、雕刻、染色涂漆等装饰工艺,制成极具民族风格的、多姿多彩的包装容器。此时的包装不仅仅停留在容纳、保护产品的功能上,还增加了包装审美价值,发挥了促销功能。

(三)近代包装阶段

16 世纪末到 19 世纪是近代包装阶段。西欧、北美国家先后从封建社会过渡到资本主义社会,社会生产力和商品经济都得到了较快发展,自 18 世纪中期到 19 世纪晚期,西方国家经历了两次工业革命,蒸汽机、内燃机及电力等得到广泛使用,人类社会生产力成倍增长,商业迅速发展。同时,轮船、火车及汽车的发明使交通发展到海路、陆路,可以大规模地运输。为了满足商品大规模的运输要求、快速和广泛的流通要求,提高商品包装的适应性和适宜性就成为必然。大量的商品包装使一些工业发展较快的国家开始形成机器生产包装产品的行业。这一阶段,包装材料和容器、包装技术、包装标志和包装机械等方面又有了更大更新的进步。

1.包装材料和容器

18 世纪,人们发明了纸及纸板制作工艺,出现了纸制容器;19 世纪初,人们已经会在包装容器上进行印刷和装潢,如美国历史上的著名品牌、至今仍然存在的桂格燕麦(Qumker Oat)公司,在 1888 年谷物生产商舒马彻与其他七家最大的加工厂合并后,创建了美国谷类食品有限公司,把产品包好后,装进印有桂格男人的纸箱里,通过广告,几年后桂格商品在全国范围内就已经家喻户晓。此时,人们已经认识到可以通过包装来增加产品的附加值,提高企业的知名度。在这一时期,人们还发明了用玻璃瓶、金属罐保存食品的方法,从而产生了食品罐头工业等。

2.包装技术

16 世纪中叶,欧洲已普遍使用了锥形软木塞密封技术。香槟酒瓶塞的使用就体现了包装技术的提高;17 世纪 60 年代,香槟酒使用绳系瓶颈和软木塞封口;1856 年,人们发明了加软木垫的螺纹盖;1892 年又发明了冲压密封的王冠盖,从而使密封技术更加简捷可靠,更能保证香槟酒的质量。

3.包装标志

随着商品经济的高速发展,商品的种类日益增多,企业间的竞争加剧,企业为扩大市场份额,采用了多种竞争手段。其中一种就是厂商开始重视包装标志的作用。例如,1793 年,西欧国家开始在酒瓶上贴挂标签;1817 年,英国药商行业规定有毒物品的包装要有便于识别的标志等。

4.包装机械

上述近代包装材料及包装技术的发展均与包装机械的发展密切相关,这主要表现在印刷、造纸、玻璃和金属容器制造等方面生产机械的发展,如出现了密封机、打包机等。

（四）现代包装阶段

20世纪以后是现代包装阶段。伴随着商品经济的全球化扩展和现代科学技术的高速发展，包装的发展也进入了全新时期。新的包装材料、容器、包装技术在这一阶段大量涌现出来。同时，各种自动化包装机械经研究制造投入了使用；包装印刷技术的迅速发展，使包装装潢效果更能促进消费；包装测试水平不断增长，包装的性能不断提高。包装设计也更体现出科学化和现代化，同时满足循环经济的要求，实现包装的减量化（reduce）、重复利用（reuse）、回收再生（recycle）和废弃物的可降解（degradable）。

三、包装的特征和功能

包装具有三大特征，即对产品的保护性、单位集中性和方便性。基于包装的这三个特征，包装具有以下四种功能，即保护商品、方便物流、促进销售及方便消费。

（一）保护商品

包装的一个重要功能就是要保护包装内的商品不受损伤。在运输途中，由于运输工具或运输道路的原因，商品难免会受到一定的冲击或者压力，这样就可能会使商品受到损害。在商品的储存过程中，因为商品要层叠堆积码放，所以下层商品会受到放在它上面的商品的压力，这样就可能损害商品。另外，在商品储存过程中，商品可能还会受到外部自然因素的侵袭，例如，可能会被雨水淋湿，被虫子、老鼠咬坏等。因此，要求商品有一个好的包装，能够抵挡这些侵袭因素。

在设计商品的包装时，要做到有的放矢。首先要仔细分析商品可能会受到哪些方面的侵扰，然后针对这些方面设计商品的包装。例如，如果商品在运输途中可能会受到外力的侵袭，容易受到碰撞，那么就需要对商品进行防震包装或缓冲包装，可以在商品的内包装和外包装之间塞满防震材料，以减缓外界的冲击；如果商品比较容易受到害虫的侵蚀，那么可以在商品包装中填加一定的防虫剂，以防止商品受到损害。

（二）方便物流过程

包装的另一个重要作用是提供商品自身的信息，如商品的名称、生产厂家和商品规格等,以帮助工作人员区分不同的商品。在商品的储存过程中,仓库工作人员也是通过包装上的商品标志来区分商品、进行存放和搬运的。此外,适当的包装也能否提高搬运商品的效率。商品从生产到销售可能会经历很多次的搬运,如果产品包装设计过大,那么可能非常不利于搬运;相反,如果包装设计过小,又可能会使搬运的效率大大降低。因此,在设计包装时,应该根据搬运工具的不同来设计合理的包装,而且在设计包装的时候,还要注意考虑如何使各种搬运工具能够更好地对商品进行操作。

(三)促进商品销售

包装是"无声的推销员"。拥有良好包装的商品给人以美的享受,能诱导和激发消费者的购买动机和重复购买的兴趣。特别是在当今人们的物质生活和文化生活不断提高的情况下,包装更成为消费者选择商品时考虑的重要因素。

消费者购买心理一般经历认知过程、情感过程和决策过程三个阶段。其中,注意是认知过程的开始,也是人们购买心理过程的前提,而注意又分为有意注意和无意注意。据调查,我国超市中62.6%的顾客是在没有明确购买计划的情况下选择商品的,而全国有这种购买习惯的人占54.9%,因而我国消费者的主要购买心理是无意注意促成的。美国杜邦(DuPont)化学公司提出的"杜邦定律"认为:63%的消费者是根据商品包装来进行购买的。美国某著名的包装设计公司认为:对于多数产品来说,产品即包装,包装即产品。

包装是商品的影子。在缺乏参考信息或质量、价格大致相同的条件下,商品能否吸引消费者注意进而促成购买,关键看包装能否抓住消费者的视线,唤起兴趣,引发联想。能够使消费者爱不释手、促成购买的商品包装,往往具有色彩鲜明、构图精美、造型奇异和文字醒目等特征,这些都能够刺激消费者的消费欲望。无包装或包装信息不充分的商品,往往会因卫生状态不好、携带不便、不知如何使用而影响顾客的购买欲望。因此,精美的包装本身就是很好的广告,具有美化、宣传商品和促进销售的功能。

(四)方便顾客消费,提高客户服务水平

企业对包装的设计应该适合顾客的使用,要与顾客使用时的搬运存储设施相适应,这样包装成本可能会高一些。但是,拥有了长久的顾客关系,企业

才有可能生存和发展。

（五）信息传递功能

包装是商品信息的载体之一。当琳琅满目的商品出现在眼前,消费者往往是根据包装上的信息选择商品的。包装上的信息通常包括制造厂、商品名称、包装类型、生产日期、使用说明、成分构成、商品重量和件数、通用的商品代码等。包装的信息传递功能主要表现在以下两个方面。

1.方便物流操作

根据包装上的信息,在货物入库、拣选和出运查验过程中,操作员靠包装上的信息来识别商品;在商品的储存过程中,工作人员可以通过包装上的标志来区分商品,正确地进行存放和搬运;工作人员还能够通过这些信息在收货、储存、取货和运输的各个过程中跟踪商品。另外,这些商品信息可以方便地被现代信息采集技术采集并输入计算机物流信息系统中。系统可以发出指示,指导工作人员对该商品进行一定的操作,这样极大地提高了整个物流系统的效率。

2.方便购买使用

包装上的绘图、商标和文字说明等信息展示了商品的内在品质,从而方便消费者识别,同时也介绍了商品的成分、性质、用途和使用方法等,便于消费者购买、携带及使用。例如,购买药品时,消费者可以根据药品包装盒上的药品成分、适应症状、性状、用法用量、不良反应、注意事项和禁忌等信息,结合自身症状作出购买决策,并在购买后按照这些信息服用药品。

四、包装的分类

现代商品多种多样,性能和用途千差万别,所对应的商品包装必然也是种类繁多、不易区分的。为了更充分地发挥商品包装的功能,就必须对商品包装进行科学的分类,从而为每种商品选择合适的包装。常见的商品包装的分类如下。

（一）按包装在流通中的作用分类

按在流通中的作用不同,包装可以分为销售包装和运输包装。

1. 销售包装

销售包装也称商业包装，是指以促进销售为主要目的的包装，其特点是外形美观，有适度的装潢，包装单位适于顾客的购买，并且能满足商店陈设的要求。在流通过程中，商品越接近顾客，就越要求包装有促进销售的效果。销售包装一般随商品销售给顾客，不仅起到直接保护商品、宣传和促进商品销售的作用，而且起到保护优质名牌商品以防假冒的作用。

销售包装又可分为小包装和中包装。小包装是直接接触商品，与商品同时装配出厂，构成商品组成部分的包装，即一个商品有一个销售单位的包装形式。商品的小包装上多有图案或文字标识，具有保护商品、方便销售、指示消费的作用，如一块糖、一袋牛奶和一盒香烟。中包装是商品的内层包装，它具有防止商品受外力挤压、撞击而发生损坏或受外界环境影响而发生受潮、发霉等变化的作用。在流通过程中，中包装与小包装共同起促进销售、方便使用的作用，如 10 盒香烟为一条、20 袋牛奶为一箱等。

2. 运输包装

运输包装又称外包装或大包装，是指以满足商品的运输、装卸和储存需要为目的的包装。通常情况下，运输包装不随商品卖给顾客。它一般不与商品直接接触，而是由许多小包装（销售包装）集装而成，如烟、酒、化妆品和方便面等。商品先被装进小包装，然后集装于运输包装内。因此，运输包装一般体积较大，如纸箱、木箱、桶、集合包装和托盘包装等。

运输包装在运输、装卸和储存中，首先是起保护商品安全作用，以便于物流管理运输、装卸、搬运和储存，以提高物流的效率；再次是起信息传达作用，运输包装是物流中包装研究的对象。运输包装遵循的重要原则是在满足物流要求的基础上，包装费用越低越好。

（二）按制作材料分类

按制作材料不同，包装一般可分为以下几种。

1. 纸制包装

纸制包装是以纸或纸板为原料制成的包装。纸制包装包括纸袋、瓦楞纸箱、纸盒、纸管和纸桶等。在现代商品包装中，纸制包装占有很重要的地位，占整个包装材料的 40%。从环境保护和资源回收利用的角度来看,纸制包装具有广阔的发展前景。

2. 木制品包装

木制品包装是以木材、木材制品和人造板材(如胶合板、纤维板等)为原料制成的包装,主要包括木箱、木桶、胶合板箱、纤维板箱和桶、木制托盘等。木制品包装主要应用于重物包装和出口货物包装方面。

3. 金属包装

金属包装是指以黑铁皮、白铁皮、马口铁、铝箔、铝合金等为原料制成的各种包装,主要有金属桶、金属盒及铝罐头盒、油罐、钢瓶等。

4. 塑料包装

塑料包装是指以人工合成树脂为主要原料的高分子材料制成的包装。塑料包装材料主要有聚乙烯(PE)、聚氯乙烯(PVC)、聚丙烯(PP)、聚苯乙烯(PS)和钙素塑料等。塑料包装主要有全塑箱、钙塑箱、塑料桶、塑料盒、塑料瓶、塑料袋和塑料编织袋等。目前,我国大力提倡可降解塑料,以应对此前造成的"白色污染"问题。

5. 玻璃与陶瓷包装

玻璃与陶瓷包装是指以玻璃与陶瓷为原料制成的包装,这类包装主要有玻璃瓶、玻璃罐、陶瓷罐、陶瓷瓶、陶瓷坛和陶瓷缸等。

6. 纤维制品包装

纤维制品包装是指以棉、麻、丝、毛等天然纤维和以人造纤维、合成纤维的织品为原料制成的包装,主要有麻袋、布袋和编织袋等。

7. 复合材料包装

复合材料包装是指以两种或两种以上材料复合制成的包装。复合材料包装主要有纸与塑料、塑料与铝箔、塑料与木材、塑料与玻璃等材料制成的包装。

(三)按包装外形分类

(1)按抗变形能力不同,包装可以分为硬包装和软包装两类。硬包装又称刚性包装,包装体有固定形状和一定强度,如用玻璃瓶对酒进行包装;软包装又称柔性包装,包装体可以有一定程度的变形,且有弹性,如牙膏的包装。

(2)按形状不同,包装可以分为包装袋、包装箱、包装盒、包装瓶和包装罐等。

(3)按结构形式不同,包装可以分为固定式包装和可拆卸折叠式包装两类。固定式包装的尺寸、外形固定不变;可拆卸折叠式包装可以折叠拆卸,在无须包装时缩减容积以利于管理、返运和保管。

(四)按包装技术分类

(1)按包装层次及防护技术要求不同,包装可以分为个包装、内包装和外包装三类。个包装即单个包装,是对商品的个体进行包装;内包装是内部包装,可以是个包装,也可以是若干商品的集合内包装,即中包装;外包装是外部包装,通常是集合的大包装,即运输包装。

(2)按包装技术不同,包装可以分为防潮包装、防锈包装、防霉包装、防虫包装、无菌包装、防震包装、收缩包装、拉伸包装、真空包装、充气包装和危险品包装等。

(五)按销售市场分类

按销售市场不同,包装可分为内销商品包装和出口商品包装。两者所起的作用基本相同,但因国内、国外物流环境和销售市场不同,它们之间会存在一定的差别。内销商品包装必须与国内物流环境和国内销售市场相适应,要符合我国的国情。出口商品包装则必须与国外物流环境和国外销售市场相适应,满足出口所在国的不同要求。

(六)按包装的使用范围分类

按使用范围不同,包装可以分为以下两类。

1.专用包装

专用包装是指专供某种商品或者某类商品使用的一种或系列包装。是否采用专用包装是由商品某些特殊的性质来决定的。例如,茶叶吸附性很强,易发生串味而降低品质,应采用专用茶叶箱;易挥发和燃烧的汽油类,要采用严密封装的铁制油桶包装;腐蚀性较强的商品,要采用耐酸、耐碱和耐其他化学腐蚀的陶瓷器皿、罐头等包装。这类包装都有专门的设计制造和科学管理方法。

2.通用包装

通用包装是指一种包装能装多种商品,被广泛使用于各种商品的包装。例如,塑料袋、塑料箱、塑料瓶、瓦楞纸箱、玻璃陶瓷容器等包装,既可以用于日用百货,也可以装食品或者药品等。通常情况下,这种包装是根据标准系列尺寸制造的,用以包装各种无特殊要求的或标准尺寸的产品。

(七)按包装的使用次数分类

按使用次数不同,包装可以分为以下三种。

1.一次用包装

一次用包装是指只能使用一次,不能回收利用的包装,它是随同商品一起出售或销售过程中被消费了的销售包装。这种包装在拆装后,包装容器受到破坏而不能按照原包装再次使用,只能回收处理或者改为他用。

2.多次用包装

多次用包装是指回收后经过适当的加工整理仍可使用的包装,原包装可以重新包装商品,多次使用包装符合可持续发展的要求,可以节约大量的能源和原材料,降低包装成本和费用,能加强环保和促进经济协调发展。

3.周转包装

周转包装是指工厂和商店用于固定周转、多次利用的包装容器,如饮料瓶、硬质木箱等。

五、包装的材料和容器

(一)包装材料

从现代包装具备的使用价值来看,包装材料应具备以下几方面的性能:保护性能、加工操作性能、外观装饰性能、方便使用性能、节省费用性能、易处理性能等。

常用的包装材料有纸、塑料、木材、金属、玻璃等。使用最为广泛的是纸及各种纸制品,其次是木材、塑料材料。随着社会经济发展和国内外对环境保护的日益重视,以纸代木、以纸代塑,绿色包装已势在必行。纸质包装逐步向中高档、低量化的生产方式发展。

随着科学技术的不断发展,包装材料不断创新,出现了复合包装材料。复合包装材料将几种材料复合在一起,使其兼具有不同材料的优良性能,它正在被广泛地采用。现在使用较多的是塑料薄膜复合材料、纸基复合材料、塑料基复合材料、金属基复合材料。

(二)包装容器

包装容器是为运输、销售使用的盛装产品或包装件的器具的总称,是包装材料与造型结合的产物。包装容器与商品价值、用途性能、形状、运输储存条件和销售对象等都有着密切的联系,因而包装容器的设计应遵循"科学、安全、经济、适用、美观"的原则,以达到保护产品、便利流通、促进销售、方便消费的目的。

常用的包装容器有包装袋、包装盒、包装箱、包装瓶、包装罐(筒)。

六、包装在物流中的地位与作用

(一)包装在物流中的地位

包装是物流的主要功能之一,是物流系统中最基本的因素,对现代物流的发展起着不可低估的作用。作为生产的终点,包装标志着生产的完成;作为物流的始点,包装完成后便具有物流的能力。因此,在整个物流过程中,包装占有重要地位。

包装是物流活动的基础,没有包装,几乎不可能实现物流的其他活动。在整个流通过程中,包装是否结实、是否美观和是否标准化,决定着产品能否以完美的使用价值得到用户的认可。包装贯穿整个物流过程的始终,它的材料、形式、方法以及外形设计都对其他物流环节产生重要的影响。例如,包装材料强度和硬度不够,在储存过程中就不能堆码太高,在装卸搬运过程中也容易破损等。因此,没有完善的包装,就没有现代化的物流。当然,现代物流的发展又对包装提出了更高的要求,也促进了包装的进一步发展。

(二)包装在物流中的作用

1. 提高对产品的防护性

商品包装最基本的功能是保护功能,其最根本的目的就是给产品以保护和防护。产品防护性是指产品本身的强度、刚度、包装抗损性以及由于流通环境中产生外界载荷之间相互的影响等。产品防护性可以通过合理的包装来实现,根据运输、搬运、仓储的手段、条件考虑物流的时间和环境,根据产品的特性和保护要求,选择合理的包装材料、包装技术缓冲设计、包装结构、尺寸、规格等要素,才能实现物流中的首要任务,完好无损地实现产品的物理转移。

2. 提高物流信息管理的合理性和物流网络的可控性

物流信息管理是现代物流标准化的关键和核心,产品的各种信息都会在产品的各种包装上得以体现,这反映了包装的信息传递功能。因此,对于物流信息管理、整个物流供应链管理乃至整个物流系统管理来说,在不同层次的包装上应该设置哪些标签、标记、代码和其他相关信息是至关重要的。只有全面、及时、准确地掌握物流系统中的信息,才能进行科学合理的决策,从根本上控制物流网络,保证物流网络的运行。

3. 提高物流组织管理的有序性

物流组织的管理不是单纯的人事、信息、财务等管理,更重要的是技术管理。对于物流系统来说,主要内容之一就是与包装有关的技术管理,只有保证包装基本有序、可控地流动,才能实现整个物流组织管理的有序性。

4. 提高物流整体运营的综合效率性

包装可以将物流链乃至物流系统中的各个环节有机、高效、系统地组合成一个产生综合效率的整体。同时,密切关注各个物流环节与包装的关系,可以使企业在整体运营中取得先机。对于越来越多的走向国际市场的企业来说,与国际物流及包装法规、标准的接轨是实现国际化运营的根本保证。

5. 降低物流成本

物流系统中的所有环节均与包装有关,因而包装对于物流成本的控制显得至关重要,它是降低物流成本的有效控制点。通过改变包装材料、包装技法、包装外形等手段,都可以有效降低物流成本。例如,包装大型化方便采用现代化车辆搬运而非人工搬运,这样可以省去单元小包装造成的高人工费和产品损伤;采用纸箱、托盘以及集装箱的方式则可以替代木箱包装而节省材料使用成本;合理地设计包装的强度,提高货物的堆码层数,可以提高仓库的利用率而节省仓储费用;标准化的包装尺寸提高运输容积率,节约运输成本。总之,通过优化包装设计可从物流源头上控制和降低成本。

从包装上降低物流成本的措施主要有:尽量把包装设计成可重复利用型的;在满足商品特性要求下选择成本最低的包装材料;设计合适的缓冲形式,并选用合适的缓冲材料,使用局部防震方法,节约缓冲材料;使包装容器在选用的运输车辆内的承载数量最大;产品在包装容器内的体积利用率最大;等等。

七、包装的标准化及合理化

(一)物流包装标准化概述

1. 标准与标准化

中国自秦代开始,历代王朝都有法定度量衡标准以及法定违反标准的罚则,现代标准化是近两三百年发展起来的,工业革命将标准化问题提上了日程。为了促进国际贸易和经济的发展,世界各国都非常重视标准化进程。一般来说,标准化工作包括制定标准和贯彻标准。

(1)标准

我国《标准化工作指南 第1部分:标准化和相关活动的通用术语》对"标准"所作的定义为:通过标准化活动,按照规定的程序经协商一致制定,为各种活动或其结果提供规则、指南或特性,供共同使用和重复使用的文件。

根据我国对标准的定义,可以看出其中包含以下几个方面的含义:

①标准宜以科学、技术和经验的综合成果为基础。

②规定的程序指制定标准的机构颁布的标准制定程序。

③诸如国际标准、区域标准、国家标准等,由于它们可以公开获得以及必要时通过修正或修订保持与最新技术标准水平同步,因而它们被视为构成了公认的技术规则。其他层次上通过的标准,诸如专业协(学)会标准、企业标准等,在地域上可影响几个国家。

(2)标准化

《标准化工作指南 第1部分:标准化和相关活动的通用术语》对"标准化"所下的定义为:为了在既定范围内获得最佳秩序,促进共同效益,对现实问题或潜在问题确立共同使用和重复使用的条款以及编制、发布和应用文件的活动。

我国对标准化的定义包括以下含义：标准化活动确立的条款，可形成标准化文件，包括标准和其他标准化文件。标准化的主要效益在于为了产品过程或服务的预期目的，改进它们的适用性，促进贸易、交流以及技术合作。

2.物流包装标准化

包装标准化是标准化工作的一个分支。随着包装标准化工作的逐步深入和发展，很多国家的标准化工作都在试图给包装标准和包装标准化下一个确切的定义，但是，到目前为止，国际标准化组织对上述两个概念还没有统一的定义。因此，对于标准化工作的新兴领域——物流包装标准化，其统一概念的形成还需要很长一段时间。

（1）包装标准

包装标准是对各种包装标志、包装所用材料规格和质量、包装的技术规范要求、包装的检验方法等的技术规定。这些规定不是单个独立存在的，而是紧密联系的，在整个物流供应链中统筹实施，以确保物流各个环节能够很好地把握产品的防护性、物流信息管理的合理性、物流网络的控制性、物流组织管理的有序性、物流运作的低成本和物流整体运营的综合效率性等。

包装标准包括以下几方面内容：

①包装基础标准，包括包装术语、包装尺寸、包装标志、包装基本试验、包装管理标准等。

②包装材料标准，包括各类包装材料（如木材、纸、纸板、塑料薄膜、编织带、包装钢带和容器垫圈等）标准和包装材料试验方法等。

③包装容器标准，包括各类容器（如瓶、桶、袋、安瓶、纸箱和木箱等）标准和容器试验方法等。

④包装技术标准，包括包装专用技术、包装专用机械标准以及防毒、防锈和防潮包装技术方法等。

⑤产品包装标准，分为机电、电工、电子、仪器仪表、邮电、纺织、轻工、食品、农产品、医药等各个行业具体的产品包装标准，其内容包括包装技术条件检查验收、专用检验方法、储运要求和标志等。

⑥相关标准，指与包装关系密切的标准，如集装箱技术条件、尺寸系列，托

盘技术条件、尺寸系列和叉车货物规格等。

（2）物流标准化

物流标准化是物流现代化管理的必要条件和重要体现，它是以整个物流系统为出发点，制定系统内部设施和装备，包括专用工具、物流功能作业配合性技术标准，以及包装、运输、储藏、装卸搬运、流通加工、物流信息管理等各类作业标准形成的物流系统和外围系统的接轨标准化体系。通过制定标准、组织标准和对标准实施监督，达到整个系统的协调统一，以获得最佳秩序和经济效益。

物流标准化涉及的内容有以下几大类：

①物流设施标准化：包括托盘标准化、集装箱标准化等。

②物流作业标准化：包括包装标准化、装卸搬运标准化、运输作业标准化和储存标准化等。

③物流信息标准化：包括 EDI/XML 标准电子报文标准化、物流单元编码标准化、物流节点编码标准化、物流单证编码标准化、物流设施与设备编码标准化、物流作业编码标准化等。

之所以建立和实施物流标准化，是因为物流标准化是实现物流管理现代化的重要手段和必要条件。它可以保证整个物流系统功能的发挥，从而保证物品在流通过程中的质量完好性，以最终降低物流成本而增强企业的市场竞争力。

（3）物流包装标准化

根据包装标准和物流标准化的含义，从物流供应链的角度出发，本书将物流包装标准化定义如下：物流包装标准化是以整个物流环节的物流包装为对象，对包装的类型、规格、容量、使用材料，包装容器的结构类型、印刷标志，产品的盛放方式、规格、缓冲措施、封装方法、名词术语、检验要求等给予统一的政策规定和技术指导。物流包装标准化包括的范围非常广泛，几乎涉及经济领域的各个部门和各个环节。

物流包装标准化是提高物流包装质量的技术保证和物质保证。同时，它也是供应链管理中核心企业与节点企业以及节点企业之间无缝链接的基础。物流包装标准化可以保证资源和原材料的合理利用，提高包装制品的生产效率,保证商品在整个物流供应链中的畅通。

3.物流包装标准化的作用

现代物流特别强调包装标准化,其核心在于保证商品在整个物流过程中的安全性和便利性,这也是物流作业的基本要求。物流包装标准化的作用主要体现在以下几个方面:

(1)物流包装标准化是物流包装的质量保证

物流包装标准化是利用一定的技术手段,确保提高物流包装质量的技术保证。物流包装标准中对包装的各项质量指标都作了明确的规定,使之有法可循,并按统一标准进行检验,有利于提高和保证包装质量,使产品在流通中少受损失。

(2)物流包装标准化有利于降低物流成本,提高经济效益

物流包装标准化使包装型号规格统一,可以节约原材料,降低物流包装成本,实行规格箱型后,节约包装用纸 5%～20%。另外,包装规格尺寸统一有利于包装物的合理排列,大大提高了仓容量和运载量,减少了物流费用。

(3)物流包装标准化是合理利用资源的有效手段

标准化的主要特征之一是重复性,标准化的重要功能就是对重复发生的事物尽量减少或消除浪费,并促使以往的资源和劳动成果重复利用。物流包装标准化有利于合理利用包装材料、包装制品的回收和利用,是有效利用资源的重要手段。

(4)物流包装标准化有助于冲破贸易壁垒,提高产品出口能力

加入 WTO 后,物流包装标准化已成为我国国际贸易的重要组成部分。包装标准化并不是由我国自行制定标准的,而是要尽量采用国际标准包装系列,只有实施与国际标准化相一致的标准包装,我国的出口产品才易于被国际接受。集装箱的集合包装若不采用国际标准,出口则会大受限制,难以加入国际经济大循环,难以冲破贸易壁垒。因此,实施物流包装标准化可以提高物流效率,进而提高产品在国际市场的竞争力。

(二)物流包装合理化

物流包装合理化是包装管理追求的最终目标。物流包装合理化所涉及的问题既包括产品生产、流通范围内的有关问题,又包括更多范围内的诸如社会

法规、废弃物治理、资源利用等有关方面的问题。合理化的物流包装既要考虑如何提高物流系统效率、降低物流系统成本的问题,又要充分考虑客户需求状况,同时还要符合国家强制性的标准和法规。

1. 包装合理化的含义

包装合理化是指在包装过程中使用适当的材料和适当的技术,制成与物品相适应的容器,节约包装费用,降低包装成本,既满足包装保护商品、方便储运和有利销售的要求,又能提高包装的经济效益的包装综合管理活动。实现物流包装的功能,保证物流的顺畅,应做到物流包装合理化。物流包装合理化一方面体现包装总体的合理化,这种合理化往往用整体宏观物流效益与微观包装效益的统一来衡量;另一方面体现包装材料、包装技术和包装方式的合理组合及运用。

2. 物流包装合理化的原则

简单地说,物流包装合理化是采取科学的方法设计和合理包装的过程。合理化的物流包装应遵循以下原则:

(1)保护性原则,包装能够达到货物的保护要求。

(2)装卸性原则,货物在运输工具上装卸及仓库中取存方便和高效。

(3)作业性原则,对货物的包装作业简单和容易操作。

(4)便利性原则,货物开包方便,包装物处理要容易。

(5)标志性原则,包装内物品的有关信息(如品名、数量、重量、装运方法、保管条件等)清楚。

(6)经济性原则,包装费用要恰当。

(7)环保性原则,废弃包装对环境的影响程度要尽可能低。

3. 合理化物流包装设计的影响因素

物流包装是在一定的物流环境中发挥作用的,因而合理化的物流包装必须能够适应物流环境的要求,能够在特定的物流环境中达到有利于提高物流作业效率、降低物流作业成本的目的。在进行物流包装合理化设计时,不仅要依据包装行业的一些标准和法规,同时还要综合考虑物流系统环境,以保证整个物流系统的效益最大化。合理化物流包装设计的影响因素有以下几点。

（1）运输因素

不同的运输方式要采用不同的包装策略，无论从材料选择还是包装方式上都应有所区别。要了解不同运输工具类型的震动、冲击等因素，了解运输距离长短道路情况对包装的影响。例如，道路情况比较好的短距离汽车运输就可以采用轻便的包装。同时，还要了解货物运价的计费标准是按体积计价，还是按重量计价等。

（2）保管因素

在设计和确定物流包装时，必须对保管的条件有所了解。例如，采用高垛就要求包装有很高的强度，否则就会被压坏；如果露天仓储，就需要采用防潮、防水等包装措施。

（3）搬运、装卸因素

了解装货卸货的预计次数、特点和方式，流通中的轻重，装卸条件的机械化水平，装卸搬运操作的文明程度等。

（4）自然环境因素

了解在运输及仓储过程中温湿度的可能范围，有无水珠，是否有暴雨袭击，是否受到海水侵害等。

物流包装成本和物流包装合理化要做到在合理保护物品安全的基础上，尽量减少物流费用。由于包装功能与物流系统其他功能间存在着效益背反，因而需要处理好包装功能与物流系统其他功能间的综合平衡。在物流包装设计中，包装的保护性功能是需要考虑的重要因素。一般来说，物流包装设计基本决定了货物的保护程度。运输包装保护性功能的提高将减少运输、储存过程中因包装因素而支付的货物损坏的费用，同时也相应降低了物流管理费用。但是，过度包装会增加包装费用，影响运输工具和仓库容积使用率，相应地增加物流成本。

（三）物流包装不合理的表现形式

从现代物流学的观点来看，物流包装合理化不仅是物流包装自身的问题，而且关系到整个物流系统合理化。分析物流包装是否合理，需要考虑两个方面：一是整个物流系统效益是否最大化；二是对物流包装环节的所用材料、技术方法、包装方式的组合等是否最优化。常见的物流包装不合理的表现形式有以下几种。

1. 物流包装不足

(1)物流包装不足主要表现在以下几个方面：

①物流包装强度不足。物流包装强度与仓储堆码、装卸搬运有密切关系，强度不足使包装在物流过程中对产品的保护性能较弱，容易造成内装物在物流环节中的破损。

②物流包装材料不能承担防护作用。由于包装材料选择不当，材料不能很好地承担保护及促进销售的作用。

(2)物流包装材料的选择应遵循以下原则：

①包装材料应与内装物相适应。在满足功能的基础上，尽量降低包装材料费用。

②包装器材与包装类别相协调。物流包装应注重包装保护性功能与物流环节的方便性，常用的器材有托盘、集装箱和木箱等。

③包装器材与流通条件相适宜。

④物流包装容器的层次及容积不足，缺少必要的层次与所需体积而造成损失。

⑤物流包装成本过低，不能有效地包装。

2. 物流包装过剩

(1)物流包装物强度设计过高。例如，包装材料截面过大，包装方式大大超过强度要求等，从而使包装防护性过高。

(2)物流包装材料选择不当，造成选择材料质量过高。例如，本来可以用纸板进行包装，却采用镀锌、镀锡材料等，从而造成浪费。

(3)物流包装技术过高。例如，包装层次过多、体积过大造成成本上升。

(4)物流包装成本过高。包装成本在商品成本中比重过高，一方面可能使包装成本支出大大超过减少损失获得的效益；另一方面损害了消费者利益。

包装过剩的浪费不可忽视。对于消费者而言，购买商品的主要目的是内装物的使用价值，包装物大多作为废物丢弃，这样不仅会造成包装的浪费，同时也增大了回收物流的负担，加大了整个物流系统的损失。此外，过重、过大的包装有时适得其反，反而会降低促销能力，所以也不可取。

3. 物流包装合理化的措施

为了能够更好地实现包装在物流中的各项功能,满足物流主要环节对包装的要求,同时又能降低包装成本,就必须使物流包装合理化。物流包装合理化一般采用以下措施。

(1)掌握物流实际情况,发挥最经济的保护功能

物流包装的保护功能应使物品在物流过程中承受各种环境的考验。只有确切地掌握运输、储存、装卸、搬运等物流活动的实际情况,才能合理选用包装技术及包装材料,进行合理的设计,发挥最经济的保护功能。

(2)包装材料减量化、轻薄化

物流包装对商品主要起保护作用,对其使用价值无任何意义。因此,在强度、寿命等因素相同的条件下,尽量减少材料用量,使其轻薄化。这样不仅降低了物流包装成本,而且减少了废弃物数量,提高了物流效率。

(3)强化环保意识,减少包装污染

在国际绿色贸易壁垒的冲击下,发展无公害的绿色物流包装已成为必然的发展趋势。发展绿色包装的途径主要有:一是研发绿色包装材料;二是物流包装废弃物的回收及综合利用。研发可自行降解、无污染的物流包装材料,同时推进包装材料减量化,对包装产品重复利用和再生利用,节约资源、发展物流包装循环经济已成为刻不容缓的事情。

4. 物流包装设计标准化

物流包装设计必须采用标准规格尺寸。按照《硬质直方体运输包装尺寸系列》选用合适的长宽尺寸,同托盘、集装箱及运输车(船)、装卸搬运机械设备相匹配,能够在物流包装中获得最大装载量,提高装载率,降低物流成本。

5. 物流包装设计应注重作业的方便性

物品在物流过程中需要经历多次装卸搬运,因而物流包装设计必须重视作业的方便性。凡手工作业必须使人的疲劳程度降到最低,机械作业应使其重量及体积与作业机械相适应,同时应该注意开箱的方便性。

6. 包装模数与物流模数的协调化

包装模数与物流模数的协调有利于运输和保管,提高物流的运作效率。

现代企业必须选择集装单元、集装容器的模数尺寸作为媒介来过渡,从而达到整体物流系统的相关性和协调性。

7. 物流包装方式集装化

包装的集装化有利于物流系统在装卸搬运、保管等过程中的机械化;有利于加快这些环节的作业速度,满足顾客对时间的要求;有利于减少单位包装,节约包装材料的包装费用;还有利于商品的保护。现代企业要特别注重对包装集装化的运用,提高物流效率。

物流包装集装化是通过集合包装技术方法来实现的。《中华人民共和国国家标准:物流术语(GB/T 18354—2006)》将"集装化"定义为:用集装单元器具或采用捆扎方法,把物品组成集装单元的物流作业方式。集装化有利于降低物流作业劳动强度,缩短物流时间,加速车船周转,提高物流效率与效益;有利于多式联运,保证物品物流过程中的安全,降低物流费用,促使物流包装系列强化、标准化和规格化的实现。

子任务二　农产品包装

包装是指为在流通过程中保护产品、方便储运、促进销售,按一定技术方法而采用的容器、材料及辅助物等的总体名称,也指为了达到上述目的而采用容器、材料和辅助物的过程中施加一定技术方法等的操作活动。包装具有保护商品、标识、方便商品流通的功能。

一、农产品包装的定义

农产品包装是指对即将进入或已经进入流通领域的农产品或农产品加工品采用一定的容器或材料加以保护和装饰的行为。农产品包装是农产品商品流通的重要条件。在流通过程中,粮食、肉类、蛋类、水果、茶叶、蜂蜜等农产品,不加包装则无法运输、储存、保管和销售,就无法送达消费者手中。因此,现代市场营销要求,农产品包装是特定品种、数量、规格、用途等的农产品包装,每个包装单位的大小、轻重、材料、方式等应按照目标顾客需求、包装原则、包装技术要求进行设计,以保护农产品,减少损耗,便于运输,节省劳力,提高仓容,保持农产品卫生,便于消费者识别和选购,美化商品,扩大销售,提高农产品市场营销效率。

二、农产品包装的要求

(一)对包装容器的要求

1.包装容器应具有足够的机械强度,防止包装容器在装卸、运输和堆码过程中变形。

2.包装容器应具有一定的通透性,有利于农产品散热和气体交换。

3.包装容器应具有一定的防潮性,防止吸水变形,以免包装的机械强度降低而引起农产品腐烂。

4.包装容器应具有无异味、无污染、无有害化学物质、清洁、卫生、成本低、易于回收处理等特点。

5.包装外应注明商标、品名、等级、产地、重量、日期及储存条件。

(二)对包装方法的要求

农产品在包装容器内应有规律地排列,防止农产品在容器内滚动、相互碰撞,使农产品在包装容器内能通风透气,并充分利用包装容器空间。根据不同农产品的特点可采用定位包装、散装和捆扎后包装,对不耐压的农产品包装时应加支撑物或衬垫物,减少碰撞挤压。易失水的农产品应在包装容器内加塑料衬,以防止水分流失。

表 3.1 不同农产品的最大装箱深度

农产品名称	最大装箱深度
苹果	60 厘米
甘蓝	100 厘米
胡萝卜	75 厘米
柑橘	35 厘米
洋葱	100 厘米
梨	60 厘米
马铃薯	100 厘米
番茄	40 厘米

(三)对包装量和装箱深度的要求

农产品包装和装卸时应轻拿轻放,避免机械损伤。农产品包装量要适度,防止过满或过少造成损伤,包装容器里可装满农产品,但不要装得过满,承受堆垛负荷的应是包装容器而不是农产品本身。各种果品和蔬菜抗机械伤能力不同,为避免堆垛负荷过大,农产品装箱应注意装箱深度。

《中华人民共和国农产品质量安全法》(以下简称《农产品质量安全法》)第二十八条规定:"农产品生产企业、农民专业合作经济组织以及从事农产品收购的单位或者个人销售的农产品,按照规定应当包装或者附加标识的,须经过包装或者附加标识后方可销售。包装物或者标识上应当按照规定标明产品的品名、产地、生产者、生产日期、保质期、产品质量等级等内容;使用添加剂的,还应当按照规定标明添加剂的名称。具体办法由国务院农业行政主管部门制定。"

三、农产品包装策略

产品包装是整体产品的一个重要组成部分,绝大多数产品都要经过包装后生产过程才算完成。在现代市场营销中,对商品包装的要求越来越高,包装早已不再拘泥于保护商品、方便携带的功能。心理学研究表明,在人类接收的信息总和中,由视觉器官获得的占 83%,听觉占 11%,嗅觉占 3.5%,触觉占 1.5%,味觉占 1%。因此,通过包装设计激发顾客的购买欲望,提高农产品的竞争力,是农产品营销者必须高度重视的问题。现在发达国家的农产品是一流的产品,一流的包装,一流的价格;而我国的农产品则是一流的产品,三流的包装,三流的价格。新加坡进口的中国农产品与美国农产品包装有明显的差距,他们是印制精美的标准包装箱,而我们的则是蛇皮袋、麻袋之类的原始包装,价格差距可想而知。

包装设计的一项重要任务就是更好地符合消费者的生理与心理需要,通过更人性化的包装设计让人们生活得更舒适、更富有色彩。因此,在农产品的包装上,选择不同的包装策略将得到不同的包装效果。

(一)突出农产品形象的包装策略

突出农产品形象,是指在包装上通过多种表现方式突出该农产品是什么、有什么功能、内部成分和结构如何等形象要素的表现方式。这一策略着重于展示农产品的直观形象。厂商很难将所有产品的全部信息都详细地介绍给消费者，这种包装策略通过在包装上再现产品品质、功能、色彩、美感等，有助于商品充分地传达自身信息，给选购者以直观的印象，真实可信，以产品本身的魅力吸引消费者，缩短选择的过程。

(二)突出农产品用途和使用方法的包装策略

突出农产品用途和用法的策略是通过包装的文字、图形及其组合告诉消费者，该农产品是什么样的产品，有什么特别之处，在哪种场合使用，如何使用最佳，使用后的效果是什么。这种包装给人们简明易懂的启示，让人一看就懂，一用就会，并有知识性和趣味性，比较受消费者欢迎。

(三)展示企业整体形象的包装策略

企业形象对产品营销具有四两拨千斤的作用，因而很多企业从产品经营之初就注重企业形象的展示与美誉度的积淀。运用这种包装策略的企业文化积淀比较深厚。有的企业挖掘企业文化透彻，并且能与开发的农产品有机地融合起来进行宣传，既有利于展示企业文化，介绍其产品，给消费者留下深刻的印象，又有利于销售。

(四)突出农产品特殊要素的包装策略

任何一种农产品都有一定的特殊背景，如历史、地理背景，人文习俗背景，神话传说、自然景观背景等，包装设计中恰如其分地运用这些特殊要素，能有效地区别于同类产品，同时使消费者将产品与背景进行有效连接，迅速建立概念。这种包装策略若运作得好，则给人以联想的感觉，有利于增强人们的购买欲望，扩大销路。

子任务三　包装标准化对农产品物流的影响分析

在农产品流通的整个过程中，农产品包装作为生产物流的终点、销售物流的起点，具有非常重大的意义。在我国现行农产品标准的大环境下，针对目前国内农产品包装的形式以及所存在的问题，本节通过对包装标准化的概念及特点进行阐述,分析了包装标准化对当前农产品物流过程及效率的影响,并给出了农产品包装标准化的发展建议,促进农产品产业中包装标准化的发展。

一、当前农产品包装存在的问题

(一)农产品包装技术标准的落后

随着我国农业技术的普及与标准化,不管是在种植业还是养殖业,当前农产品的质量随着生产与加工效益的提高而逐步增长。但是,就目前农业标准化技术推广的现状来看,每年花在推广优质种子、化肥、农业技术等方面的精力并不少,但在对农产品进行包装的技术方面却没有足够的重视。在生产种植技术得以重视的同时,忽略了包装技术标准的完善,其没有被纳入农业标准化推广的内容中去,从而导致包装设计投入过少,最终降低了农产品包装质量及其本身的价值。

(二)农产品加工企业对包装过程的轻视

我国经营农产品的企业多数是民营企业,民营企业资金匮乏和保守经营的缺陷也存在于民营农产品企业中,以至于其很难了解到产品包装的重要性,不能完全看清产品包装给企业带来的经济效益。许多企业并没有意识到农产品包装的战略地位,"重生产、轻包装"的思想在很大程度上制约了我国农产品物流的发展。

(三)包装水平低下影响了农产品在上、中、下游的衔接度

尽管目前我国在商品包装上已建立起了初步的国家标准以及相关的行业标准,但包装后的产品在进行相关的物流活动时,无法与相关的运输、装卸以及仓储设施进行良好的衔接。这种包装上的欠缺在很大程度上影响了农产品在进行上、中、下游的物流运转时的装载率和空间利用率。这种标准化程度的低下从另一个方面影响了农产品最终的产成品数量,导致农产品产后值低于采收时的自然产值。

(四)贸易出口壁垒的限制

由于我国当前农产品包装技术还处于初级阶段,农产品包装标准化还在初期试验中,成熟度远远低于国外发达国家水平。相对于国内而言,国外农产品企业的市场主要是本国内部,他们具有自己独特的生产加工特点,同时也逐

渐形成了一套固有模式。尤其在欧洲、美国以及日本等一些发达国家和地区，都针对包装标准建立了有关的法律法规，并通过这些相关的举措来设置外国农产品的进口障碍。这种贸易出口壁垒的限制阻碍了我国与国外包装标准接轨的能力，制约了包装标准化技术的发展，大大降低了本土农产品在国际上的竞争力。

二、农产品包装标准化

物流包装的标准化是指以产品包装为对象，将产品包装的形状、容量规格、使用材料、防震措施、包装方法、包装术语、检验检疫要求等给予统一的政策和技术措施。农产品品种繁多、数量庞大的特点，使其包装的形状、规格存在一定的差异，特别是在各级流通环节和运输中，当农产品作为生产资料进行流通时，包装标准的差异化会影响到农产品的生产过程，降低生产效率；而作为生活资料时，农产品包装标准化的这种差异又会降低农产品的附加值，影响到农产品的质量，最终会导致消费者购买欲望以及销售水平的下降。

农产品包装标准化的过程需要通过建立相应的包装模数来确定，在包装模数的基础上与之相对应的物流模数相互协调实现。农产品种类繁多，尺寸大小千差万别，包装模数的设定能够将同一种类同一规格大小的异类农产品进行协调包装，使其达到组合效率的合理化。国家标准化管理委员会在 2008 年公布的硬质直方体运输包装尺寸系列中，规定了运输包装件的包装模数尺寸为 600mm×400mm 和 500mm×366mm。农产品在流通过程中是通过运载工具及装卸搬运机械等设备来实现其物流活动的，所以在对农产品包装模数研究的同时，要对物流模数进行相应的协调选择。换句话说，需要对运载及装卸搬运设备尺寸进行合理化分析，将农产品的包装模数与物流模数相衔接，并最终带入整个农产品物流系统中去，提高运输、搬运、仓储等过程的容积率。因此，实行农产品包装标准化能够一改以往"包装适应产品"的旧观念，实现"产品适应包装"这一新思想，从而减少农产品的损耗和浪费，提升农产品的生产效率和质量，促进我国包装工业的良好发展。

三、标准化包装对生鲜农产品物流的影响

农产品的物流流通环节是复杂多变的，多数生鲜农产品又受到其易腐性、时效性、季节性等特点的影响，而这些特点在一定程度上决定了农产品在流通

的各个环节必须进行无缝对接,尽量缩短其生产和周转周期来提高农产品的质量。

（一）对物流工作效率的影响

从田间到仓库,农户需要用麻袋等进行装运,进了仓库之后又要进行散储,到下次运货时又要包装,这使农产品的损耗非常大,而且使得物流效率降低、物流成本升高。反复的装卸搬运以及迂回的运输过程极大地影响了生鲜农产品产出前后的自然值比例,导致产出前后出现失衡的现象。而增加对农产品包装的投入及包装标准化规范的制定是减少重复迂回物流过程的关键所在,促进农产品投入产出的最优化,提升市场竞争力。

（二）对环境和设备资源利用率的影响

从生产地到销售地,农产品各个环节的中间商数量众多,中间商各自拥有不同的物流标准,这种包装标准的差异会在流通过程中对农产品造成一定的损耗,销售商最终通过对农产品拍价的方式来弥补这种损失。而包装标准化针对物流过程中的设备进行标准化的设定,使包装与相关载具进行有效的契合,达到载具的最优利用率。例如,在对蔬菜包装进行模教标准化设定时,使用标准化包装尺寸的瓦楞纸箱可以与尺寸为 1200mm×1000mm 的托盘相配合,以达到物流运输的最大化,运输托盘的尺寸能够影响蔬菜在流通过程中的效率以及整个标准化过程的实现。

（三）对人力劳动资源的影响

近年来,随着我国人口素质的整体增长,劳动水平的上升,我国的劳动力成本有着逐渐走高的趋势。在农产品物流的每一个环节,人力劳动占据了大量的成本资源,这在很大程度上制约了农产品物流的优化发展。但在目前自动化和机械化的大环境基础下,包装标准化的形成除了能够大大缩减人力成本外,还能够进一步推动集装单元化的发展、农产品流通的现代化进程,从而实现现代专业化的大生产。

（四）对仓储效率的影响

由于农产品具有易腐性等特点,所以在对农产品进行存储的过程中,良好的周转速率是保持农产品优等质量的关键。仓储效率及仓库利用率的提高与标准化的农产品包装有着直接的关系,包装模数与物流模数进行协调搭配能够减轻在仓储过程中因尺寸不协调而造成的农产品积压损害,同时增加了装卸堆码间的间隔尺寸,更加有利于农产品的即时周转与调配。

(五)对农产品物流信息的影响

包装标准化有利于农产品物流信息化的建设。这主要表现在农产品包装在标准化的技术指标设计上,通过统一包装规格及容量的设计简化包装,在一定的标准之下,使农产品包装便于识别和计量,更有利于物流信息的传达。

同时,这种标准化体系能够加快农产品安全溯源体系的实现,让消费者清晰地了解到农产品的产地、加工标准以及肥料使用标准等产品相关信息,这种由信息流带动物流的过程也能够促进农产品逆向物流的发展。

四、农产品包装标准化的建议

(一)制定农产品物流包装标准

目前,我国农产品包装标准混乱,农产品企业需要尽快解决包装标准化的问题。另外,国内包装标准的制定要建立在国际标准的基础上,学习国外的标准规范设计,在包装尺寸的选择上尽量以国外标准为基准进行组合模数或是切割模数上的协调,尽可能地使国内农产品不受国际贸易出口壁垒的限制,促进农产品出口的良性发展,提高国内农产品在国际市场上的竞争力。

(二)实施农产品加工、企业包装标准化监督管理

良好的监督管理是实现我国农产品包装标准化的重要手段。首先是对农产品包装进行质量检验,包括包装材料种类、包装材料环保度、包装尺寸与产品的契合度等;其次是有关部门及机构对农产品包装进行质量认证,将包装质量水平高于平均值的农产品加工企业或包装企业设立为行业标准企业,从而带动中小型企业包装标准化技术水平的发展。

任务二　农产品流通加工

子任务一　农产品流通加工概念

一、流通加工的定义

（一）流通加工的概念

流通加工是流通中的一种特殊形式，也是现代物流的主要环节和重要功能之一。流通加工是在物品从生产领域向消费领域流动的过程中，为了满足消费者多样化的需求、促进销售、维护产品质量和提高物流效率，对物品进行一定加工，使物品发生物理、化学或形状的变化。流通加工通常不需要采用什么先进技术，却能以少量的投入获得很高的经济效益。因此，流通加工活动是一项具有广阔前景的经营形式，它必将为流通领域带来巨大的社会效益和经济效益。

流通加工主要是根据顾客的需要，在流通过程中对产品实施的简单加工作业活动（如包装、分割、计量、分拣、刷标志、拴标签、组装等）的总称。流通加工使物品发生物理、化学或形状的变化，通过改变物品的形态或性质而创造价值。它可以促进销售、维护产品质量和提高物流效率，是在流通领域对产品进行的简单再加工。

流通加工是在流通领域从事的简单生产活动，具有生产制造活动的性质。流通加工和一般的生产型加工在加工方法、加工组织、生产管理方面并无显著区别，但在加工对象、加工程度方面差别较大，其主要差别表现在六个方面，见表 3.2。

表 3.2　流通加工和生产加工的区别

比较项目	生产加工	流通加工
加工对象	原材料、零部件、半成品	进入流通过程的商品
所处环节	生产过程	流通过程

续表

比较项目	生产加工	流通加工
加工程度	复杂的、完成大部分加工	简单的、辅助性、补充加工
附加价值	创造价值和使用价值	完善其使用价值并提高价值
加工单位	生产企业	流通企业
加工目的	为交换、消费	为消费、流通

(1)生产加工的对象是原材料、零配件、半成品，不是最终产品，而流通加工的对象是进入流通过程的商品，它具有商品的属性。

(2)生产加工是复杂加工，而流通加工大多是简单加工，是生产加工的一种辅助及补充，它绝不能代替生产加工。

(3)生产加工是创造产品的价值和使用价值，而流通加工是完善产品的使用价值，并在不做较大改变的情况下提高价值。

(4)生产加工是由生产企业完成的，而流通加工是由商业或物资流通企业密切结合流通的需要进行组织加工完成的。

(5)生产加工是以交换、消费为目的的商品生产，而流通加工除了以消费为目的进行加工外，有时候也进行以自身流通为目的的加工，纯粹是为流通创造条件。

(二)流通加工在物流中的地位

1.流通加工有效地完善了流通

流通加工在实现时间效用、空间效用两个方面，确实不能与运输和储存相比，因而不能认为流通加工是物流的主要功能要素。流通加工的普遍性也不能与运输、储存相比，流通加工不是所有物流中必然会出现的。但这绝不是说流通加工不甚重要，实际上它也是不可轻视的，是起着补充、完善、提高、增强作用的功能要素，它能起到运输、储存等其他功能要素无法起到的作用。因此，流通加工的地位可以描述为是提高物流水平、促进流通向现代化发展的必不可少的形态。

2.流通加工是物流业的重要利润源

流通加工是一种低投入、高产出的加工方式，往往以简单加工解决大问题。实践证明,有的流通加工通过改变包装使商品档次跃升而充分实现其价值,有的流通加工将产品利用率一下提高 20%～50%,这是采取一般方法提高生产所难以企及的。根据我国近些年的实践,流通加工仅就向流通企业提供利润这一点,其成效并不亚于从运输和储存中挖掘的利润,因而是物流中的重要利润源。

3. 流通加工在国民经济中也是重要的加工形式

在整个国民经济的组织和运行方面,流通加工是其中一种重要的加工形态,对推动国民经济的发展和完善国民经济的产业结构和生产分工有一定的意义。

二、流通加工作用

(一)提高原材料利用率

利用流通加工,企业可以将生产厂直接运来的简单规格的产品按照使用部门的要求进行集中下料。例如,将钢板进行剪裁、切割;将钢筋或圆钢裁制成毛坯;将木材加工成各种长度及大小的木板、木方等。集中下料可以优材优用、小材大用、合理套裁,有很好的技术经济效果。

(二)进行初级加工,方便用户

用量小或临时产生需要的单位,因缺乏进行高效率初级加工的能力,依靠流通加工便可使这些使用单位省去进行初级加工的投资、设备及人力,从而保证供应,方便了用户。

(三)提高加工效率及设备利用率

建立集中加工点,企业可以采用效率高、技术先进、加工量大的专门机具和设备。这样做的好处为:一是提高了加工质量;二是提高了设备利用率;三是提高了加工效率,使加工费用及原材料成本降低。

(四)充分发挥各种输送手段的最高效率

流通加工环节将实物的流通分成两个阶段。一般说来,由于流通加工环节设置在消费地,因而从生产厂到流通加工这第一阶段输送距离长,而从流通加工到消费环节的第二阶段输送距离短。第一阶段是在数量有限的生产厂与流通加工点之间进行定点直达、大批量的远距离输送,可以采用船舶、火车等大量输送的手段;第二阶段则是利用汽车和其他小型车辆来输送经过流通加工后的多规格、小批量的产品。这样可以最大限度发挥各种输送手段的效率,加快输送速度,节省运力运费。

此外,通过流通加工,企业可以使物流过程减少损失、加快速度,从而降低整个物流系统的成本,并可提高物流对象的附加价值,使物流系统成为新的利润中心。

三、流通加工合理化

流通加工合理化的含义是:实现流通加工的最优配置,不仅做到避免各种不合理加工,使流通加工有存在的价值,而且综合考虑流通加工配送、合理运输、合理商流等的有机结合,做到最优选择。

为避免各种不合理现象,对是否设置流通加工环节,在什么地点设置,选择什么类型的加工,采用什么样的技术装备等都需要作出正确选择。目前,国内在进行这方面合理化的考虑中已积累了一些经验,取得了一定成果。实现流通加工合理化主要考虑以下几个方面。

(一)加工和配送相结合

企业将流通加工设置在配送点,一方面,按配送的需要进行加工;另一方面,加工又是配送业务流程中分货、拣货、配货中的一环,加工后的产品直接投入配货作业。

这就无须单独设置一个加工的中间环节,使流通加工有别于独立的生产,而使流通加工与中转流通巧妙结合在一起。同时,由于配送之前有加工,可使配送服务水平大大提高。这是当前对流通加工作合理选择的重要形式,在煤炭、水泥等产品的流通中已表现出较大的优势。

(二)加工和合理运输相结合

流通加工能有效衔接干线运输与支线运输,促进各种运输形式的合理化。利用流通加工,产品在支线运输转干线运输或干线运输转支线运输这种原本必须停顿的环节,不进行一般的支转干或干转支,而是按干线或支线运输合理的要求进行适当加工,从而大大提高运输及运输转载水平。

(三)加工和合理商流相结合

通过加工有效促进销售,使商流合理化,也是流通加工合理化的考虑方向之一。加工和配送的结合,通过加工提高了配送水平,强化了销售,是加工与合理商流相结合的一个成功的例证。此外,通过简单地改变包装加工,形成方便的购买量,通过组装加工解决用户使用前进行组装、调试的困难,都是有效促进商流的例子。

(四)加工和节约相结合

节约能源、节约设备、节约人力、节约耗费是流通加工合理化重要的考虑因素,也是目前我国设置流通加工,考虑其合理化较普遍的形式。流通加工合理化的最终判断,是看其是否能实现社会效益和企业自身效益,而且是否取得了最优效益。对流通加工企业而言,与一般生产企业的一个重要不同之处是,流通加工企业更应树立"社会效益第一"的观念,只有在"以补充完善为己任"的前提下才有生存的价值。如果只是追求企业的微观效益,不适当地进行加工,甚至与生产企业争利,这就有违于流通加工的初衷,或者其本身已不属于流通加工范畴了。

子任务二 农产品流通加工概述

一、农产品流通加工的定义

农产品流通加工是农产品生产地到使用地的物流过程中,根据实际需要对农产品实施的除杂、分级、洗涤、涂蜡、预冷、包装、贴标签等加工活动。如超市向供应商订购初级产品时,供应商要按照超市的要求进行必要的流通加工活动,同时超市也要根据消费群体的需要,对农产品进行必要的流通加工,以提供多样化、个性化的产品或服务。

二、农产品流通加工的主要方式

(一)分级

分级是提高农产品商品质量和实现农产品商品化的重要手段。农产品采后经严格挑选、分级工序,选择大小均一、色泽一致、无病虫、无损伤的农产品,可以减少农产品在储运流通期间的损失,避免危险性病虫害的传播。

1. 分级标准

农产品分级标准化是非常重要的工作,是生产者、贸易商和销售者三者之间互相关联的纽带,标准化的农产品便于包装、储存、运输和销售,农产品附加值大,经济效益高。

农产品分级标准有国际标准、国家标准、协会标准和企业标准。果品的国际标准是1954年在日内瓦由欧共体制定的,许多标准已经重新修订。目前,农产品国际标准体系已基本涵盖主要果品和蔬菜种类。《中华人民共和国标准化法》根据标准的适应领域和范围,把标准分为四级:国家标准、行业标准、地方标准和企业标准。

●国家标准:是国家标准化主管机构批准发布,在全国范围内统一使用的标准。

●行业标准:即专业标准、国家部委标准,是在没有国家标准的情况下,由主管机构或专业标准化组织批准发布,并在某个行业范围内统一使用的标准。

●地方标准:是在没有国家标准和行业标准的情况下,由地方制定并批准发布,并在本行政区内统一使用的标准。

●企业标准:由企业制定,在本企业内统一使用。

我国自1999年实施农业行业标准制定、修订专项计划以来,已经制定和发布了一大批果品农业行业标准。

果品分级标准因种类、品种不同而异。我国目前通行的做法是在果形、新鲜度、颜色、品质、病虫害和机械伤等方面已经符合要求的基础上,再按果实大小进行分级,如我国出口的红星苹果,直径从65~90毫米不等,每相差5毫米为一个等级,共分为五个等级。

蔬菜由于食用部分不同,很难有一个固定统一的分级标准,只能按照各种蔬菜对品质的要求制定标准,一般分为三级,即特级、一级和二级。特级蔬菜品质最好,具有本品种的典型形状和色泽,没有影响蔬菜组织和风味的内部缺点,大小一致,包装排列整齐,在数量或重量上可以有5%的误差;一级蔬菜与特级有同样的品质,在色泽、形状上允许稍有缺点,外表稍有缺点,不需要整齐地排列在包装箱内,可以有10%的误差;二级蔬菜可以呈现某些内部和外部缺陷,价格低廉。

2.分级方法

采后农产品的分级应该在通风凉爽的地方或有低温控制的包装间进行。农产品的分级方法有人工分级和机械分级两种。

（1）人工分级

人工分级是目前我国农产品产地和中小型企业主要的分级方法，能最大限度地减少农产品的机械伤害，适用于多种农产品，但是工作效率低，级别标准有时不严格。具体方法有两种：一是单凭人的视觉判断，按照农产品的外观颜色、大小将农产品分为若干等级，该方法容易受人的心理因素影响，结果偏差较大。二是用选果板(图 3.1)分级，板上有一系列直径大小不同的孔，根据果实横径大小进行分级，该方法使得同级别的农产品大小基本一致，偏差较小。

（2）机械分级

机械分级的最大优点是工作效率高，适用于那些不易受伤的农产品。有时为了使分级标准更加一致，机械分级常常与人工分级结合进行。目前，我国已经研制出分级机，主要有重量分级装置(图 3.2)、形状分级装置、颜色分级装置和综合分级装置。重量分级装置按照被分级的农产品重量与预先设定的重量进行比较分级，多用于苹果、梨、桃、番茄、西瓜、马铃薯等农产品的分级，主要有机械秤式和电子秤式两种类型。形状分级按照被分级农产品的形状、大小进行分级，有机械式和光电式等不同类型。颜色分级是根据农产品的颜色进行分级。农产品的颜色代表农产品的成熟度，如利用颜色摄像机和电子计算机处理红、绿两色型，此装置可用于番茄、柑橘和柿果的分级，可以同时判

图 3.1　选果板　　　　　　　　图 3.2　重量分级装置

断出果实的颜色、大小及表皮有无损伤情况。综合分级装置既根据果实着色程度又根据果实大小进行分级,是目前世界上最先进的果实采后处理技术。

(二)洗涤

洗涤的主要目的是去除农产品表面的尘垢、泥沙及农药残留,可以同时美化农产品的外观、降低农产品储存期间的腐烂率。农产品常用浸泡、冲洗、喷淋等洗涤方式。农产品洗涤机械有以下几种。

1. 辊轴刷式清洗机

它由一对上下配置、转动速度不同的辊轴组成,辊轴上装有毛刷或海绵状橡皮刷,洗涤外形不太复杂的根菜类蔬菜,还可除去根菜类的根毛,洗涤胡萝卜、萝卜的效率可达到 1500～3000 千克/小时。

2. 滚筒式清洗机

它由一个网状旋转的圆筒组成,靠蔬菜在筒中的来回滚动互相摩擦清洗。

3. 剥皮清洗机

它以快速辊子为主要部件,旋转两周就可完成剥皮或清洗。洋葱剥皮时使用压缩空气作为工作介质,使压缩空气吹入葱皮孔隙,旋转时把皮剥下。

4. 喷射式清洗机

蔬菜放在网状输送带上,在输送过程中受到高压水的冲洗,这种机械用于清洗形状不规则的蔬菜。

5. 超声波清洗装置

它由设置在水中的高频振源产生压力,使蔬菜表皮上的污物脱落,适用于叶菜等形状复杂类的蔬菜。洗涤水一定要干净卫生。洗涤时,可以在洗涤水中加入合适的防腐剂或杀菌剂,以抑制病原菌的生长,防止农产品采后腐烂,延长农产品的储藏期。水洗后的农产品需要进一步晾干处理,去除农产品表面的水分,否则农产品在运输中容易腐烂。

(三)贴标

贴标是农产品商品化处理的重要环节,是加快实施农产品品牌战略、发展农产品标准化、精细化、国际化的必要环节。在世界范围内,越来越多的销售商为分级后的农产品贴标,以显示农产品的标准信息,如品种产地、尺寸及追踪编码等。

1.对标签纸的要求

(1)安全性:用于农产品的不干胶标签,应使用食品级的胶黏剂,对人体健康无影响。

(2)黏结性:标签贴在农产品表面上要贴得牢,特别是对表面粗糙、多毛或涂蜡的果品,要轻柔且牢固地贴上标签。

(3)易揭性:一是在保证标签不与底纸自行分离的前提下,标签与底纸间要有良好的剥离性;二是指贴在农产品表面上的标签既要粘得牢,也要容易揭去。

(4)防水性:有的贴上标签的农产品在冷藏条件下需要保存较长时间,因而要求标签可在冰冷与潮湿的冷藏情况下具有良好的防水性。

(5)抗拉性:自动贴标机都是牵动标签底纸来移动标签的,标签底纸要有良好的抗拉断性。

2.贴标的分类

贴标可以分为人工贴标和自动贴标。人工贴标作业主要存在以下问题:贴标速度慢、用工量多,贴不牢,标签易污染。贴标工人的手频繁接触标签纸,标签纸受污染的机会很大,会影响农产品的商品性。从适应农产品采后商品化处理的要求,以及提高生产效率的角度出发,有必要加强对农产品自动化贴标技术的研究,提高我国农产品贴标自动化程度。我国目前基本上以人工贴标为主。

3.贴标机

从 1974 年美国 FMC 公司申请第一个果品贴标机专利以来,果品贴标技术的发展非常迅速。目前,贴标机种类多种多样、各具特色。按采后作业的自动化程度,果品贴标机可以分为手持半自动果品贴标机和在线全自动果品贴标机。在保证贴得牢和不伤果品的前提下,果品自动化贴标技术的发展将呈现高速化、智能化、低耗化和无纸化的趋势。

(四)涂蜡

涂蜡可减少农产品采后失水、保持品质新鲜、增加农产品表面光泽度、美化农产品的外观,从而提高农产品商品价值。涂蜡在国外已经有 70 多年的历史,我国在果蔬上的涂蜡处理虽然有 20 多年的历史,但发展较慢。为促进中国果蔬产业的发展,提高市场竞争能力,必须在一些适宜涂蜡的果品上实施涂蜡处理。

1. 涂蜡的主要作用

一是减少农产品水分蒸发。采收后的农产品在储运、销售过程中,仍进行自身蒸腾作用,从而使农产品不断失水、农产品表面出现皱缩,商品价值大大下降。农产品的蒸腾作用是通过农产品表面气孔进行的,涂蜡后农产品表面会形成一层薄蜡膜而使气孔封闭,从而能减少失水。

二是减少农产品腐烂率,提高好果率。农产品腐烂主要是由微生物引起的。涂蜡层不仅可以封闭农产品表面存在的微小损伤和擦伤,其本身又是杀菌剂和保鲜剂的有效载体。因此,涂蜡可以防止农产品储藏、运输、销售过程中致腐真菌病害和某些生理病害。

三是改善农产品外观颜色和品质。在涂蜡材料中混用增色剂,称为"上色",农产品外观会更加美丽。上色多用于上市之前的果实处理,如添加橘红色素的涂蜡材料用于柑橘、甜橙的涂蜡处理,可以达到美化果实外观的效果。

2. 涂蜡的分类和应用

目前,应用的大多数蜡涂料都是以石蜡和巴西棕榈蜡混合作为基础原料的。石蜡可以很好地控制失水,而巴西棕榈蜡能使农产品产生诱人的光泽。近年来,含有聚乙烯、合成树脂物质、乳化剂和润湿剂的蜡涂料被逐渐应用,它们常作为杀菌剂的载体或作为防止衰老、生理失调和发芽抑制剂的载体。我国开发的吗啉脂肪酸果蜡(CFW 果蜡),是一种水溶性果蜡,可以作为水果和蔬菜采后商品化处理的涂蜡保鲜剂,其质量已经达到国外同类产品水平。虫胶以 2 号、3 号涂料的性能比较稳定,效果好。虫胶涂料溶液通常用水冲稀搅拌均匀后使用,加水量一般为涂料重量的 1~4 倍。虫胶涂料最好随配随用,稀释后的虫胶不宜久存,每 1 千克虫胶可涂果品 1 吨左右。

3. 使用涂蜡应注意的事项

一是涂蜡应厚薄均匀、适当。

二是涂蜡材料、混用的增色剂必须安全无毒、无损人体健康。涂蜡材料必须为食用蜡和食用色素,而且使用剂量必须在国家安全标准内。

三是要成本低廉,使用方法简便,材料易得,便于推广。

四是涂蜡处理只能在一定的期限内起辅助作用,只能对短期储藏、运输或上市前的农产品进行涂蜡处理,或农产品储藏之后上市之前的处理,以改善农产品的外观。对长期储藏的农产品,涂蜡处理应该慎重。

4.涂蜡处理的方法

(1)浸涂法:将涂料配成一定浓度的溶液,把水果和蔬菜浸入溶液中,一定时间后,取出晾干、包装、储藏和运输。这种方法耗费蜡液多,不易掌握涂膜厚薄。

(2)刷涂法:用细软毛刷或用柔软的泡沫塑料蘸上涂料液在果实表面涂刷以至形成均匀的涂料薄膜。

(3)喷涂法:水果和蔬菜清洗干燥后,喷涂上一层均匀的薄层涂料。

【小知识——预冷】

预冷是指食品从初始温度(30℃左右)迅速降至所需要的终点温度(0~15℃)的过程,即在冷藏运输和高温冷藏之前的冷却以及快速冻结前的快速冷却工序统称为预冷。农产品的快速预冷,有利于保持农产品品质和延长其货架期。农产品的冷冻运输或冷藏保鲜效果在很大程度上取决于能否及时迅速地将农产品预冷以及降低呼吸强度。农产品采后预冷要求降温速度快,通常在农产品采收后24小时内达到要求的预冷温度,且降温速度越快越好。农产品预冷的终点温度依据产品种类、品种不同而异,要求预冷的终点温度达到或者接近农产品适宜的储存温度。根据预冷介质不同,农产品预冷方法有空气冷却、水冷却、接触加水冷却、真空冷却等方法。

子任务三 物流流通加工环节农产品的包装

一、流通加工环节农产品包装作用

根据《中华人民共和国国家标准:物流术语(GB/T 18354—2006)》,"流通加工"就是"物品在从生产地到使用地的过程中,根据需要施加包装、分割、计量、分拣、刷标志、拴标签、组装等简单作业的总称"。农产品的流通加工环节，可以提高农产品企业的物流运作效率，满足消费者对农产品的多样化需求，还能够促进农产品的销售。

(一)保证农产品的在途质量

农产品在整个物流过程中，往往都会造成一定的损耗，为了保护农产品的使用价值以及延长农产品的保鲜时限，都会对农产品进行一定的流通加工，从而保证农产品的在途质量，降低农产品的损耗率。例如，针对水产品、肉类、蛋类的保质、保鲜要求进行的冷冻加工、防腐加工等；带叶蔬菜在进行长途运输时都会用泡沫塑料盒装载，并在蔬菜底部放入一些冰袋以便温度保持在一定低温状态，保证蔬菜的新鲜度。

(二)提升物流效率

对于农产品企业而言，物流的快慢影响着企业的经济发展。农产品需求量大部分都是因季节、地域的不同而不同，在收获季节产量丰富地的农产品流通加工能够有效地提升农产品物流的运作效率。农产品由于笨重、量大，对于整个物流有着一定的影响，这时对农产品进行适当的流通加工，能够让整体的物流操作更加方便，而且流通加工的集中加工工作提升了农产品企业的加工效率，也可以降低农产品流通过程中产生的物流损失。

(三)满足客户多样化需求

每个人对于同一种农产品的需求是不同的，而农产品都是大批量的生产，因而流通加工能够针对不同客户需求在保证高效生产的同时，将单一的产品进行多元化改制加工，满足客户的需求。

(四)促进农产品销售

有些农产品在生产之后，因产地的一些因素的制约，无法对农产品进行较好的加工包装，只能对农产品进行粗略的加工。这种加工不能够满足市场的传统需求，只能在保护农产品的同时保证运输。流通加工通过将这些初级加工的农产品或者大批量散装的农产品改制分装成适合销售的小包装吸引消费者购买，促进农产品的销售。

二、初级加工农产品存在的问题

(一)忽视农产品初加工环节

目前,中国大多数生产者十分重视在农产品生产环节投入大量人力、物力和财力,而往往忽视对农产品采后的净化、分级、烘干、储藏、保鲜和包装等处理。因此,在农产品进入流通市场的过程中造成不同程度的损失,丰产不丰收的现象时有发生。同时,由于受生产季节性限制,农产品上市周期往往比较集中。与中国相对落后的产地初加工现状相比,许多发达国家农产品产后贮藏保鲜已实现了产业化,且产后增值效果非常可观。

(二)加工能力薄弱

我国农产品加工业的发展相对落后,对农产品的加工能力比较薄弱。据了解,我国玉米加工量仅占生产总量的8%,苹果的加工率为4.7%,柑橘的加工率为5%,肉禽类的加工率为4%,这些数据都表明我国农产品加工能力处在一个薄弱环节。法国的马铃薯加工率是59%,美国、英国和荷兰的马铃薯加工率分别是48%、40%、40%,国外农产品加工业对农产品马铃薯的加工做到了相当大的规模。

表3.3 发达国家与我国农产品加工现状对比 (农产品加工学)

	发达国家	中国
农产品产后产值与采收时自然产值之比	2.0—3.7:1	1:1:1
果蔬损失率	5%以内	25%~30%
冷链物流配送率	80%以上,美国100%	15%左右
零食损失率	1%以内	9%
农产品加工转化率	80%以上	30%左右,水果10%左右,蔬菜7%
加工废弃物利用率	多次利用、美日接近全利用	基本是一次利用
经济模式	循环经济模式	线形经济模式

(三)加工基础设备落后,加工成本高

中国农产品加工企业尽管引进了一些先进的设备,但整体水平与国外相

比仍存在较大差距。我国的科技重点工作是在生产中,80％以上的科技经费和研究力量投入在生产中,对于产后领域的科研工作比较忽视,造成了农产品加工领域技术创新能力较低,科技储备特别是基础性的技术设备严重缺乏。我国的加工企业生产规模小,中小企业居多,中小企业管理成本较高,在与大企业争原料时又造成大企业的设备利用率降低,使得产品的生产成本居高不下。

三、网购环境下农产品包装的分析

(一)网购包装与传统包装现状

在电子商务快速发展的带动下,传统的物流方式已经不同往日。传统的产品包装是在保证保护产品不受损坏的前提下,以促进产品销售为主,如商场、超市货架上看到的商品等。顾客网购时可以在卖家的店铺里通过浏览商家展示的图片以及一些详尽的文字了解商品的相关信息,通过分析这些信息从而判断这件商品是否适用于自己,这时候往往注重的是商品的实用性。由此可见,网购包装比传统包装缺少了精美华丽的外观,消费者更加注重的是产品是否会安全送到消费者手中。传统包装与网购包装对比如图 3.3 所示。

 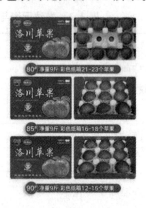

传统包装　　　　　　　　　　　　　网购包装

图 3.3　传统包装与网购包装的对比图

网络商家为保护商品的安全,在原始包装的基础上会选择一些适宜的外包装以及一些填充物。网购包装中的填充物常见的是气泡膜、充气袋、泡沫塑料等,这些都可以减少物流过程中的磨损;外包装大部分都是防水塑料袋、瓦楞纸箱等。相对于传统包装,网购包装所使用的材料超出很多,这也使得包装产生的垃圾会更多。有些网购包装会有过度包装的行为,过度包装耗损了过多的材料,造成了资源浪费,同时也对环境造成了影响。

(二)相关建议

1.农产品包装的标准化

农产品包装标准化是指对农产品包装的规格、包装材料、结构以及标志等给予统一的规范措施。建立一个完善的农产品包装标准体系需要政府、企业以及农产品厂家的协调配合,采用国际标准制定一个农产品包装标准化的规范。标准化的农产品包装可以在物流运输环节提高效率,降低物流成本。

2.农产品包装的循环利用

目前,市场上的农产品包装箱是塑料筐,虽然可以多次使用,但破损之后难以再利用。建议使用可折叠式的包装箱,在农产品的包装上进行推广,这不仅仅能够使资源得到高效的运用,也让商家在销售完农产品后能够有效节省空间占用度。在整个物流流通过程中,农产品肯定会产生一定的摩擦碰撞,所以在包装盒内或者农产品之间添加一个缓冲物,减少产品之间的摩擦。同时,为了促进农产品的销售,扩大人们对农产品的需求,对不同的农产品进行包装设计时可根据农产品本身的特点设计相应的特色包装。

3.农产品包装的信息化

运用物联网信息技术,将商品条码、RFID 技术等信息技术运用农产品包装的整个环节,能够让消费者更加了解农产品的整个信息、更加放心地购买农产品。利用物联网技术能够完善农产品包装功能,让消费者获得更多便利。

4.农产品包装的保护性

由于农产品在物流运输过程中,经常会遇到一些不确定性因素而受到损害,如暴力快递、高温、物流延迟等因素,为保证农产品的完整,农产品包装的要求更高。大部分农产品易腐易烂,因而外包装需要坚硬的厚纸箱;每个农产品需要套上双网套,防止农产品与纸箱摩擦受损;农产品与农产品之间最好能够用硬纸板隔开,以防农产品在纸箱内翻滚;最后,农产品因为采摘后呼吸作用仍然会进行,包装纸箱需要打孔。

5.农产品包装的废弃物回收

流通加工环节的农产品包装不同于销售时的包装,有些农产品包装材料只有在流通加工时需要使用,在销售农产品时这些多余的包装材料就会被废弃掉,如为了保证运输安全使用固定农产品包装箱的支撑支架、农产品包装箱内的填充物以及用于运输的包装箱等。这些基于农产品流通加工环节的包装材料大部分可以回收利用,如支撑支架可以多次使用、包装箱内的填充物和包装箱可以回收利用或者变卖等。

任务三　案例分析

生鲜农产品冷链物流发展现状——以上海市为例

一、上海市农产品冷链物流供给市场分析

总体来说,上海市的冷链物流供给市场现状不容乐观。普遍具有供给设施、设备空置率高,与此同时冷链物流的实现率却较低的显著特点,这同冷链物流比较发达的欧美国家相比,仍然存在着非常大的差距,即便同上海市的其他产品物流相比,冷链物流也处于相对滞后的水平。因此,下面主要从上海市的冷链物流运输设备、仓储的设施及冷链物流实现率这三个指标来重点分析上海市农产品冷链物流的供给市场。

(一)冷链物流的运输设备

随着近年来省际高速公路和上海市环线高架的跨越式发展,公路运输已显然成为易腐生鲜食品冷链物流的主要运输手段。但由于上海市易腐食品的日需求量巨大,这就使得制冷车已经不能够满足日运输量的需求,也制约了上海市的经济发展和居民生活水平的不断提高。上海市现有的制冷、保温车大约为5000辆,其中制冷车大约3000辆。然而相比较冷链物流发达的美国拥有制冷车16万辆、日本拥有制冷车12万辆。按照人均计算,上海市制冷车的人均占有量仅是美国的37.13%,是日本的28.93%。同时,上海市现有的大多数制冷车仅有制冷设施,而对冷链物流所要求的全程温控尚未建立,使得大

部分易腐食品在冷藏运输的过程中实时信息不能完整地得到反映。

(二)冷链物流仓储设施

上海市人均占有冷藏库容积位居全国之首。新中国成立初期,全市冷藏库容量仅1万吨,到2007年初,上海市拥有冷藏库137座,总库容量已达到41.81万吨,其中冻结物冷藏库容量为31.46万吨,冷却物冷藏库容量为9.61万吨,冰库容量为0.74万吨。上海市人均占有冷藏库容积为99升/人,居全国之首。根据上海市冷藏库协会的统计,至2009年底,上海市冷藏库容量已达2248896立方米,其中冻结物冷藏库容量为1685428立方米;冷却物冷藏库容量为563468立方米。上海市人均冷库占有量为117升。上海市现有冷藏库中,20世纪七八十年代的多层土建式冷藏库,按容量统计占上海冷藏库总量的83.41%,按冷藏库数目统计占上海冷藏库总数的86.31%;单层和装配式冷藏库的容量大约占上海的冷藏库总容量的17.59%,按冷藏库数目统计占上海冷藏库总数目的13.87%。20世纪90年代以来,上海市开始结合市政规划对冷藏库进行调整布局,其中拆除冷藏库68座,总计约6.89万吨,即将拆除的冷藏库有3座,总计2.82万吨。当前,上海市的冷藏库行业进入了一个新的调整和建设发展期,冷库类型多元化,技术先进的专业型冷库发展势头良好。上海市已建设发展出适应物流配送要求的单层装配式冷冻冷藏仓库,上海市长江农场从台湾引进了冰温专利技术,建立了中国首座容积为3200立方米的冰温粮食冷库,冷库可实现1000吨稻谷的冰温粮食储存。不仅如此,企业间不断通过冷库资产重组,开始呈现出集约化的趋势,比如上海市颇具影响力的第三方冷链物流集成服务商上海锦江低温物流发展有限公司,就是在原上海市食品集团有关冷库的基础上,通过资源整合和资产重组建立起来的一个提供专业冷链物流服务的公司。冷藏库也开始面向市场提供其服务,即从计划经济时代单纯的"储藏型"冷库向冷链物流型转变,从原来以系统化服务为主逐步向公用社会化冷藏库服务转变。但同时可以看到,在上海像这种真正完成从"低温仓储"到"物流配送"角色转换的企业并不多。由此可见,现存的发展现状并不能满足上海市冷链物流市场的需求。

(三)冷链物流实现率

从公路运输方面来看,在冷藏运输条件下易腐保鲜食品的运输量只占运输总量的 20%，剩余 80%的果蔬、水产品、肉禽类主要依靠普通卡车运输，且所采用的保温方式大多为依靠棉被、塑料铺盖，由于公路冷藏运输效率比较低，并且农产品在运输中的损耗比较高，以致整个运输过程的运输费用就占到了食品成本的 70%左右。但是根据国际现行标准，食品的物流成本最高也不能超过食品总成本的 50%。

从铁路运输方面来看，在冷藏运输条件下易腐保鲜食品的运输量只占运输总量的 25%，还不及铁路货运量的 1%。据估计，如果我国铁路设施建设完善的话，冷藏食品的货物运量能够达到铁路货运总运量的 40%。目前，在铁路冷藏运输条件下易腐货物的平均损耗率是 20%，因而每年造成的直接经济损失就高达 60 亿元。

从当前上海市冷藏运输的结构分析来看，上海市公路冷藏运输量仅占 21%的比重，而铁路冷藏运输量约占 30%，上海市的高等级公路和高架桥的快速发展，以及冷藏设备的更新换代，必将使得生鲜食品的公路冷藏运输所占比例有一个飞速的提高。

二、上海市农产品冷链物流市场特点分析

(一)普通消费者对农产品冷链物流认识度不足，农贸企业对冷链物流重视度不足

广大消费者对冷链物流的价值认识不足，使得"土保温"等保温方式大量滥用，这严重扰乱了农产品冷链物流的良性可持续发展。产生这种情况，一方面原因是冷链物流发展水平有限且农产品相关企业对其重视不足；另一方面原因是消费者在采购食品的时候，主要是通过视觉、味觉和触觉等直接方式来判断食品的品质好坏，对于食品在流通过程中是否已经产生了伤害身体的化学变化却是无法判断的，而如果消费者对冷链物流的价值有一定的认识，就会激励冷链物流的快速发展。因此，提高农产品在整个供应链上各个环节中冷链物流价值的充分认识，从而增强企业对冷链物流的发展重视，是提升冷链物流水平、推动发展的关键所在。

(二)冷链物流市场需求巨大，现有冷链设施利用率较低

从前面对冷链物流需求和供给市场的分析中能够看出，上海市冷链物流

的需求量具有极大的增长空间,然而供给市场却不容乐观,冷链设备的利用率比较低,农产品冷链物流的实现率较低,这样就给原本捉襟见肘的冷链物流供给带来了更大的压力。一方面是冷链物流分布结构不尽合理,导致供给失衡;另一方面是冷链物流的相关需求和供给信息不能形成良好的对接,这导致了冷链物流信息沟通不畅。

(三)冷链物流设备等资产具有"沉没性"等特点

由于冷链物流设施、设备等固定资产具有投资高、使用周期长、折旧率较低等特点,同时冷链物流设备又很难转为他用,所以这些固定成本的"沉没性"很大。这种技术壁垒对冷链物流业影响非常明显,市场的进出自由度较低,这使得冷链物流业的竞争受到了很多的限制。因此,这就产生了两个结果:一是能够提供专业性冷链物流服务的专业企业很少,市场中缺乏竞争;二是促使冷链食品限于在一定区域内只采用简单的保温措施流通。

三、上海市农产品冷链物流发展对策及建议

(一)完善农产品冷链物流标准体系

农产品冷链物流标准的实行不仅为公众的食品安全提供了重要的保障,同时也给从事冷链物流服务的企业提供了重要的依据和规范参考。上海市参照国际冷链物流通行的标准,同时结合上海市的实际情况,制定和颁布出台了《食品冷链物流技术与管理规范》,完善并补充了上海市农产品冷链物流的指导准则及相关的行业标准,其中包含了整个冷链物流节点的有关标准及良好的操作规范,如原料基地生产标准和规范、预冷和冷藏的标准、加工的标准、运输的标准、销售的标准、标签的标准以及检测方法的标准、环境的标准、服务的标准等,并制定了以 GVP(良好兽医规范)、GMP(良好生产规范)、GAP(良好农业规范)、HACCP(危害关键控制点的分析)以及 ISO 为基本原理的农产品的冷链物流全程质量控制和安全控制技术规程,并建立了全程质量检查与监督机制,严密监管农产品在冷链各环节中的运行状况,积极推行市场准入制度和专业认证,建立农产品冷链物流的质量安全屏障。

(二)发展基于管理的农产品冷链物流模式

供应商库存管理是在供应链环境下的库存管理新策略。农产品冷链物流

是供应链系统中的一种特殊模式,其服务的核心理念在于既满足客户的需求,同时又在产品运输过程中降低总成本。而基于 VMI 供货商的库存管理模式下的农产品冷链物流能够有效减小整体供应链的库存成本,降低"牛鞭效应"对上游企业的影响。不仅如此,对于目前上海市冷链物流供需不平衡、冷链设施贫乏、供给能力较小的情况,该模式能有效合理地配置与利用资源。但需要注意,库存成本和运输成本存在"效益背反"的现象,供应商只有通过库存与运输过程的整合优化才能有效降低供应链系统的总成本,具体来说是在满足客户需求以及运输限制的条件下,寻求最优的库存和配送策略,其包括以下几个方面:最佳的订购量、订购周期、配送路径优化、运输车辆分配等,协调控制配送系统的库存和运输总成本,使其达到成本最小化。

(三)推动冷链物流信息化

农产品冷链物流信息化建设需要高新技术和先进的管理手段来有效推动,它是一个长期、复杂的过程。

冷藏供应链涉及供应链上游的生产企业、中游的运输企业和销售企业以及下游的普通消费者等全过程。若要保障农产品在流通过程中的品质和安全,就需要对上述企业之间的各个环节实现无缝对接。为了建立区域性生鲜农产品冷链物流的公共信息平台,并优化冷链物流资源配置,实现重要信息在整个供应链上的共享和传递,需要依托各类优势生鲜农产品的产区和大型农产品的集散批发市场。

同时,为了健全冷链物流作业中的信息收集、处理以及发布的能力,并全面提升冷链物流管理中的信息化水平,就需要加大对客户服务、库存控制、运输管理和交易管理等软件的开发和利用。积极推广全球定位系统、无线射频识别技术、传感器技术、应用条形码、电子标签等技术,从而为建立区域性生鲜农产品的质量安全监控平台打下坚实的基础。此外,冷链物流的参与者要更加明确自身对冷链物流信息呈报及交换的责任,全面提高政府监管部门对冷链信息的采集和处理能力。

(四)加快培育第三方冷链物流企业,提高农产品冷链的市场化程度

因为冷链物流对基础设施、技术含量和作业要求都很高,需要具备整合各方资源的能力,因而越来越多的生产商选择将冷链物流业务外包给专业的第

三方物流供应商,同时更加专注于自己的核心业务,提高自身的核心竞争力。这样的市场需求,必将促进第三方冷链物流企业的飞速发展,并使之迅速成为未来冷链物流市场的主体。因此,政府应该充分发挥第三方物流企业规模化、组织化、专业化的技术优势,积极培育和鼓励第三方物流企业的发展;同时,企业自身也要根据市场的细分状况,整合企业现有的资源,积极推出专业化的满足客户个性需求的增值物流服务,从而极大地扩大企业的业务范围;也可以考虑与生产商联合经营,依照不同的条块开展低温保鲜运输业务。但应该注意的问题是:由于第三方物流企业处于冷链物流供应链中,因而第三方物流企业与其上下游企业的联合与合作应该以多边共赢为目标,依托于政府和行业有关组织的积极协调,建立生产商、供应商、消费者三者之间稳定的战略同盟关系,提高冷链物流的效率,降低冷链物流的成本,共同打造完善的低温冷链物流系统。

(五)大力发展农产品冷链物流的基础设施

鼓励冷链物流企业加快发展各个环节如冷冻、保鲜、运输、预冷、查验等的冷链物流的基础设施建设,并从关键环节入手,重点推动农产品的物流节点——批发市场中冷藏设施的建设,并在上海市周边规划建设各类型的农产品低温配送及转运中心,大力改善农产品的加工环节的温控设施,着力建设经济适用型的农产品预冷设施,积极鼓励和推广节能并配有全程温度监控设备的各种长短途冷藏运输车辆,还要逐步完善与冷链物流相配套的检测体系和查验体系。

(六)政府要积极引导农产品冷链物流的发展

政府应该以行业建设发展为核心,以企业重视的需求为中心,继续加大在政策和资金等方面的扶持力度。

在发展农产品冷链物流中,政府有关部门应该积极引导。

第一,加强并完善农产品冷链物流整体规划,制定有利于冷链物流长足发展的法规和制度,从而能够满足冷链物流的不断发展需要。

第二,进一步增加对于冷链物流企业的资金扶持与投入,政府应该对冷链物流企业的建设、发展和运营等方面提供完善的政策和资金支持,对冷链物流环节中的农产品生产企业、加工企业以及运输流通企业给予一定的减免税收的政策优惠等。

　　第三,建立由政府、行业组织以及相关企业所组成的冷链物流服务的联盟,从而实现构建联盟型的农产品冷链物流的质量体系,积极实行危害分析以及加强把控冷链物流的关键点,严格确保农产品质量可靠和安全,从而进一步建设并完善更加健全的农产品冷链物流体系。

(七)培养和引进农产品冷链物流人才,提高管理水平

　　农产品冷链物流不仅仅涉及的行业范围广,同时涉及的学科也较多,因而需要具备专业知识和技能的管理人才和技术人才,来保证农产品冷链各项环节的正常运营和顺利发展。对于市场急需的物流专业型人才的培养,具体来说可以通过积极开展岗位培训、努力提高物流专业人才的基础教育等措施来实现。在高等物流人才的培养上要引导和推动高等院校设置物流相关学科,以理论研究和实际应用相结合为目的,加强物流企业与科研院所的各类合作实现物流系统的产、学、研联动机制,重点培养社会急需的冷链物流高级技能型人才,推动高素质人才队伍建设储备。鼓励冷链物流企业积极开展技术培训,建立冷链物流行业的人才激励和储备机制。

项目四　农产品配运

任务一　农产品配送

子任务一　配送相关内容

一、配送的概念

配送是指在经济合理区域范围内,根据客户要求,对物品进行拣选、加工、包装、分制、组配等作业,并按时送达指定地点的物流活动。配送是物流中一种特殊、综合的活动形式,商流与物流紧密结合,包含了商流活动和物流活动,也包含了物流中若干功能要素的一种形式。

(一)运输与配送的区别

(1)运输性质配送是支线运输、区域内运输、末端运输,而运输则属于干线运输。

(2)货物性质配送所运送的是多品种、少批量,而运输则是少品种、大批量。

(3)运输工具配送时所使用的是小型货车,而运输使用的是大型货车或铁路运输、水路运输等重吨位运输工具。

(4)管理重点配送始终以服务优先,而运输则更注重效率,以效率优先。

(5)附属功能配送所附属的功能较多,主要包括装卸、保管、包装、分拣、流通加工、订单处理等,而运输则只有装卸和捆包。

表 4.1　配送与运输的区别

内容	运输	配送
活动范围	地区、城市、国际之间	同一地区或同一城市间
运送性质	干线运输	支线运输、区域内运输、末端运输
运送对象	少品种、大批量	多品种、少批量
运送工具	大型货车、火车、船舶、管道	小型火车或简单工具
管理重点	效率、效益增值	服务与成本增值
附属货物	装卸、包装	装卸、保管、拣选、包装、加工、订单、处理、组配、送货等

(二)配送中心的概念

1. 配送中心

《现代物流手册》对"配送中心"的定义是从事配送业务的物流场所或组织,它主要为特定的客户服务,配送功能健全,信息网络完善,辐射范围小,品种多、批量小,以配送为主,储存为辅。

配送中心是以组织配送性销售或供应,执行实物配送为主要职能的流通型节点。在配送中心中,为了能做好送货的编组准备,需要采取零星集货、批量进货等作业和对商品的分整、配备等工作,因而配送中心也具有集货中心、分货中心的职能。为了满足用户需要,配送中心还需具有较强的流通加工能力以开展各种形式的流通加工。配送中心实际上是将集货中心、分货中心和流通加工中心合为一体的现代化物流基地,也是能够发挥多种功能作用的物流组织。

2. 配送中心与仓库、物流中心的区别

仓库是保管和保养物品的场所的总称;配送中心是储存众多物品,且将储存周期较短的众多物品配送给众多零售店(如专卖店、连锁店、超市等)或最终客户的场所;物流中心是储存众多物品且将储存周期稍长的众多物品送达配送中心的场所。

表 4.2 配送中心与仓库、物流中心的区别

项目	配送中心	仓库	物流中心
服务对象	特定用户	特定用户	面向社会
主要功能	各项配送功能	物资管理	各项物流功能
经营特点	配送为主、储存为辅	库房管理	强大的储存、吞吐功能
配送品种	多品种	——	品种少
配送批量	小批量	——	大批量
辐射范围	小	小	大
保管空间	保管空间与其他功能各占一半	都是保管空间	——

配送中心的特点：位置处于物流的下游；一般储存物品的品种较多、存储周期短；具有强大的多客户、多品种、多频次少量的拣选和配送功能。配送中心一般采用"门到门"的汽车运输，其作业范围较小（20～300公里），为本地区的最终客户服务。有时，配送中心还有流通加工的业务，如钢材的定尺加工，食品由大的运输包装改为小的零售包装，饲料由单饲料改为复合饲料等服务的延伸和增值。

物流中心的特点：位置处于物流的中游，是制造厂仓库与配送中心的中间环节，一般离制造厂仓库与配送中心较远，为保证运输经济性，采用大容量汽车或铁路运输和少批次大量的出入库方式。

需要说明，仓库、物流中心、配送中心都是自营或代客户保管和运输物品的场所，要绝对区分比较困难，有时它们的业务有明显的交叉；多客户、多品种、多频次少量的拣选或大容量汽车或铁路运输和少批次大量的出入库方式等，也是相对而言的。仓库已逐步地被物流中心和配送中心所替代，除季节性生产明显的储备粮库、棉花库、果品库、冷冻海产品库以及军需储备库等，仍以保管保养为主。

仓库、物流中心、配送中心三者都有保管、养护物品的功能以及其他相同的功能，只是程度、强弱不同。此外，物流中心和配送中心是由仓库发展、派生而成的。因此，有时说仓库也包括物流中心和配送中心，是三者的统称。

(三)配送的作用

(1)企业采用配送的作用。

①分销领域采用配送体制,降低物流成本,提高服务水平,从而扩大销售、扩大市场、增强企业竞争能力。

②产品实行配送体制,配送需要多少,就生产多少,实现产品零库存,获得最大的节约和最大的效益。

③采购领域实行配送体制,供货企业可按需求的时间和数量供货,不设置过多原材料库存,流通企业也不需要设置流通库存,供应链上企业均可实现零库存经营,大大降低经营成本。

④企业零库存经营,节省下来的大量储备资金,可以改善企业的财务状况,增强企业经济实力,促进企业发展。

⑤企业实行配送体制,使生产体制、分销体制以及采购体制产生相应的革命性的变化,促进企业经营管理水平的提高。

(2)提高广大用户的物流服务水平,刺激消费市场升级。配送能够按时按量、品种配套齐全地送货上门,简化手续,提高效率,满足了人们生产生活的物资需要和服务享受,刺激零售领域的消费市场升级。

(3)提高物资利用率和库存周转率。配送采用配送中心集中库存,可以利用有限仓库,使有限库存为更大范围更多客户所利用,需求更大、市场面广,物资利用率和库存周转率必然大大提高。还可以使仓储与配送环节建立和运用规模经济优势,使单位存货成本和管理总成本下降。

(4)完善干线运输中心的社会物流功能体系。采用配送作业方式,可以在一定范围内将干线、支线运输与仓储等环节统一起来,使干线输送过程及功能体系得以优化和完善,形成一个大范围物流与局部范围配送相结合的、完善的物流配送体系。

(5)配送对整个社会和生态环境也有很重要的作用。配送可以节省运输车辆,缓解交通紧张状况,减少噪声、尾气排放等运输污染,保护生态环境。

(6)发展配送有利于提升和优化物流结构和产业结构,使运输业、仓储业获得增长的机会;同时与其相关的代理业和客户服务等行业的发展将成为第三产业的新增长点。

（四）配送中心的类型与作业流程

1.配送中心的特征与分类

（1）配送中心的特征

①配送反应速度快

新型物流配送中心对上、下游物流配送需求的反应速度越来越快,前置时间越来越短。速度就是金钱,速度就是效益,速度就是竞争力。

②配送功能集成化

配送中心主要是将物流与供应链的其他环节进行集成,如物流渠道与商流渠道集成、物流功能集成、物流环节与制造环节集成、物流渠道之间的集成。

③配送作业规范化

强调物流配送作业流程和运作的标准化、规式化和规范化,使复杂的作业简单化,从而大规模地提高物流作业的效率和效益。

④配送服务系列化

强调物流配送服务的正确定位与完善化、系列化,除传统的配送服务外,在外延上扩展物流的市场调查与预测、物流订单处理、物流配送咨询、物流配送方案、物流库存控制策略建议、物流货款回收、物流教育培训等系列的服务。

⑤配送目标系统化

从系统的角度统筹规划的一个整体物流配送活动,不求单个物流最佳化,而求整个物流配送达到最优化。

⑥配送手段现代化

使用先进的物流技术、物流设备与管理为物流配送提供支撑,生产、流通和配送规模越大,物流配送技术、物流设备与管理就越需要现代化。

⑦配送组织网路化

有完善、健全的物流配送网路体系,物流配送中心、物流结点等网络设施星罗棋布,并运转正常。

⑧配送经营市场化

物流配送经营采用市场机制,无论是企业自己组织物流配送还是社会物流配送,都实行市场化。

⑨配送流程自动化

拣选、组配、装卸、搬运等按照自动化标准作业,按最佳配送路线配送等。

(2)配送中心的分类

配送中心由于建造企业的背景不同,其配送中心的功能、构成和运营方式有很大的区别。配送中心类别见表 4.3。

表 4.3　配送中心分类

分类方法	种类	
按配送中心经营主体分类	制造商型配送中心	零售商型配送中
	批发商型配送中心	专业物流配送中心
按配送服务的范围分类	城市配送中心	区域配送中心
按配送中心的功能分类	储存型配送中心	加工型配送中心
	流通型配送中心	——
按配送货物的属性分类	食品配送中心	日用品配送中心
	医药配送中心	汽车零件配送中心
	生鲜配送中心	——

①按配送中心经营主体分类

a. 制造商型配送中心

制造商型配送中心是以制造商为主体的配送中心。配送中心负责产品费用、提高售后服务质量和及时地将预先配齐的成组元器件运送到规定的加工和装配工位。专业化程度高,不具备社会化要求。

b. 批发商型配送中心

批发商型配送中心是以批发商为主体的配送中心。批发商按部门或物品类别的不同,把每个制造厂的物品集中起来,然后以单一品种价格向消费地的零售商进行配送。核心活动是对物品进行总和再销售,全部进货和出货都是社会配送,社会化程度高。

c. 零售商型配送中心

零售商型配送中心是以零售业为主体的配送中心。零售商自己建立配送中心,为其零售店、超级市场、百货商店、建材商场、粮油食品商店、宾馆饭店等服务,社会化程度介于前两者之间。

d. 专业物流配送中心

专业物流配送中心是以第三方物流企业为主体的配送中心。它有很强的运输配送能力,可迅速配货给用户。它为制造商或供应商提供物流服务,而配送中心的货物仍属于制造商或供应商所有,配送中心只是提供仓储管理和运输配送服务,现代化程度较高。

②按配送服务的范围分类

a. 城市配送中心

城市配送中心是以城市范围为配送范围的配送中心,一般为汽车运输的经济里程,直接配送到最终用户。一般和零售经营相结合,运距短、反应能力强从事多品种、少批量、多用户的配送较有优势。

b. 区域配送中心

区域配送中心是以较强的辐射能力和库存准备,向省级、全国乃至全国际范围的用户配送的配送中心。一般规模较大,用户较大,配送批量较大,主要配送给下一级的城市配送中心。

③按配送中心的功能分类

a. 储存型配送中心

储存型配送中心有很强的储存功能,如美国赫马克配送中心的储存区可储存 16.3 万托盘。我国目前建设的配送中心,多为储存型配送中心,库存量较大。

b. 流通型配送中心

流通型配送中心又称通过型或转运型配送中心,没有长期储存的功能,是仅以暂存或随进随出的方式进行配货和送货的配送中心。典型方式是大量货物整批进入,按一定批量零出。一般采用大型分货机,进货直接进入分货机传送带,分送到各用户货位或直接分送到配送汽车上。

c. 加工型配送中心

加工型配送中心是以流通加工为主要业务的配送中心。

④按配送货物的属性分类

根据配送货物的属性,可以分为食品配送中心、日用品配送中心、医药品配送中心、汽车零件配送中心以及生鲜配送中心等。由于所配送的产品不同，配送中心的规划方向就完全不同。例如，生鲜品配送中心主要处理的物品为蔬菜、水果与鱼肉等生鲜产品，属于低温型的配送中心，又称为湿货配送中心；书籍产品的配送中心，由于书籍有新出版、再版及补书等的特性，尤其是新出版的书籍或杂志，其中的80％不上架，直接理货配送到各书店去，剩下的20％左右库存在配送中心等待客户的再订货，配送中心规划时考虑退货问题，书籍或杂志的退货率非常高，约有3～4成；服饰产品的配送中心，配送中心规划考虑淡旺季及流行性等的特性，较高级的服饰必须悬挂储存和传送。

2. 配送中心的作业流程

配送中心的作业流程是以配送服务所需要的基本环节和工艺流程为基础的。功能不同的配送中心和商品特性的不同，其作业过程和作业环节会有所区别，但都是在基本流程基础上对相应的作业环节进行调整。

配送中心基本作业流程如图4.1所示。

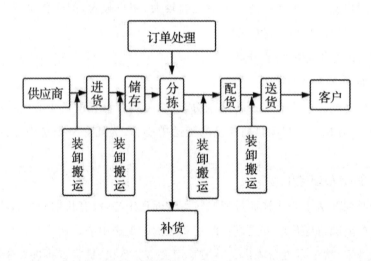

图 4.1　配送中心基本作业流程图

转运型配送中心的主要功能是提供配货和送货活动，特点是商品周转快，以临时性暂存为主，不需要储存区域。配送中心的分拣、暂存、分货等作业同时进行，如配送生鲜食品的配送中心。转运型配送中心作业流程图如图4.2所示。加工型配送中心以流通加工为主，储存作业和加工作业居主导地位。

流通加工多为单品种、大批量加工作业,商品种类少,通常不需要分拣作业环节,而是将加工好的商品放到专门的货位内,进行包装配货。加工型配送中心流程图如图 4.3 所示。

分货型配送中心以商品中转为主要职能。一般在配送商品之前先按照要求把单少品种、大批量的商品分堆,然后再将分好的商品配送到用户指定的接货点,其作业流程比较简单,无需拣选、配货、配装等作业程序,其中作业流程如图 4.4 所示。

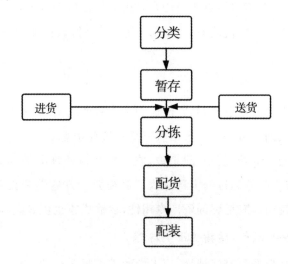

图 4.2 转运型配送中心作业流程图

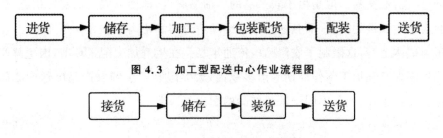

图 4.3 加工型配送中心作业流程图

图 4.4 分货型配送中心流程图

二、农产品配送

农产品配送是指按照农产品消费者的需求,在农产品配送中心、农产品批发市场、连锁超市或其他农产品集散地进行加工、整理、分类、配货、配装和末端运输等一系列活动,最后将农产品交给消费者的全过程。

(一)农产品配送特点

1.配送网点分布众多,运输装卸次数多

由于农业生产点多、面积大,消费农产品的地点也很分散,农产品运输和装卸比工业产品要复杂得多,单位产品运输消耗的社会劳动大。一般地,企业设置几个较大的配送中心,由这些配送中心再向小配送中心供货,由小配送中心再向用户配送。造成这种现象的主要原因是城市交通的限制以及为了及时满足用户需求,企业不得不在距离用户较近的居民区设置大量配送点。因此,只有科学规划农产品物流流向,才能有效地避免对流、倒流、迂回等不合理运输现象。

2.配送技术要求较高

农产品具有鲜活易腐性,须在流通中采取有效的措施,才能保证农产品合乎质量要求进入消费者手中。鲜活农产品物流配送需要冷藏库、冷藏运输车、加工车间等系列冷链处理。一般来说,农产品在流通环节需要分类、加工、整理等工作,在农产品储运过程中部分农产品需要特殊容器和设备。农产品流通比工业产品流通具有更强的资产专用性,运输成本也更高。

3.配送范围区域性,运输受限不均衡

由于农产品生产具有区域性,而人们的需求是多样的,因而需要不同区域间进行流通交易。但是由于农产品的鲜活易腐性,即使采取了保鲜等措施,仍会有一定比例的损耗,而且这个比例会随着时间和距离的加大而迅速增加,使流通成本上升,这限制了农产品的流通半径。在生鲜加工配送环节,因生鲜产品保温保鲜和加工制作周期等诸多原因,大大限制了生鲜农产品配送中心的服务支持半径,使其不同于常温产品的配送方式。

4.配送风险大,安全问题严峻

日前,鲜活食品的经营日益成为超市卖场的主打,但这一部分产品的物流配送也日益成为所有配送商品中流通风险最大的一种。农产品物流风险主要来自三个方面:

一是农产品生产和消费的分散性,使得经营者难以取得垄断地位,市场信息极为分散,难于全面把握市场供求信息及竞争者信息。

二是农业生产的季节性强,生鲜农产品上市时如果在短时间内难以调节,会使市场价格波动过大。这种现象在我国农产品流通中经常出现。

三是以鲜活形式为主的农产品,限制了农产品跨区域间和跨季节间的即时调节,这使农产品物流和加工配送具有更大的相对经营风险。

由于我国鲜活农产品在储藏、加工、运输等环节没有严格的温度标准,微生物等有害物质会大量滋生或造成二次污染,影响了农产品品质,严重威胁食品卫生安全,食品安全问题表现突出。

(二)农产品配送形式

1.定时配送

定时配送是按规定的时间间隔进行配送,每次配送的品种、数量可按计划执行,也可以在配送之前以商定的联络方式通知配送时间和数量。定时配送可以分为日配、准时配送和快递方式。

(1)日配

日配是接到订单要求后,在24小时之内将货物送达的配送方式。日配的时间要求大致为:上午的订单下午即可送达,下午的配送要求第二天早上送达。

(2)准时配送

准时配送是按照对方的协议时间,准时将货物配送到用户处的一种方式。按用户的生产节奏,按指定的时间将货物送达,这种方式比日配更为精密,利用这种方式,连"暂存"的微量库存也可以取消,实现零库存。

(3)快递方式

快递方式能在较短的时间内实现送达服务,但不明确送达的具体时间,在农产品快递服务中,必须注意时间问题,所以快递方式一般比较少用。

2.定量配送

定量配送是按规定的批量在一个指定的时间范围内进行配送。这种配送方式由于配送数量固定,备货较为简单,可以通过与用户的协商,按托盘、集装箱及车辆的装载能力确定配送数量,以提高配送效率。

3.定时定量配送

定时定量配送是按照规定的配送时间和配送类数量进行配送,兼有定时配送和定量配送的特点,要求配送管理水平较高。

4. 定时定路线配送

定时定路线配送是在规定的运行路线上制订到达时间表,按运行时间表进行配送,用户可按规定路线、站点和规定时间接货,或提出其他配送要求。一般大型连锁集团会针对连锁超市实行这种方式。

5. 应急配送

应急配送是完全按用户突然提出的配送要求随即进行配送的方式,是对各种配送服务进行补充和完善的一种配送方式,主要应对用户由于事故、灾害、生产计划的突然变化等因素所产生的突发性需求以及一般消费者经常出现的突发性需求,如奥运期间的农产品应急配送。这种配送服务实际成本很高,难以用作经常性的服务方式。

(三)农产品配送的基本作业环节

农产品配送是一个产品集散过程,不同的农产品配送企业其具体的业务流程有所不同,一般都包括备货、理货和送货三个环节。

1. 备货

备货是准备货物的系列活动,包括筹集货物和存储货物。筹集货物是由订货、进货、集货及相关的验货、结算等一系列活动组成的。存储货物是订货、进货活动的延续。在配送活动中,货物存储有两种表现形态:一种是暂停形态;另一种是储备形态。前者指按照分拣、配货工序要求,在理货场地储存少量货物;后者指按照一定时期配送活动要求和货源的到货情况有计划地确定的长期备货形态,它是使配送持续运作的资源保证。

2. 理货

理货是配送的一项重要内容,也是配送区别于一般送货的重要标志。理货包括分拣、配货、分类和包装等经济活动。货物分拣是指从储存的货物中选出用户所需要的货物。分拣货物需要采用适当的方式和手段,一般采取两种方式:一种是摘果式;另一种是播种式。摘果式分拣,就好像在果园中摘果子那样去拣选货物。它的具体做法是作业人员拉着集货箱(或分拣箱)巡回走动,按照分拣单上所列的品种、规格、数量等信息,将客户所需要的货物拣出并装入集货箱内。在一般情况下,每次拣选只为一个客户配装。播种式分拣,形似于田野中的播种操作那样去拣选货物。它的具体做法是将一批客户的订单汇总,以同品种商品为配货单位形成若干拣货单,分拣时先持拣货单从储存仓位上集中取出某商品,将商品按客户的各自需求量分放到对应货位,暂储待运。再按同样的方法去拣取其他商品,直至全部订单配货完毕。

3. 送货

送货是配送活动的核心,也是备货和理货工序的延伸,在农产品物流活动中,送货实际上就是货物的运输。由于配送中的送货需面对众多的客户,并且要多方向运动。因此,在送货过程中,常常进行三种选择:运输方式、运输路线和运输工具。按照配送合理化的要求,必须在全面计划的基础上制订科学的、距离较短的货运路线,选择经济、迅速、安全的运输方式,并选用适宜的运输工具。通常,农产品配送中汽车是主要的运输工具。

三、农产品冷链物流配送

农产品冷链物流的运作效率取决于各个运作环节的有效衔接,因其配送对象的特性,其对环境及技术的要求更高。因此,要求各个运作环节之间能够高度协调与配合,通过信息的实时传递,达到资源的有效配置。农产品冷链物流配送环节作为农产品流通的末端环节,是指在物流运作区域内,根据顾客的要求,对农产品进行分拣、加工、包装、组配等一系列的物流作业,最终将农产品运送至指定的顾客手中。在整个冷链物流运作中配送作业十分复杂,需要满足不同顾客的需求,同时配送环节运作要求较为严格,是冷链物流系统中特殊的活动形式。专业情况下,需要专业的配送公司、专业的设施设备以及专业的技术人员进行运作。多数冷链运作企业或主体往往采用大规模采购,通过规模效益,实现在价格和质量上的优势,进而为下级运作企业提供高质高效的配送服务。

由于农产品本身具有鲜活性、产地区域性以及季节分段性等特点,作为人们的生活必需品,它对安全及质量要求性高,所以在农产品的流通加工或运输配送等环节,它比其他物流环节要求更高。因此,关注配送对象的特点及配送环节的特点,更有助于提升配送效率,其配送特点主要遵循以下几点。

1. 配送对象种类多

目前,我国农产品冷链物流发展多集中于蔬菜、水果、肉类等方面,每种大类下面又分很多品种,同时加之我国是农业大国,农产品的产量及交易量更占据领先地位。以郑州市为例,2016 年蔬菜总产量 259.7 万吨,水果总产量 27.3 万吨,肉类总产量 25.2 万吨,三种生鲜总产量约占据农产品总产量的 2/3。

2. 配送时效性强,导致配送区域限制

由于配送对象的特性,在温度和储存环节一旦出现差错,就会给农产品造成损失,降低农产品价值。因此,农产品配送要求确保时效性。加之蔬果类农产品季节性强,如果短时间内难以调节产品进入市场后的质量问题,会造成市场价格波动,损坏消费者权益。农产品的时效性和易损性,使得农产品即使在包装与技术上给予特定的控制,仍然不能完全保证质量。同时,农产品的损耗程度受运输时间和距离的控制,这些因素都在一定程度上限制了农产品特别是生鲜蔬菜的流通半径。因此,农产品的配送区域很有局限性,对配送环节提出了更高的要求。

3. 配送的技术要求高、配送费用较高

为了保证农产品配送过程中的新鲜度,降低产品损耗,在农产品配送过程中必须采用具备温控技术的设施设备,如不同型号规格的冷藏车、恒温车。流通加工中采用特定的包装运输材料,实时温度监控等,对配送企业的配送技术提出了更高的要求。各个设备及各项技术的使用,会造成企业配送费用的增长,产生高额成本。

4. 产品损耗问题突出

生鲜蔬菜的易腐性使产品配送过程中损耗增大,而我国各个批发市场及配送企业发展参差不齐,未能保证配送各个环节中产品的质量。根据相关资料显示,我国果蔬类农产品的损耗率与发达国家相比仍处于损耗较高阶段,是发达国家的 5~7 倍,而美国的果蔬类产品在流通环节中损耗率更低,只有 1%~2%。

5. 配送节点数量多、分布广

由于配送对象的易腐性以及顾客个性化的需求,需要设置更多的配送节点满足当下的需求。如今,农产品物流配送系统正处于日益发展阶段,各农产品批发市场、农贸市场以及连锁超市都是配送网络中的重要节点。它们通过地点优化选址,位于城市的各个位置,分布广泛。

农产品冷链物流配送环节作为冷链物流的运作环节之一,农产品的产品特性决定了其运作的前提,在技术以及运作范围等方面提出了不同的要求,配送环节作为冷链物流的末端环节更体现了以顾客为中心的运作特点。

四、农产品冷链物流配送对环境的影响

农产品具有易腐烂和易变质的特性,特别是在配送环节中,设施设备的温控以及能源的消耗易对环境造成污染。农产品冷链物流配送中对环境的影响可以总结为以下几个方面。

1. 温室气体排放

农产品配送过程中,车辆的行驶不断消耗燃油,尾气的排放产生一氧化碳、二氧化碳等温室气体,造成环境污染。而由于农产品易腐易变质的特性,配送过程中必须采用制冷设施设备,设备的运作会产生额外的大气污染物,使二氧化碳等气体排放量增多。

2. 农产品腐烂污染

配送过程中,虽然相应的设施设备和包装等措施对农产品给予了对应的保护,但是由于目前我国的农产品冷链物流还在发展阶段,各方面条件不足,配送企业多而冗杂,标准统一的温控设备很难普及,产品损失严重。这些变质的产品往往不被及时处理或正确处理,垃圾堆积的现象仍然存在,不仅产生难闻的有害气体,也影响了卫生环境,阻碍了城市美化。

3. 白色污染

农产品配送需要多个环节的流转加工,特别为满足不同需求而进行多次包装装卸,农产品的多次操作不仅会加快产品的变质也会因此产生额外的垃圾污染。例如,在农产品的二次包装中,为了便于装卸搬运,塑料等材质的材料被多次使用,多数企业往往处理不当造成一次性塑料的白色污染,污染物往

往难以腐烂降解,造成各种白色污染。

农产品特殊的配送特点是其造成环境污染不可避免的原因,分析配送系统,寻找降低环境污染的途径越来越成为冷链物流配送企业关注的重点。

子任务二 配送行业发展状况

一、配送行业发展现状

长期以来,由于受计划经济的影响,我国物流业处于分散的多元化格局,一直难以发挥社会化大生产、专业化流通的集约经营优势,规模经营、规模效益难以实现,设施利用率低,布局不合理,重复建设,资金浪费严重,大量物资滞留在流通领域,造成资金沉淀,发生大量库存的堆积。另外,物流公司及组织体系的总体水平低,设备陈旧,损失率高,效率低,运力严重不足,形成了"瓶颈",制约着物流业的发展上。配送行业的发展主要体现在同城配送市场的发展上,当前呈现以下特点。

(一)市场规模巨大,行业处于发展初期

城市配送属于专业的物流配送服务,以"多种产品、单方收货""单一产品,多方收货"两种不同的需求为主。2016 年全国城配市场规模有 10000 亿,司机 1300 万人,货运量是快递行业的 2~3 倍,货运司机是出租车司机的 7 倍,城市配送市场未来发展前景广阔。

目前,配送仍处于行业发展初期,市场参与者众多,竞争较为激烈,正向有序竞争、规范化竞争市场过渡。

(二)车、货多而散,配送需求高度碎片化

城市配送货源不是集中在某一个区域,而是不规则地分布在城市中,配送需求碎片化显著。传统的通过大量布局运力满足市场需求的运营模式在物流费用率及运营成本方面面临越来越大的挑战。

配送企业开始开发物联网、大数据技术为运营基础的互联网车货匹配运调度平台,通过技术驱动、协调和组织社会运力,开展物流资源优化配置与共享的城市配送服务。

（三）潮汐需求频现，运力持有成本走高

网络零售的崛起，使城市配送呈现明显的潮汐需求特征，除了传统的元旦节、五一节、中秋节、国庆节、春节等节日，新兴的双十一、双十二、年中庆、蝴蝶节、清凉节等产生了大量的配送需求。需求高峰时期配送能力不足，需求低谷期资源又闲置，运力持有成本走高，共享思维、平台经济等弹性化是满足潮汐需求的解决方式。

（四）垂直细分领域配送需求差异大

物流服务于众多行业，按服务范围划分有干线、城配、整车；而按服务领域划分，可以根据垂直细分领域分出多种行业物流，配送需求差异巨大，如生鲜、电商、家装行业，生鲜产品会要求冷链、温库运输，电商及服装领域会涉及大量逆向物流，而家装配送更多要求送装一体化。因此，城市配送需要针对不同垂直领域设计不同的物流解决方案，而不仅仅是利用互联网完成车货匹配。

（五）增值服务需求多样化

配送企业除了开展传统的分拣、配装、加工、配送等业务外，逐渐开展金融服务业务，如仓单质押，同时注重服务理念改善和服务质量的提升，把客户增值体验放在首要位置。

二、配送行业发展趋势

我国加入世贸组织后，服务业领域逐渐对外开放，跨国物流企业进入中国参与市场竞争，我国物流配送出现了一些新的变化和趋势。

（一）专业化趋势

随着市场竞争的进一步加剧，企业更加注重核心竞争力的培养，将企业内部物流交由专业物流公司经营。这促使第三方物流不断完善提升企业服务水平，专业化经营特征越来越明显。

（二）规模化、集团化趋势

物流公司通过重组、资本扩张、兼并、流程再造等形式扩大规模，增加资金，改进技术和配备，实施先进管理理念与经验，使之在市场竞争中处于优势地位。企业收购与兼并，业务重组与改造，规模化、集团化发展是配送行业的大势所趋。

（三）多元化趋势

我国加入世贸后在商品分销、公路运输、铁路运输、仓储、货运代理、邮递服务等领域的逐步开放，市场主体将出现多元化的局面。外资物流企业更多从事跨国公司在中国的生产、销售和采购活动；民营物流企业实施多元化股权结构；传统的运输、物代理、仓储、批发企业向综合化发展。

（四）国际化趋势

由于世界制造业和 OEM 中心在向我国转移以及经济一体化进程的加快，未来我国与世界各国之间的物资、原材料、零部件与制成品的进出口运输，无论是数量还是质量都会发生较大变化，物流技术、装备、标准、管理、人才等各方面也逐渐与世界接轨，我国物流配送业在国际化方面将会快速发展。

（五）仓配一体化发展

仓配一体化就是"仓储＋配送"的整合，是仓储与配送集成在一起的物流服务模式，它覆盖了物流的多个环节，包括集货、储存、流通加工、分拣、包装、配送乃至安装等一系列物流及增值服务，其核心是实现供应链优化与物流提速。从企业主体看，越来越多的仓储企业将配送作为仓储的延伸服务、增值服务，通过仓配一体化增强其核心竞争力。专线运输、零担运输、快递运输等企业也会利用其车辆及其网络优势，转型开展以仓配一体化为主要内容的合同式物流。

从配送的货物看，连锁零售门店还有很大的统一配送需求，各百货店、品牌店的"商圈配送"、O2O 的统一配送、零担货物集货与末端配送、各类批发市场的统配送等，都将是仓配一体化服务的重点领域。

从配送的区域看，既有城市共同配送，也有跨城市的区域配送、城乡一体化的深度配送。

子任务三　农产品冷链物流配送系统构成分析

一、配送系统构成理论及要素分析

系统是由一系列相互关联、相互作用的组成部分构成的具有一定边界范围的有机整体,而且这个整体又是它所从属的更大系统的组成部分。在对系统理解的基础上,农产品冷链物流配送系统可以理解为:在农产品配送范围内,由多个相互作用和联系的因素,为实现客户需求所构成的有机整体。配送系统和一般系统一样,具有输入、转换、输出和反馈四大功能,配送系统通过输入和输出与外部建立联系,配送系统内部的转换是配送系统运作的关键,如图 4.5 所示。

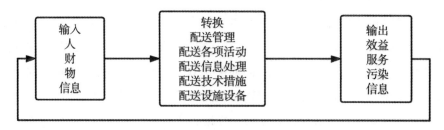

图 4.5 配送系统构成

从整个配送系统构成来看,配送系统输入人、财、物、信息等资源,经过配送系统的转换,产生管理活动、流通加工活动、信息技术应用以及设施设备的投入及应用等活动。最终经过系统转换输出服务、效益以及对环境造成的污染。其中涉及的系统要素可以具体概括为配送的主体、配送的客体、配送系统的设施设备和系统支持要素。

配送系统的主体主要针对能动性的企业市场主体,对整个配送系统具有引领作用,也是整个配送系统运作的关键。配送主体在运作过程中,由于市场作用或个体间自发的行为,形成不同的配送模式,成为系统运作的基础。不同的配送模式对农产品的集中效应和运作会产生不同的效果,在此基础上才可以对配送系统运作进行规划。因此,配送主体在整个配送系统中对配送效果具有主导作用。

配送的客体与主体恰好相反,是配送系统中需求的产品。产品是整个配送系统中需要服务的对象,产品的特性影响了整个配送运作的流程,同时影响了配送设备的选择,是系统能够运作的基础。

配送系统的设施设备包括运输设备、流通加工设备、在途存储设备等。运输设备主要指运输配送车辆;流通加工设备是指作业设施,如分拣设施设备、加工设施设备、包装装卸设备等;在途存储设备主要指冷藏车辆设施设备。整个配送系统的运作在主要系统要素的支配下离不开信息技术的支撑,信息流贯穿于整个配送系统的运作中,信息技术设备也是配送系统设施设备的重要组成部分。

配送系统的支持要素主要指系统发展中一系列组织管理、信息处理等活动,这些活动作用于整个系统,为系统功能实现、目标达成提供支持。

二、配送系统模式分析

从农产品冷链物流运作系统要素分析来看,农产品冷链物流配送系统的系统要素是配送系统运作的前提,特别是配送系统中配送主体的作用,主体在运作中的不同结合模式会产生不同的配送效果。因此,分析主体间不同结合模式下的配送模式的运作特点对理解配送系统的运作具有重要的意义,为分析配送系统影响因素提供理论基础。根据农产品配送主体的不同以及农产品的配送实际,配送模式主要有以下几种情况。

(一)农产品批发市场主导模式

批发市场为主导的农产品配送模式是目前我国较为普遍的模式,各个城市节点存在多数农产品批发市场。农产品批发市场作为农产品的集散地,与其他配送主体相结合,如农产品商户、合作社等供应商,通过将农产品配送至批发市场进而配送至零售商或其他更小的集散中心。特别是在小型城市,该种模式通过城市批发市场集散,为城市范围内农产品供应提供便利。

(二)超市主导模式

超市主导的配送模式,主要以超市为集散地,通过与农产品供应商建立合作关系,将农产品集中于超市门店,直接为消费者服务。该种模式往往需要第三方物流配合完成门店商品的供应,是一种合作关系建立的典型。超市与消费者的直接接触会将最真实的需求信息,从整个链条末端传递至上游,有助于确立准确的供需关系。

(三)第三方物流主导模式

第三方物流企业主导的配送模式主要体现在其合作关系上,第三方物流企业将供应商的农产品配送至需求方,如超市和农产品批发市场,其专业能力较强,设施设备的集中和专业化操作,可以减少配送系统中的成本。但由于外包具有连带风险,费用较高,目前这种形式在我国仍在初期发展阶段。

(四)共同配送主导模式

共同配送主导模式是由配送主体间相互合作形成的一种模式,在此模式下企业间共用资源,并建立合作信任,可以达到资源整合的有效作用。该种模式下信息共享十分重要,因而需要搭建强大的信息平台。目前,由于我国农产品配送发展不够成熟,共同配送的资源整合效应还未能突出体现,需要配送主体间积极交流合作,实现各个主体间利益的满足。

任务二　农产品运输

子任务一　农产品运输相关概念

一、运输与农产品运输

(一)运输

运输指使用交通工具将货物或人从一个地方运送到另一个地方。运输与搬运的区别在于,运输是指较大范围的活动,而搬运活动是指在较小范围内对物体进行移动。运输是物流的主要功能之一。运输承担了改变货物空间状态的主要任务,运输再配以搬运、配送等活动,就能圆满完成改变货物空间状态的全部任务。

(二)农产品运输

农产品运输是指借助运输工具实现农产品在空间上的位置移动。由于农产品受气候、土壤等因素的影响,具有较强的地域性,农产品收获后,除少部分就地供应外,大量产品需要转运到人口集中的城市、工矿区和贸易集中地销售。农产品运输在生产者与消费者之间架起了桥梁,便于实现异地销售,是农产品流通过程中必不可少的重要环节。

二、农产品运输方式

(一)铁路运输

铁路运输是使用铁路列车运送客货的一种运输方式,主要承担长距离、大数量的货运,在没有水运条件的地区,几乎所有大批量货物都是依靠铁路来运输的,铁路运输成本略高于水路运输,铁路运输因成本低,速度快,受自然因素影响小等优势,在农产品运输综合体系中发挥着重要作用。

铁路运输的工具是列车,根据运输过程中列车的使用情况,铁路运输分为三种:整车运输、零担运输和集装箱运输。

1. 整车运输

托运人向铁路托运货物的重量、体积成形状需要以一辆及一辆以上火车运输时,应选择整车运输的方式向铁路承运人办理托运手续。

可选择整车运输方式的产品有:需要冷藏、保温或加热运输的农产品;按规定,整车办理的危险货物;易于污染其他货物的污染品;不宜计算件数的货物,如蜜蜂,未装容器的活动物,重量超过 2 吨、体积超过 3 米或者长度超过 9 米的批货物。

2. 零担运输

托运人向铁路托运货物的重量、体积、形状不需要一辆及一辆以上货车运输时,可按零担运输的方式向铁路承运人办理托运手续,其托运货物可与其他托运货物共放一个车厢。

3. 集装箱运输

集装箱运输是利用集装箱运输货物的方式,是一种既方便又灵活的运输措施。

铁路运输系统技术设施主要由线路、机车车辆、信号设备和车站四部分组成。线路是列车运行的基础,承受列车重量,并且引导列车的行走方向。机车车辆包括机车和车辆两部分。车辆主要用于承载货品,无动力,需由机车牵引。由于需求不同,货运车辆的种类有很多,如柳车、敞车、平车、罐车、保温车、特种车等。农产品运输中常用的是棚车(图 4.6)和保温车(图 4.7)。信号设备的作用是保证列车运行安全和提高铁路的通过能力,包括铁路信号、连锁设备和闭塞设备。车站是铁路办理客货运输的基地,是铁路系统的基本生产单位。

图 4.6　棚车　　　　　　　　　　　图 4.7　保温车

(二)公路运输

公路运输主要是指使用各种车辆,包括汽车、人力、畜力车等运输工具在公路上进行运输的方式。虽然公路运输具有运载量小、耗能大、运输效率低、道路不平时振动大、产品易损伤等缺点,但其具有较强的灵活性和适应性,且无须对货物进行分装即可直接送往销售地,还可以到达没有铁路的偏远地区,极大地扩展了运输辐射半径,最适合时效性很强的水果、蔬菜、鲜活水产品、花卉等的中短途距离运输。

公路运输按照其服务方式的不同,可以分为零担运输和整车运输。

1.零担运输

零担运输指所运输的货物从承运至送达收货人手中整个过程需要经过分拣拼装的环节才能完成的运输组织方式。零担运输产生于两种情况:其一,被运送的货物批量太小,直达运输不经济;其二,由于道路通行条件等原因,为了达到快捷、经济运送的目的而选用零担快运的组织方式。

目前,随着高速公路的兴建,以高速公路为依托的零担运输已经建立起发达的网络,其运输的经济运距和运送能力也大大提高,特别是货运交易市场的发展使许多零担货物可以由社会车辆通过回程配载的形式承运至各地,既经济又及时,这为公路零担货运吸引了大量货源。

2.整车运输

整车运输是指从接货承运直到送达收货人的整个运送过程,货物不需经过分拣拼装的运输组织方式。同零担运输相比,整车运输方式在基本作业流程中简化了货物的装卸分拣作业过程,货物由发货人起运可以直接快运到收货人手中。

我国的公路分级

高速公路是指专供汽车分道高速行驶并全部控制出入的公路,一般能适应按各种汽车折合成小客车的远景设计,年平均昼夜交通量为25000辆以上。

一级公路为供汽车分向、分车道行驶的公路,一般能适应按各种汽车折合成小客车的远景设计,年平均昼夜交通量为15000~30000辆。

二级公路一般能适应按各种车辆折合成中型载重汽车的远景设计,年平均昼夜交通量为3000~7500辆。

三级公路一般能适应按各种车辆折合成中型载重汽车的远景设计,年平均昼夜交通量为1000~4000辆。

四级公路一般能适应按各种车辆折合成中型载重汽车的远景设计,年平均昼夜交通量为:双车道1500辆以下,单车道200辆以下。

农产品公路运输的主要工具是货运汽车。货车又分为普通载货汽车(图4.8)、厢式货车(图4.9)、专用载货汽车、牵引车等。

普通载货汽车按载货量的不同分为小型、中型和重型三类。小型货车载货吨位在2吨以下,多为低货台,人力装卸较方便,主要用于市内集货、配送运输。中型货车载货在2~8吨,主要用于市内运输,在我国城市之间、乡村地区使用较多。重型货车载货在8吨以上,一般为高货台,主要用于长途干线运输。

厢式货车具有的载货车厢有防雨、隔绝等功能,安全性好,可防止货品散失、盗失等,但由于自重较重,无效运输比例较高。厢式货车按开门方式分为后开门式、侧开门式、两侧开门式、侧后双开门式、顶开式和翼式等类型。后开门式适用于后部装卸,方便手推车进入,车厢与站台接物,适用位置较短的站台,有利于多年辆装卸;侧开门式适用于边部叉车装卸,货车侧部与站台接触,适用长度较长的站台;顶开式适用于吊车装卸;翼式适用于两侧同时装卸。因此,这种载货汽车广泛用于商业和邮件运输等各种服务行业,是农产品配送的主要工具。

图 4.8　普通货车　　　　　　　图 4.9　厢式货车

在选择车辆时需要考虑汽车的适用性能,如容量、动力性、通过性、安全性和经济性等。容量表示汽车能同时装载货品的数量,由容积和载重两方面决定;动力性主要反映在汽车的最高速度、最大爬坡度等方面;通过性指汽车通过恶劣路面和跨越障碍的能力,主要反映在转弯半径、接近角、离去角的大小等方面;安全性指汽车保证运行安全的能力,主要反映在车辆的稳定性和制动性两方面;经济性指汽车消耗方面的特性,主要由千米油耗的高低来表示。

（三）水路运输

水路运输是指使用船舶在通航水道进行客货运输的运输方式。水路运输包括河运和海运,水路运输的优点是行驶平稳,由振动引起的损伤少、运量大、运费低廉。我国的水运货物周转量已逐渐上升到各种运输方式中的第一位。但水路运输因受自然条件的制约,限制在水网地带及沿海,在我国,内河水路运输的中转环节往往较多,等待时间长,运输速度慢,影响果蔬产品的质量。因此,我国水运适合承担时效不强的粮食、棉花等大宗农产品的长距离运输。海上运输在国外发展速度很快,多以外置式冷藏集装箱及冷藏船为运输工具。这为果蔬运输中的保鲜提供了便利。因此,果蔬的国际贸易主要是靠海上冷藏运输的。海运是最便宜的运输方式,与公路、铁路、航空运输相比费用较低。船舶是水路运输系统的重要组成部分,是水路运输的必要运输工具。常见的运输船舶有散货船(图 4.10)、集装箱船(图 4.11)、滚装船(图 4.12)、冷藏船(图 4.13)等。

图 4.10　散货船

图 4.11　集装箱船

图 4.12 滚装船

图 4.13 冷藏船

1. 散货船

散货船是专门运输谷物、矿砂、煤炭及散装水泥等大宗散装货物的船舶,特点是单层甲板、尾机型,船体肥胖,航速较低,因常用专用码头装卸,船上一般不设装卸货设备。通常载重量为 3 万吨左右,少数能达到几十万吨。散货船一般为单向运输,为使船舶有较好的空载性能,压载水量较大,常在货舱两侧设有斜底边舱。

2.集装箱船

集装箱船是载运规格统一的标准货箱货船,因装卸效率高、经济效益好等优点而得到迅速发展,集装箱运输的发展是交通运输现代化的重要标志之一。集装箱船的特点是船型尖瘦、舱口尺寸大、便于装卸。通常船上无装卸设备,由码头装卸,以提高装卸效率。

3.滚装船

滚装船类似于汽车与火车渡船,它将载货的车辆连货带车一起装船。到港后一起开出船外,适用于装卸繁忙的短程航线,也有向远洋运输发展的趋势。

4.冷藏船

冷藏船是使鱼、肉、水果、蔬菜等易腐食品处于冻结状态或某种低温条件下进行载运的专用运输船舶。因受货运批量限制,冷藏船吨位不大,通常为数百吨到数千吨。近年来,为提高冷藏船的利用率,出现了一种能装运汽车、集装箱和其他杂货的多用途冷藏船,吨位可达 2 万吨左右。冷藏船航速高于一般货船,万吨级多用途冷藏船的航速每小时超过 20 海里。

(四)航空运输

航空运输是指使用各种航空器进行运输的一种形式,因其速度快、安全准确、不受各种地形限制等优势,近年来在农产品运输中发展很快,航空运输平均送达速度比铁路快,比水运快近 30 倍,特别适于运输些时效性极强的特殊农产品。常见的航空运输类型有包机运输、集中托运和航空快运业务。

1.包机运输

包机运输方式可分为整包机和部分包机两类,指航空公司按照与租机人事先约定的条件及费用,将整架飞机或部分舱位租给包机人,从一个或几个航空港装运货物至目的地。

载驳船

载驳船是载运货驳的运输船舶,又称"子母船"。载驳船用于河海联运,其作业过程是先将驳船(子船)装上货物,再将驳船装上载驳船(母船),运至目的港后,将驳船卸下水域,由内河推船分送至目的港装卸货物并待另一次运输。

载驳船的优点是不需码头和堆场,装卸效率高,停泊时间短,便于河海联运。它的缺点是造价高,需配备多套驳船以便周转,需要泊稳条件好的宽敞水域作业,且适宜于货源比较稳定的河海联运航线。

2.集中托运

集中托运是将若干票单独发运的、发往同一方向的货物集中起来作为一票货,填写一份总运单发运到同一到站,再由当地货运代理人收货、报关并分拨给各实际收货人的做法。集中托运可争取较低的运价,并可使货物到达航空公司到达地点以外的地方,延伸了航空公司的服务,方便了货主。目前,集中托运在世界范围内已普遍开展,成为我国进出口货物的主要运输方式之一。

3.航空快递业务

航空快递业务又称"航空急件传送",是目前国际航空运输中最快捷的运输方式,由一个专门经营快递业务的机构与航空公司密切合作,设专人用最快的速度在货主、机场、收件人之间传送急件,特别适用于急需的药品、医疗器械、贵重物品、图纸资料、货样及单证等的传送,被称为"桌到桌"运输。这是一种最为快捷的运输方式,急送运达时间一般在一两天甚至数个小时,特别适合于各种急需物品和文件资料。

航空运输装备由航空港、航空线网和机群组成。航空港是航空运输的经停点,是供飞机起降的场地及设施,由飞行区、运输服务区和机务维修区组成。航空线网由航线、航路组成。飞机用于装卸旅客与货品,客货两用飞机的下层舱为货舱,货机(图 4.14)在定期航线上专门运输货物。

4.联运

由两种及两种以上交通工具相互衔接、转动而共同完成的运输过程称为复合运输,我国习惯上称之为"多式联运"。农产品联运是指农产品从产地到目的地的运输全过程使用同一运输凭证,采用两种及两种以上不同的运输工具相互衔接的运输过程,如铁路、公路联运,水陆联运,江海联运等。国外普遍采用的联运方式是将集装箱装在火车的平板上或轮船内,到达终点站或港口时,将集装箱卸下来,装车后进行短距离的公路运输,直达目的地。联运可以充分利用各种运输工具的优点,克服交通不便,促进各种运输方式的协作,简化托运手续,缩短运输时间,节省运费。

图 4.14　货运飞机

中韩陆海联运正式开通

2014 年 7 月 1 日,烟台至韩国平泽中韩陆海联运汽车货物运输通道正式开通。山东是中韩陆海联运汽车货物运输的试点省份,烟台是山东省内第 6 个开通的试点口岸。这条水上运输大通道开通后,货物运输可实现夕发朝至,鲜活农产品次日便可进入韩国超市。

三、农产品运输合理化

影响运输合理化的因素很多,起决定性作用的是运输距离、运输环节、运输工具、运输时间、运输费用。运输合理化的措施主要有以下几点。

(一)提高运输工具实载率

充分利用运输工具的额定能力,减少车船空驶和不满载行驶时间。农产品配送及铁路运输中采用整车运输、合装整车、整车分卸及整车零卸等具体措施,都是提高实载率的有效措施。

(二)发展社会化的运输体系

运输社会化的含义是发展运输的大生产优势,实行专业分工,打破一家一户自己发展运输的状况。社会化运输体系中,各种联运体系是水平较高的一种方式,联运方式充分利用面向社会的各种运输系统,通过协议进行一票到底的运输,有效打破了一家一户的小生产,受到广泛欢迎。

(三)加强流通加工,提高运输合理化

加强流通加工是追求运输合理化的一种重要形式,其要点是通过减少中转、过载、换载从而提高运输速度,节省装卸费用,降低农产品在中转过程的货损,从而大大提高运输效率。由于鲜活农产品本身的形态及特性问题,很难实现运输的合理化,如果进行适当加工,就能够有效解决合理运输问题,如将其净化处理、标准化包装,以减少腐烂或变质。水产品及肉类预先在其夹层放冰块降温,可提高车辆装载率并降低运输损耗。

(四)发展先进运输技术和运输工具

我国鲜活农产品多以自然形态运销,80％～90％的水果、蔬菜、禽肉、水产品在露天而非冷库和保温场所装车,用普通卡车敞开式运输,至多上面盖一层帆布或塑料布,有时候棉被成了最好的保温材料。裸露、非冷藏的粗放运输方式,增加了在运输、分销、零售以及装卸过程中的水污染机会。用冷库、冷藏保温车等保持和延长鲜活农产品的物理特性;用专用散装车及罐装车解决相碰撞,液状物运输损耗大、安全性差等问题;用滚装车解决车载货的运输问题;集装箱船比其他船舶能容纳更多的箱体,集装箱调整可直达车船加快了运输速度等,这些都是用先进科学技术实现运输合理化的途径。

子任务二　农产品冷链物流运输质量安全问题分析

一、农产品冷链物流运输安全的保障体系

近几年来,我国政府不断出台政策对农业结构加以调整。随着农业结构的不断调整与完善,我国生鲜农产品的产量呈逐年上升趋势,其流通量也越来越大。在社会经济水平和人们生活水平不断提高的同时,人们对农产品质量

的要求也不断提高。加快建设农产品冷链物流安全运输通道,有利于提高流通农产品的质量,从而满足人们对农产品的质量要求。因此,为了使得我国农产品行业获得更大的发展,不断为人们提供新鲜的蔬菜,就有必要加快农产品冷链物流安全运输通道的建设步伐。

我国农产品储藏技术以及农产品保鲜技术发展较晚,大致起源于20世纪的初期。到了20世纪六七十年代,这些技术在我国农产品产加工环节、储藏环节以及运输环节等,得到了广泛的应用。直到进入21世纪,我国农产品储藏以及保鲜的技术才得以进一步发展。另外,农产品冷链物流伴随着农产品冷链物流环境的不断发展与改善,也获得了很大的发展。

(一)农产品冷链运输的特殊性

新鲜食物贮存期短,消费者在此类产品的选择上,对质量的有效性产生更多的关注,产品质量的及时性直接反映在物流业务的运行时间上,产品配送时间延迟较长,使消费者时效率较低。在这个过程中,产品配送效率可能产生的经济损失由物流业务卖家承担。因此,卖方已采取相应措施,以达到高服务水平,物流服务供应商必须在一定时间内完成农产品分配,使食物顺利到达销售终端。这就要求物流业务计划的第一步就是制定好的运输路线,对交货时间、交货温度以及其他方面进行综合性思考和整体规划,这不仅降低了运输公司的运营成本,同时也提高了零售商的服务水平,满足客户的需求。

冷链物流的大宗商品一般分为三类:

一是初级农产品,包括水果、蔬菜、肉、禽、蛋、水产品等。

二是加工农产品,如速冻农产品、禽、肉类、水产品等,包装熟食、冰淇淋和奶制品等。

三是一些特殊的商品,即药物和疫苗。

目前,冷链农产品也可以根据存储温度分为以下四类:

①冷冻农产品:适合保存在0℃~7℃的环境中,例如新鲜蔬菜(叶菜类、切割新鲜蔬菜)、果汁、牛奶、鸡蛋等。

②冰温的食物:适合存放在-2℃~±2℃的环境中,如动物肉类(牛、猪、家禽肉类)、水产品(鱼类、贝类等)。

③冷冻农产品、冰淇淋:适于存储在-18℃以下的环境中,如冷冻蔬菜及

水果、冷冻农产品(速冻玉米)等。

④超级农产品:冷链适合存放在 $-50℃$ 以下的环境中,如生鱼片等,一般只分为冷冻农产品(包括冰温度和冷冻农产品与冰)和超级农产品冷链两种。

无论是什么行业,物流成本是普遍存在的。农产品冷链物流成本巨大,只有改进它,才能更好地体现"物流是第三利润源"的原则。农产品冷链物流与工业产品不同,这决定了农产品冷链物流的特点,这些特点限制了农产品冷链物流的表现。

(二)农产品冷链运输安全体系探析

在生鲜水果、蔬菜、鲜花、肉类、禽制品、奶制品还有一些化工产品以及医药制品当中,早就已经使用了冷链物流来运输,如果冷链运输当中的某个环节出现问题将对产品产生影响,使产品的品质发生变化,进一步会影响人们的健康和降低生活质量。以前,中国的生鲜食品的消耗率位于世界之首,主要是因为过去对生鲜食品运输没有很好的管理方式,也因为不是很重视。到了今天,随着社会的进步、财产的增加,加上更多的食品安全问题的出现,人们更加讲究食品的安全以及食物的新鲜程度,越来越重视食品的加工制作以及冷链物流的运用。冷链物流是一项复杂的低温系统工程,是由食品原料的种植以及采购加工、运输、配送、零售、购买等多个环节组成的,冷链物流的核心是要确保每个环节的质量以及安全。

运输安全这个问题需要我们从本质上去看待重视,冷链物流的流通配送需要一个精确的系统的以及有安全保证的操作过程,这是它的特殊所在。好比冰箱,它要保持食物干净新鲜就必须要有一个能保持冷度、能持续供电以及一个安全的不带菌的环境。冷链物流的企业,要想取得进步就必须抓住机遇,进行信息与品牌的建设,对运输的质量还有服务水平做进一步的提高。冷链物流比传统物流更加符合现在企业发展,其原因在于它的可追溯性,它在生产加工以及运输和仓储的各个环节都通过信息系统记录,每个环节都有据可查,当中某处出现问题都能及时地召回问题产品。因此,要做到运输安全需要保证下面几点。

1. 要具备持续的低温环境

冷链物流所配送的产品都有在常温下容易腐坏变质的特点,比如蔬菜、水果、鱼、肉、蛋、奶等需要保持在低温条件下的生鲜产品。配送商如果需承担额外的罚金,一般是因为在运送过程中超出了客户或商家所规定的时间和限制。超出时间限制的商品质量会比原产品下降,在销售的时候很难销售出去,这时候商家就要承受损失。因此,控制温度、保证速度是冷链物流最核心、最为关键的问题,要做到让食品保持田间到饭桌低温新鲜的状态。

2.投资多,收效慢

农产品冷链物流的整个环节很多,各个环节的温度都要保证适宜某种产品的保鲜,而且操作的环节也要降低多余的消耗,尽可能地缩短环节所需要的时间,对运输配送设备以及调度等工作方面的标准和要求都变得更高,这样一来,投入的资金也要增加。产品消费在我国都是比较零散的,农产品要经过多次的转手才能从生产地走到销售环节,环节的增加使得流通链条变得更长,成本也跟着增加。农产品的整个物流系统投入很大,而且设备以及工作等单独环节也需要大的投入。

农产品冷链物流涉及众多环节,比平常的物流活动更为复杂。原料前期的准备、种植生产农作物、农产品的初加工、储藏冷冻、冷冻运输、解冻出售等是农产品冷链物流活动的主要环节。为了简明易见及研究方便,本书将农产品冷链物流的众多环节归纳为以下四个主要方面。

(1)冷冻处理

冷冻处理指冷却和冻结,包括家禽、鱼和鸡蛋,在低温处理过程中,还包括蔬菜预冷,各类速冻农产品和奶制品的低温加工等。在这部分主要涉及的冷链装备是冷却、冷冻设备和速冻装置。

(2)冷冻储存

冷冻储存包括冷藏农产品和冷冻储藏,以及水果和蔬菜等农产品的气调藏。这是低温环境下食物存储和处理的保证。这部分主要涉及各种冷库、加工车间等。

(3)冷藏运输

冷藏运输,包括长途运输和农产品的短途配送物流环节。它主要涉及铁路冷藏车、冷藏车、冷库、冷藏集装箱船的低温运输。在冷藏运输过程中,温度波动是引起农产品质量下降的主要原因之一,所以运输工具应具有良好的性能,长途运输尤为重要。

(4)冷冻销售

冷冻销售包括各种农产品冷链进入批发和冷藏及销售零售环节,它是由制造商、批发商和零售商完成的。各类大中型城市连锁超市、各类连锁超市已成为农产品冷链主要的销售渠道、零售终端,大量的冷库、冷藏展示柜和存储设备,成为农产品冷链中不可或缺的重要环节。农产品冷链物流是农产品物流的一种特殊形式,与常温物流相比有非常大的区别。冷链物流除了具有农产品物流的所有功能外,还具有其自身的特点。

冷链物流和常温物流不同,农产品物流对新鲜度有具体要求,便于保存的农产品,如大米、面粉等,则不在研究范围。根据农产品的温度的不同要求,大致可分为水果和蔬菜、肉类和水产品三类冷链。

二、农产品冷链物流运输安全结构层次分析

冷链物流的体系非常大且非常复杂,涉及很多的领域,冷链运输、冷链仓储、冷链包装等都包括在内。公路冷链、铁路冷链、航空冷链、水路冷链等运输都属于冷链运输。这些冷链运输在运用方式、市场规模和发展前景上都有很大的不同,它们之间的关系既是互补的,又是竞争的。在联运的方式上就能体现出它们的互补关系。公路冷链运输是本部分的重点研究对象。在市场中发展非常快的公路冷链运输,占有率提升得非常快,这与其区别于其他运输方式的特有的优势是有很大关系的。它的优势主要有公路冷链运输的中间环节非常的少,它主要实行门到门的一站式服务,即一体化全程服务。在一定程度上减少了冷链货物暴露在常温之下的时间,因为转运而造成的损失由此减少,使货物的安全性得到很大的提升。另一个优势就是减少了中间环节,从而使运输速度更快、效率更高,更加精确了送货时间的准时性。公路运输跟铁路和航空运输方式相比,其覆盖面更广,一定程度上可以到达无处不在,这就是因为网络覆盖更广泛,这是公路冷链运输能够提供门到门服务的主要原因。和铁路冷链运输和航空冷链运输相比,公路冷链运输的中间环节相对少很多,能够很好地得到控制,而且受外在因素的影响很小,如天气、行政等,即公路冷链运输安全性和时效性更高;和航空冷链运输相比,公路冷链运输价格上会更低,价格上的优势也非常大。

因为公路冷链运输具有其他运输方式没有的优势,所以其在冷链运输市场中的地位非常重要。它的发展能够带动整个冷链市场的发展,从而在整个

冷链物流体系中具有很大的贡献。但是,公路冷链运输的发展也不是一帆风顺的,其安全性和时效性是公路冷链运输中最大的挑战。

目前,我国的公路冷链物流运输是最主要的,但是却是"塑料盖、土保温"的支持方法,技术设备落后,运输质量低。现代冷藏车不足,2008年中国冷藏汽车保有量为40000辆,而同期美国和日本的冷藏车分别为200000辆和120000辆。冷藏车在我国绝缘车辆中占货运汽车总量的0.3%,在发达国家中,美国的占比为1%、英国2.6%、德国为3%。

公路冷链运输当中最为核心的设施是冷藏挂车。它对保证运输品质起到了巨大的促进作用,所有指标应与标准相符,对于冷藏半挂车内的温度控制具有极强的依赖性。因此,稳定有效的温控环境是尤为重要的,直接关系到冷链货物的品质保障和运输的安全性。冷藏货柜的配备应注意货物的重量、种类、比重、温控要求、运输距离与时间。例如,要将冷冻肉控制在－18℃以下,冷冻食品应控制在－7℃以下,依照不同的要求,蔬菜水果应控制在1℃到10℃之间。由于不同货物具有不同的温控要求,在选取冷藏货柜时,应考虑运输货物的具体要求,不能因为温控没有达到要求而使得货物品质大打折扣或者变质腐烂,从而不能保证运输安全,产生不合理的浪费。另外,由于冷冻肉和冷藏水果具有极大的差异性,它们之间的比重也不同,所选用的货柜也应不一样,从而实现空间的合理利用。

任务三　案例分析

深圳市农产品冷链物流

一、深圳市农产品冷链物流发展现状

(一)深圳市农产品冷链物流概况

1.深圳市农产品冷链物流综述

深圳市作为我国经济的前沿阵地,生活节奏特别快,市民通常通过节省"厨房时间"来增加自己的学习、工作或休息时间,因而对易腐食品消费较高,

据统计,深圳市民易腐食品消费已超过 50%。深圳市是跨国企业中国总部的聚集地,大量的外籍员工对满足国际操作和安全标准的国内食品有着较高的需求,同时,由于毗邻香港,来自全国的出口冷冻产品大部分通过深圳市流向香港,再出口至东南亚及世界各地,加上消费理念的更新,人们对冷冻冷藏产品的认知度不断提高,由此带动了深圳市冷链物流的需求。2012 年,深圳市全年社会物流总额达 160 万亿元,物流业增加值约为 3 万亿元。目前,深圳市拥有物流企业近 9200 家,年营业额 1 亿元以上的企业达 40 家,从事国际物流业务出口额超 1 亿美元的物流企业达 17 家。

作为深圳市四大支柱产业之一的物流业至今已形成相当的产业规模。根据不完全统计,目前,深圳市冷库容量主要集中在笋岗、西丽、南山、盐田、龙岗等地,共有约 25 万吨。大型冷库包括五丰食品冷库、澳昌冷库、成业冷库、华南冷库、曙光冷库、瑞源冷库等主要冷库分布及储藏能力如表 4.4 所示。同时,深圳市拥有公路冷藏车辆近 500 台,一半车辆集中在大型专业的冷链物流公司,如雨润食品、小物流、曙光物流、东方海外等。目前,深圳市政府已经提出打造全球冷链物流的枢纽城市这一战略目标。

表 4.4 深圳市主要冷库分布及储藏能力类型表

冷库名称	冷库位置	储藏吨位、储藏容积	冷库数量	主要储存货物类型
深圳曙光冷库	深圳市南山区沙河西路	6000 吨	10 个(8 个低温库和 2 个高温库)	米面食品、冷冻肉、速冻水产品
招商局国际冷链公司-华南冷库	深圳市蛇口南港大道 3 号	20000 吨	高温库 8000 吨、低温库 12000 吨(含 3000 吨定点仓)	各类水果、蔬菜、药材、香菇类干货及各类冻肉、冻海产品、速冻食品、雪糕等低温产品
深圳中澳冷库仓库有限公司	深圳市深南东路富丽华大酒店 2406 室	5000 吨		冷冻货物、干鲜货物

续表

冷库名称	冷库位置	储藏吨位、储藏容积	冷库数量	主要储存货物类型
深圳澳昌冷库有限公司	深圳市罗湖区清水河仓库区五路	7000 吨	低温库 6000 吨，高温库 1000 吨	
深圳市深隆发水产冷库有限公司	深圳市罗湖区文锦北路洪湖二街 101 号二楼西		速冻水产品	
中粮冷库	深圳市罗湖区清水河	80000 吨	20000 吨高温库、60000 吨低温度	冻肉、水果
深圳市瑞源物流有限公司	盐田港后方陆域 23 号小区	20000 吨		速冻水产品、冻肉、鸡副产品
兴明达冷库	深圳市清水河二路	10000 吨		肉类、冷冻蔬菜、禽类；
海吉星冷库	蛇口东角头水产码头	14000 吨		
深圳市保惠物流有限公司	南山区太子路新时代广场 12 楼 D 座	高低温可调库、低温库、超低温库（多层）		肉类、冷冻蔬菜
嘉铭实业	平湖李仔园 86 区 230 号	26000 吨		冷冻食品
布吉农批市场	布吉农批市场冷库综合楼五楼	8000 吨	7 个（2 个高瘟库、2 个低温库、3 个变温库）	蔬果、冷冻肉、速冻水产品
五天上食品深圳有限公司仓储分公司	深圳市罗湖区桃园路 13 号	38000 吨	28000 吨高低温冷库、10000 吨干货库	冻肉、水果

与发达国家相比,尽管深圳市冷链物流初具规模,但依然存在起步晚、发展意识薄弱、重视程度不高等诸多问题。

2.深圳市果蔬产品冷链物流概况

(1)运输环节

目前,深圳市农产品的运输主要是采用公路运输,但冷藏占运输总量的比重不高,冷链的流通率不高。水果运输中,除了部分进口水果采用冷藏车运输,大部分仍是常温车运输。蔬菜运输普遍采用常温运输,车辆以中小型货车为主。夏季时内置冰瓶对菜降温,冬季时外包棉被进行保温。即使使用了冷藏运输,但在同一个车厢里又放了许多品种的果蔬,忽略了不同果蔬对运输的温度有不同的要求这一点。

(2)仓储环节

深圳市普遍重视肉类、水产冷库建设,专门储存果蔬的冷库非常少,而且都是近两年发展起来的,并且水果部分进冷库,蔬菜基本未进冷库。据调查,深圳市蔬菜不进冷库是因为采摘后直接从基地配送到销售地,如果当天卖不完就用冰块洒到蔬菜的表面,以减少仓库费用。

(3)配送环节

在深圳市拥有自己的仓库而且还做配送水果的第三方物流企业,主要有望家欢有限公司和保惠物流有限公司等。考虑到冷藏运输费用,会根据客户的需求决定是否进行冷藏配送,如果没有要求,通常会用普通货柜将水果产品配送到目的地,以免付出更大成本而迫使自己水果产品价格上涨,以免消费者嫌贵不购买水果。另外,配送过程中并不是全程冷链,还要根据具体运输距离和运输成本的计算来确定是否冷藏运输。如果配送到深圳市中心那么会采取普通货车配送,因为中短距离用冷藏车配送会大大增加成本;而配送到珠三角等比较远的地方会使用到冷藏车,以保证水果产品的质量,不会导致水果产品的价值打折扣。

3.深圳市肉类产品冷链物流概况

(1)运输环节

由于中国人饮食习惯讲究"鲜",倾向于买"热鲜肉",对"冷鲜肉"的了解缺乏,也分不清"冷鲜肉"和"冷冻肉",并且冷鲜肉的价格相对于热鲜肉要高一些,所以大部分顾客都选择买热鲜肉。据统计,深圳市每年消费冻肉约 3 万吨,而每天的生猪屠宰销售量是 12000 多头,消费生猪 500 多万头,冻肉还不到总量的 1%。

深圳市每年消费的 3 万吨冻肉中,品牌种类繁多,有希波、泰森、鲜字牌、金君、瑞羊、领鲜、舟山宏基、永达、安格斯、麦咨达、暗月、合口味、伊利等品牌。这些品牌主要的产品种类有牛肉、牛柳、牛腩、牛后腿、牛后腱、大黄瓜条、西冷、牛扒、羊肉(肥羊卷)、羊机、羊肉串等、猪肉(猪腩肉、猪扒、猪霖、猪糜等)、鸡(童子鸡、鸡机、鸡柳、鸡翅、鸡块等)。多数冻肉来源于山东、内蒙古、辽宁等地,跨地区的长途运输需要更好的冷链设备以及要求,但冷链设备的缺乏以及冷藏车辆的不足严重影响了冷链物流的品质。除了肥羊卷等容易变形的货物能做到全程冷链之外,其他种类的冻肉就很难保证全程冷链了。

此外,深圳市从国外进口的冻肉类产品一般都经过海运,用冷藏运输船或者用冷藏集装箱装载进口。货物运到港口卸货之后,就转用集装箱运输车拉到冷库,或者装到冷藏运输车中进行运输。冷链运输中必须用到冷藏车和冷藏船。部分企业拥有自己的车队,当然其中也包括冷藏运输车,但是数量却不多。肉类产品进关后,一般靠自有运输工具或第三方物流公司运输。进行短途运输的时候,不一定所有企业都会使用冷藏车进行运输,而会利用棉被、大可乐瓶装冰水等防止温度升高。由于冻肉类货物并不容易解冻,在外界温度不是特别高的时候,为了节省成本,也会使用普通车进行运输。

(2)仓储环节

冷库的环境对冻肉产品的质量有很大的影响,根据调研,我们发现部分冷库没有设置 5℃～15℃以下的封闭式站台,也没有与运输车对接的门套密封装置。更有一些企业直接敞开库门,尽管不是冷库的大门,也会对温度造成一定的影响。同时,设施设备缺乏,部分企业在储存冻肉类产品时,并没有对冷库进行配备塑料门帘等防止外界热气进入的设备。库内的叉车也并不都是电瓶式叉车。

另外,有些冷库混放货物以及环境差,部分冷库有异味,并且货物堆码凌乱,有些冷库交叉堆放货物。在冷库的穿堂以及库内都不够清洁,严重影响货物的品质。

按标准来说,冷链物流的冷冻肉类商品必须保证在-18℃左右温度存放,中途不得断链或大幅度变更温度。大型商场的冰柜中,商品有很好的分类以及温度设定,冻肉类商品基本保存在-18℃以下,但也有部分超市没有足够的冰柜陈列商品,或者温度不符标准,一些肉品商铺直接将肉品放置在案板或纸皮上,直接进行切割,冷冻肉类未能经过很好的冷链储存就出售,以致产生了断链。市场内垃圾、污水较多,影响肉品的质量。

在冷链物流的最后环节,消费者家中的冰箱基本都分为冷藏和冷冻两个室,部分消费者并不懂得将冷冻柜设置在适当的温度进行食品的储存保鲜,这也是影响冷链完整的一大问题。消费者常常忽略肉类的冷冻保鲜,也没有注意到购买的时候肉类存放的温度,冻肉的断链需要得到重视。

4.深圳市水产品冷链物流概况

(1)运输环节

深圳市大多数的速冻水产品来源于上海、浙江、福建等地。考虑到长途运输的需要,沿海地区打捞的水产品需要预冷,然后全程冷藏运输,冷冻储藏。因此,深圳市从外地运来的速冻水产品一般来说是通过冷藏运输船和冷藏渔船进行运输到港的,进行运输前已经对水产品进行了速冻,到港后直接转存到冷藏运输车进行配送运输。

而深圳市本地的水产品,由于拥有的冷藏运输车非常少,不能满足运输的需求。只有少量渔船配备冷冻装置,绝大多数靠冰块保鲜,冰块保鲜仅能把温度维持在10℃~12℃,渔船回港后,舱底早期捕捞的鱼质量很差。面对现在大量需要冷链运输的水产品,深圳市显得力不从心。

由于部分企业车辆没有配备冷藏车,冻鱼类需要保证箱体温度在-18℃以下,其中金枪鱼、三文鱼等特殊水产品更是需要-45℃以下,因而深圳市的水产品保证不了温度的问题很严重。另外,冷藏车、保温车外部没有配备可直接观察的测温仪或监控运输途中箱体内温度的自动测温仪,这样对中途是否断链等很难做出判断和监控。

(2)仓储环节

深圳市水产品品牌有象山锦润、AKA、定海针、天之海、苏尼达、麦咨达等。产品类型有海鱼柳、三文鱼片、磨鱼片、带鱼段、秋刀鱼、大黄鱼、小黄鱼、鳗鱼、罗非鱼柳、南非大好、目花鱼等。不管是哪种水产品，都需要冷藏保存，但所需的温度不尽相同。因此，在消费环节中，冰柜的配备、温度的调节、除霜时间和人员配置都是重点。

据调研，大型超市的冰柜都有严格的管制，整个售卖过程中冰鲜水产品都处于适当的温度中，大部分水产品冰冻温度保证在$-18℃$左右，也有放置在$0\sim2℃$以及直接和冰块接触的箱中。而冰柜的除霜工作对温度的影响非常重要，在冷冻期间也需要人员去关注，以免设备故障导致温度的变化。

小型超市和市场等，冰柜的配置尤为不足，致使需冷冻的水产得不到很好的温度保存，影响其品质。直接放置在冰面上，并不能做到让水产品有冷冻效果，达不到要求的温度。

大型冷藏陈列柜内上下四角的温差较大，存在温度不均的问题；另外，冷藏陈列柜目前只有温度参数的要求，没有湿度要求，容易使食品表面干燥，影响农产品的品质。

在消费环节方面，冷冻水产会发生断链，很大原因是人员的冷链意识不够，认为冷冻冷藏并不重要。只有增强意识，才能达到冷链需求。

水产类的货物因为打捞后至运到消费地需要很长一段时间，所以必须全程冷链运输才能保证肉质鲜美，味道和本身的营养等品质不被流失，消费环节是属于送到顾客手上的最后一个环节，是不能忽视的。

此外，不同品种的水产品类需要不同的温度，一些企业并未进行很好的细分，像三文鱼、金枪鱼等特殊水产品，所需温度就是超低温的。通常冷库都是一个很大的库体，并不是每个冷库都愿意去存放这样的商品，若与普通水产类一起储存，就会影响这些鱼类本身的品质。混存不同温度需求商品的现象也不少见，需要加强监督。在部分超市看见一些冷藏温度要求很高的鱼类（三文鱼、金枪鱼等），只做了简单的裹膜包装后就跟别的鱼类放在一起，只用了一些冰把它盖好，这个存放区域温度，离冷藏温度要求有很大差距。

（二）深圳市农产品冷链存在的问题分析

深圳市冷链物流经过近30年的发展已经初具规模，然而与发达国家相比，由于起步晚、意识薄弱，仍然还存在诸多问题。

1. 完整独立的冷链物流体系尚未健全

据了解,目前深圳市 90% 以上的蔬菜、水果、蛋基本上还是在没有冷链保证的情况下运销,一般都在常温下操作,以无腐烂、无明显变质、无异味为目标。

从产品生产基地到深圳市的农产品批发市场,新鲜果蔬一般没有进行预冷处理,冷冻类的农产品比如肉、禽、水产品经常出现断链现象。冷链发展的滞后在相当程度上影响着农产品销售产业的发展。

现有冷链物流企业规模较小且没形成品牌(见表 4.5),很少看到企业里面配备制冷设备、达到一定规模和吨位的专业冷藏车辆,很多供货商给超市供货时,用的都是小型冷藏车,或是冰柜加普通车等。一些企业的冷冻库的卫生环境比较差,库内清洁周期较长,有一些低温库根本没有清洁,库内地面脏,穿堂外面堆积了一些琐碎的物料或者垃圾,货物未分类存放。冷库内存放的货物比较杂,容易串味,从而对货物的质量产生影响,不同温度要求的货物混放也会导致货物质量的降低。

表 4.5 深圳市主要冷链物流公司信息

公司名称	注册资本(万元)	成立时间	员工数量	专业冷藏运输车辆(辆)
深圳市冷链物流有限公司	200	2006	50	
深圳市华信冷链物流有限公司	3000	2003	100	
深圳市敏捷和冷链物流有限公司	300	2003	50	50
深圳市万路达冷链物流有限公司	300	2003	50	30

2. 农产品市场化程度不够高

深圳市农产品冷链物流的市场化程度还有待进一步提高,经营规模有待进一步发展扩大。目前,深圳市冷链物流经营观念和管理体制主要以单纯仓储分配型为主,没能实现向配送服务型的转变,大多冷链物流业属于内部经营行为或者一些配送大户的个体行为,尚未形成独立的产业部门。虽然一些大、中型零售企业由于连锁发展的需要,大多自建或租用仓储设施,并建设了内部的配送中心,但是自建生鲜农产品配送中心的非常少;配送中心的规模都还比较小,市场化程度不高,配送效率比较低。

大部分冷库企业主要以仓库出租、货物搬运为主,业务模式单一,目前在深圳市市场范围内尚未形成在行业内处于龙头地位的第三方冷链物流交易中心、专业大型配送中心,第三方物流发展十分滞后,公司数量少、规模小、功能不全,硬件设施陈旧,服务网络和信息系统不够健全,大大影响了冷链产品的在途质量、准确性和及时性,深圳市众多的运输企业中,在全国的市场化范围内,没有一家第三方冷藏货物供应链服务商能提供覆盖全国的服务。

3. 冷冻冷藏技术不够先进

冷链物流冷冻冷藏技术发展缓慢落后,我国大部分冷冻冷藏企业的制冷技术相当于国外 20 世纪 80 年代的水平,深圳市冷冻冷藏运输行业的技术比全国平均水平高,但和国外先进水平相比依然差距巨大,货运车辆只有部分企业会采用密封式或厢式设计,大部分依然是敞篷式设计,缺乏规范保温式的保险冷冻冷藏运输车厢,只有不到 10% 的企业其冷藏车辆备有制冷机及保温箱。

冷藏仓储基础设施滞后,很多仓储库龄比较大,设备陈旧,难以适应深圳市现代大型物流产业的需要;仓储能力严重不足,冷库数量较少,人均冷库吨数约为 0.02 吨/人,与经济发展水平严重不匹配。

从冷藏设备来看,目前深圳进口冷机和国产冷机的市场份额大概是4:6,而国产冷机则有很多质量不过关,并存在恶性市场竞争,对产业造成了比较大的伤害。

4. 冷冻冷藏配送运输效率不高

冷链泛指冷藏冷冻类农产品在消费前的各个环节中始终处于规定的低温环境下,它强调各个环节的始终如一,但目前深圳市的冷冻类的农产品尤其是肉、禽、水产品在全程的冷链过程时常出现断链,二次解冻时有发生,不能保证产品的一路鲜、一路冷。

在装车、装船过程中,很多冷冻产品没有按照国际标准在冷库和保温场所操作,而是普遍违规在露天环境下作业。由于物流各个环节信息传递不畅,冷冻冷藏产品在配送、运输途中容易耽误时间,增加人力、物力、财力成本,甚至影响产品质量、企业形象等。

通常情况下,发达国家农产品物流费用占产品成本的比例最高不超过

50%,而深圳市约有 70%,主要原因可能在于冷冻、冷藏运输效率比较低,生鲜冷冻品损耗比较高等。

5.上下游的衔接缺乏规划和整合

受农业产业化的影响,物流管理供应链上下游之间缺乏协调,导致冷链物流各环节的衔接不够顺畅,有时会存在严重失衡和无法配套的现象,由于整体发展规划的不足,严重影响了整个产业链上的资源整合,也延迟了冷链物流在产业内部的推动。

例如,冷库建设存在"六多六少"现象,即:鱼禽肉类冷库多,果蔬冷库少;经营性冷库多,加工性冷库少;普通冷库多,专业性冷库少;基础型冷库多,高技术冷库少;大中型冷库多,批发零售冷库少。

另外,缺少一个冷库的公共管理信息平台。在同一个批发市场里,往往会有这样的尴尬场面:肉类零售商的冷库空闲,果蔬零售商却没有冷库存放。在对 76 家冷链物流企业的调查中显示,32 家企业认为信息不畅是制约冷链物流发展的瓶颈,如图 4.15 所示。

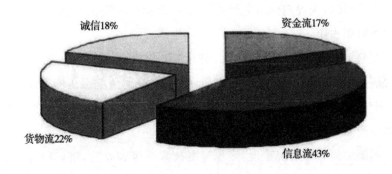

图 4.15 制约冷链物流发展的因素及所占比例

6.从业人员专业素质不够高

冷链物流与普通物流相比,不仅要求从业人员具有专业的物流知识与技能,更要求他们具有专业的商品学和商品保鲜及养护的知识与技能。在深圳市,冷链物流人员操作不规范的现象经常可见,比如装卸货物的站台堆放货物不规范,有时随意把货物直接堆在地上,没有把货物码在托盘上,这很容易让货物的外包破损,使货物受到污染。在农产品批发市场里常见到直接放置在案板或纸皮上的肉类,鲜血淋漓,既没有经过快速冷却和排酸处理,也没有进行低温分割,肉类直接暴露在常温空气中,容易变味变质。深圳市冷链物流缺乏一批高素质的从业人员来有效保障农产品冷链物流的健康长效发展。

二、深圳市农产品冷链物流发展保障体系的构建

(一)构建思路

针对前文对深圳市农产品冷链物流的分析结果,深圳市农产品冷链物流保障体系的构建思路是依据深圳市委市政府要把深圳市建设成为全国物流网络中的重要枢纽和华南地区现代物流中心的发展目标,充分发挥深圳市的优势,围绕消费升级、产业联动发展的总体要求,构建"六位一体"的农产品冷链物流体系。

一是发挥政府的宏观调控职能,加强政策支持和引导,完善法律法规,规范物流市场行为,进行合理布局和总量控制,避免重复建设和盲目发展导致的恶性竞争。

二是发挥行业的协调指导功能,理顺管理、生产、科研、服务、贸易等环节的关系,加强行业规划的方向性引导和技术标准的规范;同时,行业组还应发挥沟通协调作用。

三是加强硬件配套设施建设,引导多元化市场主体投入,加强冷链物流节点的基础设施建设,合理组织现有资源、最大限度地挖掘现有资源的潜力,建立一个经济、高效的农产品冷链体系;重点培育一批龙头企业,带动深圳市冷链物流产业整体发展。

四是加强软件系统建设,逐步开展技术升级和改造,搭建冷链物流信息平台,链接上、中、下游群体,从原料基地、加工基地、装备设施的建设和改造入手,通过对冷藏运输技术、全程跟踪技术和信息技术的升级应用,通过完善的信息系统来规范业务流程、提高仓储运营效率、加快物流响应速度、降低企业运营成本。

五是构建一体化服务支持系统,依托现有资源,大力发展公、铁、海联运,不断完善农产品冷链物流节点网络,构建一体化支持系统,减少流通环节,努力提高冷链运行效率;开发自有品牌,树立特色品牌形象。

六是加强专业化管理团队建设,高度重视科技创新和人才对推动冷链物流发展的重要作用,采取包括产学研合作、联合技术创新等一系列手段措施,

不断加强冷链物流人才的培养和冷链物流领域的技术创新,构建专业化管理团队。"六位一体"的农产品冷链物流技术体系,如图4.16所示。

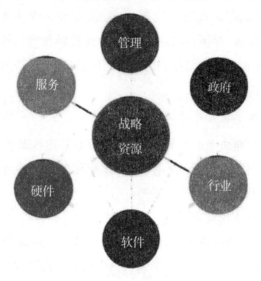

图4.16 "六位一体"的农产品冷链物流技术体系

(二)构建具体措施及建议

1.发挥政府的宏观调控职能

有关部门要制定有利于冷链农产品物流业发展的相关政策、法规和制度,充分发挥政府的宏观调控作用,加强宏观政策的支持和引导,理顺管理、科研、生产、贸易、服务等部门的关系,激励社会资源向有利于实现冷链农产品物流体系建设目标的方向流动。一方面,要充分发挥市场竞争机制在资源配置方面的作用;另一方面要弥补市场失灵的不足,充分发挥政府的调控作用,创造冷链物流产业公平、公正的竞争环境,推动系统整体的最优化和各方利益分配的公正化。这些政策包括支撑行业发展的宏观政策(包括财政金融政策、科技政策、产业政策、贸易政策等)、行业规范化管理规范(包括安全生产规范、产品检验检测标准等)、物流管理协调机制、基础设施和信息平台建设保障政策、人才培养和保障政策、农村物流法律体系建设等。

目前,深圳市政府联动行业协会及有关企业,制定了《深圳市冷链物流发展规划》(以下简称《规划》),将通过冷链物流技术与管理的全面革新,把深圳建设成为全国冷链物流网络的重要节点及华南地区冷链物流基地,率先向冷链物流制高点迈进。按照《规划》,深圳市重点在加工型企业、专业冷链运输企业、冷链仓储企业试行新的冷链物流标准,2015 年起全市范围内强制执行。为配合《规划》的出台,深圳市制定了首个《食品冷链技术与管理规范》,对冷链运作流程,包括包装、运输、储存、分拣、配送以及批发、零售每个环节都制定了规范的操作要求。

2.发挥行业的协调指导功能

要充分调动行业协会的指导作用,加紧研究制定涉及各个环节的有关设施、设备、温度控制等一系列技术标准,将标准化的理念渗透到生产、加工、储藏、运输、销售以及最终消费等一系列环节。由有关行业协会牵头研究制定冷链物流行业标准总体规划,分年度组织实施。

此外,还要充分发挥深圳市物流行业协会及各区物流协会在企业与政府之间的桥梁作用,制定行规行约,加强行业内企业的自律,维护市场秩序,抵制侵害行业利益的垄断竞争;广泛收集产业链上的各种信息,组织力量开展分析研究,通过多种形式、多个渠道及时沟通,提高市场应变能力、抗风险能力和竞争力。

3.加强硬件配套设施建设

要坚持适度超前原则,充分发挥市场机制的作用,积极引导社会资金投资冷链物流中心,鼓励不同所有制投资者和外商投资企业积极参与农产品冷链物流基础设施建设。要充分整合现有的资源,积极协调农产品冷链物流产业链上各个环节之间的各种利益关系。

加快道路工程建设,尽快建立综合运输网络,完善仓储配送设施,加强深圳市内外运输主干线及其附属场站的基础设施改造,拓展发展空间;以中心城市、交通枢纽、重要物流节点为重点,优化农产品冷链物流产业发展布局,促进农产品冷链物流资源整合和优势互补。

完善农产品冷链物流节点网络,要重点发展一些基于统一规划的大型冷链物流节点,依托笋岗—清水河物流园区引导物流资源和物流企业集聚,逐步完善物流园区在仓储配送、冷链交易、低温加工、保税监管、增值加工、中转分拨、信息服务、展示交易、货运代理等全程物流服务配套设施,吸引冷链物流企业集聚发展;建成集公、铁、海集装箱多式联运为一体,服务港澳及珠三角省市的枢纽型冷链物流基地。

4.加强软件系统建设

作为制约易腐生鲜物流发展的重要因素的冷链物流技术,信息化水平关系到各项功能的完善和整个产业健康有序的发展。因此,应大力推广应用现代信息技术,实现农产品冷链物流系统管理电子化,促进农产品冷链物流市场的健康规范化运作。积极推动物联网技术、3G网络、无线射频识别技术、移动互联网、云计算、可视化技术等高新技术在农产品冷链物流领域的研发应用,依靠科技进步,促进物流业从外延式增长到内涵式发展转变,提高深圳市农产品冷链物流的智能化水平。

第一,坚持原料基地建设,使用先进的生产管理技术和分析检测技术,严格按国际标准生产加工,实现原料供应、生产、加工、储藏、运输等全过程监管,争取从源头上抓起,保证冷链物流的质量与安全。

第二,加强加工基地建设,坚持采用国际流行系统软件,如市场流行的负离子保鲜技术、物流预冷保鲜技术、气调保鲜技术、辐射保鲜技术、冰温保鲜技术和复合气调包装技术,以及塑料包装容器等先进冷链技术,提高产品质量、延长保鲜期。

第三,提高冷藏、节能技术,节能是未来冷藏发展的一个主要方向,可大大提高冷藏的储藏和运输潜力,积极应用变频技术、自动调节以及节能方案的组合等新技术,积极采用自动化冷藏技术,包括包装技术、冷藏技术自动化、高密度动力存储技术、冷链保鲜技术、自动识别技术、自动化温控管理及冷藏集装箱多式联运及空间定位技术等。

第四,改善冷藏运输软件技术,采用新的制冷方法和新材料新技术提高冷藏运输设备的技术性能,利用不同的冷源,如液氮、液化二氧化氮、液化空气,降低设备的造价和运输成本等。深圳市周边区域的果蔬冷藏运输,应采用集装箱运输,即使用集装箱为装卸容器,利用各种不同规格的集装箱装蔬菜商品,直接从生产地送到目的地装卸,可以减少散装、散运过程中出现的产品流失和损伤,大大节约包装材料和物流成本。针对特殊的水产品,在其生产、运输的渔船上应该准备足够的冷藏冰以利于水产品冷藏,保证水产品的新鲜,全过程做到物流不脱冰,同时,外运供销的水产品在调运过程中用冷冻品全程保鲜,用冷藏载具装运,鱼层间隔冰层,加封顶冰。活鱼等上市水产品要采用活水船、活鱼车运输。

第五,提高冷链物流的全程跟踪技术,为实现货物在途信息查询、实时温度监控和地理位置跟踪的自动化操作,可以广泛采用 RFID(电子标签)技术对全程冷链管理系统进行温度管理。运输过程中,货主可以根据权限,访问在途可视化网页,查询、掌握货物的具体位置。货物到达后通过手持型读写器批量读取货物及温度信息,实现全程的温度信息瞬间获取,降低人工成本及出错率,这对提高物流企业的服务水平有着重要意义。

第六,将农产品冷链物流企业与生产商、批发商、销售商等相关单位联结起来,搭建冷链物流信息平台,在冷链物流信息交流过程中实现资源共享、信息公用。积极推广全社会层面的农产品冷链物流信息平台建设,特别要注重农产品冷链物流信息系统的信息安全技术研发,强调独立自主的知识产权,将相关软件开发纳入政府科研资金的倾斜照顾范围。

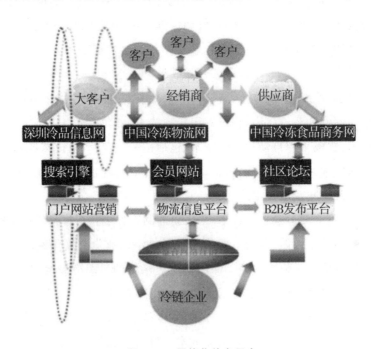

图 4.17 网络化信息平台

5.构建一体化服务支持系统

尽快设立地方商业银行、农业银行、信托基金、小额贷款公司等金融服务机构,针对农产品冷链物流产业投入多、期限长、风险大等特点,积极推进金融产品和服务方式创新,探索出多种信贷模式,最大限度地发挥金融机构信贷"支农"的作用。

为农产品冷链物流企业和个体经营者提供金融服务,设立"深圳农产品冷链物流发展基金",支持具有可行性和创意型的农产品冷链物流发展项目,实施"深圳农产品冷链物流产业创业计划"。

开展农产品冷链物流保险试点工作,拟订《深圳农产品冷链物流保险实施办法》,对因台风、暴雨、火灾、洪水、区域性旱灾、大面积病虫害等原因而造成保险标的物损失的生产经营户,按合约给予赔偿,降低农产品冷链物流企业的经营风险,稳定生产和经营者收入;推进农产品冷链物流事前、事中、事后全程保险服务,创新企业异地购买与支付服务。

创新农产品冷链物流交易电子金融服务,加速建设网络支付、电子刷卡支付、ATM机、外币兑取等电子自助服务设备设施,加速农产品冷链物流服务的国际化进程。设立农产品冷链物流企业上市资源培育中心,积极推进一批有竞争力的农产品冷链物流企业在境内外上市融资,支持符合条件的农产品冷链物流企业发行企业债券,扩大直接融资渠道,通过资本运作促进农产品冷链物流产业的发展和区域经济的发展。

此外,要以冷藏集装箱运输和共同配送为重点,大力发展公、铁、海多式联运,构建网络完善、便捷高效、通达国内、连接国际的冷链物流配送体系。强力推进铁路冷藏集装箱运输发展。积极推进物流业的跨区域交流与合作,打破区域壁垒,引导物流资源跨区域整合,建立统一开放、通畅高效的现代物流市场体系。加强产销地铁路专用线、铁路冷藏运输车辆及场站设施建设,促进大批量、长距离的铁路冷藏运输。大力发展以深圳市为核心节点的冷链物流多式联运。

注重加快公路冷链运输发展,在物流发展过程中支持冷链物流企业在跨区域分拨环节采用集装箱运输,采用先进技术推进车头、车柜分离,有效地促进干线运输的大型化、单元化。此外,加强铁路、港口、机场、多式联运企业及物流园区之间的合作,创新多式联运运营模式。在城市配送过程中采用小型化、多温区的城区冷链配送车辆,充分利用条件开展集约化共同配送,有效地满足连锁零售、餐饮等客户的多品种、小批量、多批次配送需求。

构建与国际接轨的冷链多式联运体系。以铁路集装箱运输为核心,积极发展区域公、铁联运和国际公、铁、海联运,加强深圳市与其他主要沿海港口的合作。支持以绿色生产、绿色加工、绿色包装、绿色运输、绿色仓储等为代表的绿色物流发展。提高物流设施的系统性和兼容性,加快推动条形码等物流技术以及托盘、集装箱等物流装卸设施设备的标准化,加快仓储、转运设施、运输工具标准化改造。依靠先进信息技术作为支撑,通过多学科交叉信息技术运用,建立高效的冷链物流电子虚拟供应链的管理,实施全程实时控制管理,为冷链物流社会化高效管理奠定基础。

6.加强专业化管理团队培养

注重"专业技术资格""职业技能资格"和学历等三方面的评价,建立农产品冷链物流行业的人才激励与柔性机制。实施"高层次领军人才支持计划""优秀物流团队培育计划""物流队伍国际化推进计划""企业骨干人才柔性引进计划",争取在未来若干年使深圳市拥有一批能成熟运用国内外先进冷链技术的中、高端人才,提高深圳市冷链物流人才队伍总体水平。

支持物流相关学科建设和产学研基地建设,建立健全冷链物流教育体系,推动物流企业与科研单位开展多种形式的合作,宣传普及冷链物流知识,提高冷链物流意识、冷链物流运营及管理技能,建立多层次、多元化的人才培养体系。

在对全省物流人才数量及结构需求科学预测的基础上,加强物流业在职人员培训,大力培养物流业适用技能人才,大力引进通晓国际规则、熟悉现代管理的高层次物流专业人才,为加快现代物流业发展提供有力的人才支撑。

可以尝试在深圳市物流行业协会冷链物流专业委员会的支持下,引导学校采取与企业联合办学的方式,建立"校企共建冷链物流专业"的合作关系,在专业建设过程中,企业全程参与教学、专业实训、顶岗实习、毕业分配等教学过程,形成多层次的人才教育、培训体系。

筑巢引凤,创建开放式的创新产业园,吸引国内外知名企业、行业协会加入,建立集教学、科研、成果转化为一体的农产品冷链物流产业园区,设立研究开发机构,开展产业、行业共性技术研发创新,使园区成为创新人才聚集、高新技术研发、企业活跃发展、高技能人才培养的载体。

在信息化、科技化主宰的时代,要高度重视冷链物流发展的技术革命的重要作用,鼓励技术创新,推广先进技术管理手段,在冷链物流的各个环节,要注重创新和加快推广先进的技术手段和方法,加强深圳市农产品冷链物流产业在生产、加工、储藏、运输、销售等各节点技术的改造与升级,全面推动深圳市农产品冷链物流跨越发展。同时,扩容深圳市农产品冷链物流技术创新队伍,鼓励并支持高校、企业与科研院所开展多种形式的合作,通过产、学、研有机结合,联合开展技术攻关,提高深圳市农产品冷链物流技术创新的水平。

同时,积极培育农产品冷链物流运作龙头企业。作为中国冷链物流产业发展比较早的深圳市,经过多年的技术积累,加上毗邻港澳,上下游的配套产业齐全,完全有条件大力发展第三方冷链物流,要通过创造条件加大扶持,积极发展并成立建设一批有国际竞争力的冷链物流领军企业。

在做好企业内部配送的基础上,鼓励深圳市企业不仅在深圳市还要到原产地建设低温保鲜库,积极拓展农产品低温配送、加工和反季节销售等业务,实现从农产品原产地到深圳市冷链物流的无缝对接。加快与沃尔玛、家乐福、山姆会员店等大型连锁零售企业的战略合作,积极发展高端一体化冷链物流。

项目五　农产品仓储

任务一　农产品仓储分类与管理

子任务一　仓储的相关概念

仓储是为了特定目的在特定的场所储存物品的行为,通过仓库对物资进行储存和保管。仓储最主要的目的是保存物资的使用价值,创造时间价值。它是在原产地、消费地或者在这两地之间存储商品(原材料、部件、在制品、产成品),并提供存储的状态、条件和处理情况等信息,是商品离开生产过程进入消费过程前的暂存。

仓储的性质可归结为:仓储是物资产品的生产过程的持续,物资的仓储也创造着产品的价值;仓储既有静态的物品贮存,也包含动态的物品存取、保管、控制的过程;仓储活动发生在仓库等特定场所;仓储的对象既可以是生产资料,也可以是生活资料,但必须是实物动产;货币存银行不包括在其中。另外,军事、政治、自然灾害等方面也应进行物资储备。

仓储是因社会生产的产品剩余和生活中的产品需求之间的不均衡而产生的,人们需要改变物品的时间状态来满足生产、生活需要。

现代物流的两大基本功能是仓储和运输,其中运输起的作用是改变物品空间状态,仓储则改变物品的时间状态。

一、仓储的作用

仓储行业是流通行业的重要的子行业之一,储藏和保管商品是它的主要务形态。从供应链的角度来看,物流过程是由一系列的"供给"和"需求"组成的。当供给和需求的节奏不一致时,即出现生产的产品不能及时消费或者存在需求不能被满足时,需要建立产品的储备来满足后来的需求。因此,仓储的主要作用是解决生产和需求在时间上的不一致。

具体来说,仓储的作用有以下几点。

(一)仓储是社会生产顺利进行的重要保证

专业化生产使得劳动生产率提高,出现产品剩余,绝大多数产品不能即时消费,需要经过仓储才能避免生产过多的堵塞。生产使用的原材料也需要合理的储备,保证生产的不间断进行。

(二)调整生产和消费的时间差,维持市场稳定

人们需求的持续性和产品的季节性、批量性生产的集中供给之间存在供需时差,仓储能将集中生产的产品进行储存,持续向消费者供应。如果集中商品在生产期被即时推向市场,会造成短期内市场严重的供大于求,价格大跌,产品滞销甚至被遗弃,而在商品非生产期,市场上供给不足,会造成量少价高,百姓消费不起。

(三)保持劳动产品价值和增值

仓储保持产品生产出来在消费之前的使用价值,如保持香皂不干裂、服装不发霉变色、铁制品不生锈、塑料制品不老化。防伪条码、包装、加工、组装等流通加工活动可使产品增值,如服装包装、钢板切割等。

(四)衔接流通过程

产品从生产到消费,需经过分散—集中—分散的过程,以及不同运输工具的转换,仓储在流通过程起到衔接的作用。

(五)市场信息的传感器

对于生产者,仓储量少,周转量大,表明社会需求旺盛;反之,则需求不足。因此,可根据仓储量调整生产。对于流通者,存储量大,说明市场需求可能旺盛,可加大相关资源投入。对于消费者,市场存量影响价格,价格和可得性是决定其购买的重要因素。

(六)开展物流管理的重要环节

仓储成本是物流成本的重要组成部分,开展物流需重视仓储管理,进行有效的仓储管理才能有效开展物流管理。

（七）提供信用保证

仓储为买方先检验货物、确定货物的存在和品质而为交易提供条件。另外,仓储公司利用仓储资源还可以开展仓单质押业务。有便利条件的仓储公司,可提供交易服务,甚至成为有影响力的交易市场。目前,零售行业中的仓储超市,便是仓储交易高度发展、仓储和商业密切结合的结果。

（八）国家满足急需特需的保障

国家储备是一种有目的的社会储存,主要用于应付自然灾害、战争等人力不可抗拒的突发事件对物资的急需特需,否则就难以保证国家的安全和社会的稳定。

二、仓储的分类

仓储物流是利用自建或租赁库房、场地、储存、保管、装卸搬运、配送货物。仓储型物流企业一般同时符合以下几个要求。

一是企业以从事仓储业务为主,为客户提供货物储存、保管、中转等仓储服务,具备一定规模。

二是企业能为客户提供配送服务以及商品经销、流通加工等其他服务。

三是企业自有一定规模的仓储设施、设备,自有或租用必要的货运车辆。

四是企业具备网络化信息服务功能,应用信息系统可对货物进行状态查询、监控。

由于仓储物流企业的经营主体、仓储对象、经营方式和仓储功能的不同,不同的仓储活动具有不同的特征,仓储分类见表5.1。

表 5.1　仓储的分类

分类方法	种类	
仓储经营主体	自营仓储	公共仓储
	营业仓储	战略储备仓储
仓储对象	普通物品仓储	特殊物品仓储
仓储功能	储存仓储	物流中心/中转仓储
	配送仓储	保税仓储

续表

分类方法	种类	
仓储物的处理方式	保管式仓储	消费式仓储
	加工式仓储	

1.**按仓储经营主体划分**,可分为企业自营仓储、营业仓储、公共仓储和战略储存仓储。

(1)企业自营仓储。又可分为生产企业自营仓储、流通企业自营仓储。

①生产企业自营仓储:指生产企业使用自有的仓库设施对生产所使用的原材料、中间产品、最终产品实施储存保管的行为,储存对象较单一,以满足生产为原则。

②流通企业自营仓储:流通企业以其拥有的仓储设施对其经营的商品进行仓储保管的行为,仓储对象种类较多,以支持销售为目的。

(2)营业仓储。仓储经营人以其拥有的仓储设施,向社会提供商业性仓储服务的仓储行为,包括采取提供货物仓储服务和提供仓储场地服务。

(3)公共仓储。公共仓储是公用事业的配套服务设施,为车站、码头提供仓储配套服务。

(4)战略储备仓储。战略储备仓储是国家根据国防安全、社会稳定的需要,对战略物资实行储备而产生的仓储,主要是粮食、油料、能源、有色金属、淡水等。

2.**按仓储对象划分**,可分为普通物品仓储和特殊物品仓储。

(1)普通物品仓储:指不需要特殊保管条件的物品仓储,如一般的生产物资、普通生活用品等。

(2)特殊物品仓储:是在保管中有特殊要求和需要满足特殊条件的物品仓储,如危险物品仓储、冷库仓储等。

3.**按仓储功能划分**,可分为储存仓储、物流中心仓储、配送仓储和保税仓储。

(1)储存仓储:物资需要较长时期存放的仓储,一般设在比较偏远的山区。

(2)物流中心仓储:以物流管理为目的的仓储活动,或衔接不同运输方式,对物流的过程、数量、方向进行控制的环节,为实现物流时间价值的环节。特点是大进大出,货物存期短,注重货物的周转作业效率和周转率。一般设立在一定经济地区的中心,交通便利,储存成本比较低的地方。

(3)配送仓储:是商品在配送交付消费者之前进行的短期仓储,也是商品在销售或者供应生产前的最后储存,并在该环节进行销售或使用的前期处理。

(4)保税仓储:是指使用海关核准的保税仓库存放保税货物的仓储行为。

4.按仓储物的处理方式划分,可分为保管式仓储、加工式仓储和消费式仓储。

(1)保管式仓储:以保管物原样保持不变的方式所进行的仓储。保管物的数量、质量、件数不发生变化,又分仓储物独立保管仓储和混藏式仓储。

(2)加工式仓储:保管人在保管期间根据存货人的要求对保管物品进行某些加工的仓储方式。

(3)消费式仓储:保管人在接受保管物时,同时接受保管物的所有权,保管人在仓储期间有权对仓储物行使所有权;在仓储期满,保管人将相同种类、品种和数量的替代物交换给委托人所进行的仓储。

三、仓储的功能

仓储的功能可以分为基本功能、增值服务功能、社会功能。仓储的基本功能主要是存储保管、存期控制、数量管理、质量维护。仓储的增值服务功能是指利用物资在仓库的存放,开展多种服务来提高仓储附加值、促进物资流通、提高社会资源效益的有效有段,主要包括交易中心、流通加工、配送、配载等功能。仓储的社会功能主要是时间调整功能、价格调整功能、衔接商品流通的功能。

(一)基本功能

基本功能是指为了满足市场的基本储存需求,仓库所具有的基本的操作或行为,包括储存、保管、拼装、分类等基础作业。其中,储存和保管是仓储最基础的功能。

(二)增值功能

增值功能是通过仓储高质量的作业和服务,使经营方或供需方获得额外的利益,即附加增值。这是物流中心与传统仓库的重要区别之一。增值功能的典型表现方式有两点:一是提高客户满意度。客户下达订单后,迅速组织货物,并按要求及时送达。二是信息的传递,仓库管理中,为经营方和供需方提供及时准确的信息。

(三)社会功能

可从以下三个方面理解仓储的社会功能:

第一,时间调整功能。储存克服货物产销的时间差。

第二,价格调整功能,生产和消费之间供过于求、供不应求都会对价格产生影响,仓储可达到调控价格的效果。

第三,衔接商品流通的功能。仓储可防范突发事件,保证商品顺利流通。

四、冷链物流仓储中心理论

(一)冷链物流仓储中心界定

冷链物流仓储中心与一般的物流仓储中心相比,在概念上具有继承性,同时也具有特殊性。因此,建设冷链物流仓储中心需投入较大的资金,因其冷库的建设和运输过程中所涉及的冷链物流设施设备都需要大量资金,且由于冷链货物的时效性较高,所以在运输过程中的每个环节都必须具备高度的协调性。

据此,冷链物流仓储中心的概念可界定为:冷链物流仓储中心是从事冷链物流仓储活动且具有先进的信息网络的组织或场所,面向社会可提供较为完善的冷链服务功能,且辐射范围广、吞吐和存储能力大,服务对象主要为冷链物流供应链上的各大生产商、供应商、配送商和销售商。

(二)冷链物流仓储中心功能

冷链物流仓储中心的发展既满足了消费者的需求,保证货物的新鲜、营养和安全,又打破了原有货物的存储模式,使得货物不再受天气、温度等外在因素的制约。冷链物流仓储中心将外部资源与本地产业结构、交通节点、市场环境相连接,承接上游企业的货物,经过低温储存、流通加工、分拨配送等作业运输给下游企业,继而形成一种干支结合的发展模式,使冷链物流仓储中心的运营能真正发挥其价值,带动经济效益和社会效益的发展。

良好的冷链物流仓储中心可以降低企业的运营成本,提升企业核心竞争力,力求在满足物流服务质量的基础上,做到货损率最低,为企业带来更大的利润空间;同时,为冷链运输提供更加合理、可行、高效的物流服务功能,进而促进全面的冷链物流发展。

(三)冷链物流仓储中心布局理论

近年来,随着社会经济的不断发展与进步,人们逐渐采用更加科学的方法进行布局设计,开始使用统计学、运筹学等进行学术研究,并结合仿真技术、数学建模等方法进行布局规划,进而得到一套完整的科学理论和方法。

1. 布局目标

Michael Hammer 曾指出对冷链物流仓储中心的布局进行优化设计的根本目标,即为在冷链物流仓储中心所需进行的低温储存、流通加工、装卸搬运、分拨配送等物流服务提供合理的空间布局,使得各个作业区域之间能有效衔接,各个部门能高度协调。为了实现这一总体目标,本研究需要实现以下几个目标。

(1)合理地、科学地安排作业人员,充分利用各区域存储空间。

(2)优化作业流程,减少货物装卸搬运次数,缩短作业时间,使其高效通畅。

(3)降低货损率,缩短关联程度较大的功能区线路,合理选择设施设备,避免不必要的作业流程。

(4)优化储位布局,科学规划空间布局,合理选择物流作业线路,遵循先进先出原则,保证货物质量。

(5)各区域与作业间有效衔接,保证冷链物流仓储中心的柔性,以便及时应对多变的市场环境。

(6)营造舒适、安全的工作环境,注重员工的心理、生理需求,确保工作人员拥有良好的精神状态。

2. 布局原则

冷链物流仓储中心布局优化是在了解运输货物特性的基础上,对仓储中心作业流程、功能区划分、各区域所占面积以及作业关系进行合理分析,以求缩短冷链作业时间,降低物流成本,提高运作效率。因此,对冷链物流仓储中心布局设计需遵循以下原则。

(1)系统分析原则

冷链物流仓储中心包含了众多作业流程,且与外部交通环境紧密相连,冷链物流仓储中心的出入口与内部通道要满足货物存储、集散的需求,且各个部门要统一协调,使得物流作业区域保持通畅,作业流程衔接顺畅,实现高效运作。

(2)流程化原则

在确保冷链物流货物对环境和质量要求的前提下,尽量缩短运输路线,减少不必要的作业活动,如拣选、装卸、搬运等,使货物能以最快的速度到达消费者手中。

(3)柔性化原则

目前,冷链物流市场并不完善,还需进一步优化和改善,对冷链物流仓储中心的布局要充分考虑市场多变的可能性与不确定性,留有缓存空间以便应对未来社会发展变化。

(4)信息化原则

因为冷链货物对存储环境有特殊需求,所以在仓储作业时要对各个环节的温度、湿度进行监督与控制,这就要求冷链物流仓储中心在布局优化时引进先进的信息技术和基础设施。

(5)人性化原则

对冷链物流仓储中心布局优化时,除了考虑硬件设施设备的使用和外部环境的影响之外,还要考虑工作人员的作业环境,安全、舒适的作业环境可以有效提升员工的工作效率,为企业带来更多的经济利益。

3.布局方法

冷链物流仓储中心布局优化需根据布局目标和布局原则,采用科学的设计方法进行深层次的优化设计,常用的布局优化方法主要有以下几种。

(1)摆样法

摆样法作为最早的一种布局设计方法,是根据物流服务需求来划分不同的功能区域,并按照一定的比例制成样片,通过各要素的相关性分析,适当地调整样片布局,从而得到最佳方案,是一种简单易行的布局设计方法。

（2）图解法

将摆样法和数学模型法相结合,并进行相应的计算与实际应用,主要有线性规划、螺线规划等方法,此方法较为复杂,是一种推广度较低的布局方法,实际操作案例较少。

（3）数学模型法

数学模型法是一种运用运筹学、系统工程学的模型技术进行布局的方法,常用的有线性规划法、多目标规划法和遗传算法等,并结合具体案例计算来完成布局,使得布局方案更加精确、有效。

（4）SLP 法（系统布置设计）

系统布置设计法是由 Richard Muther 在 1961 年提出的,即通过对作业单元的相关性分析,从整个物流系统的角度合理布置和划分各个作业区域,由定性分析到定量分析,最终求得最佳布局的方法。

子任务二　农产品仓储的分类

一、按农产品仓储经营主体划分

（一）农产品自有仓储

农产品自有仓储的目的是满足本部门农产品的存储需要。

（二）农产品营业仓储

农产品营业仓储是仓库所有者以其拥有的仓储设施,向社会提供商业性仓储服务的仓储行为。仓储经营者与存货人通过订立仓储合同的方式建立仓储关系,并且依照合同约定提供服务和收取仓储费用。

（三）农产品公共仓储

国家为了公共利益而建设的仓库称为"公共仓库",即为公共事业配套服务的仓库,它主要对车站和码头的农产品作业和运输流畅起支撑和保障作用。

（四）农产品战略储备仓储

农产品战略储备仓储是国家根据国防安全、社会稳定的需要,对农产品实行战略储备而形成的仓储。战略储备由政府进行控制,通过立法、行政命令的方式进行管理,由执行战略物资储备的政府部门或机构进行运作。战略储备特别重视储备农产品的安全性,且储备时间较长。农产品战略储备主要包括粮食、油料等。

二、按农产品仓储功能划分

(一)农产品储存仓储

农产品储存仓储是指农产品较长时期存放的仓储。储存仓储一般设在较为偏远但具有较好交通运输条件的地区,存储费用低廉。农产品储存仓储的农产品品种少,存量大。由于农产品储存仓储存期长,储存仓储特别注重两个方面:一是仓储费用尽可能要降低;二是要加强对农产品的质量保管和养护。

(二)农产品物流中心仓储

农产品物流中心仓储是指以物流管理为目的的仓储活动,是为了有效实现物流的空间与时间价值,对物流的过程、数量、方向进行调节和控制的重要环节。一般设置在位于一定经济地区中心、交通便利、储存成本较低的口岸。农产品物流中心仓储基本上都是较大批量的进货和进库,一定批量分批出库,整体吞吐能力强,所以对机械化、信息化、自动化水平要求高。

(三)农产品配送仓储

农产品配送仓储也称为"农产品配送中心仓储",是指农产品在配送交付消费者之前所进行的短期仓储,是农产品在销售或者供生产使用前的最后储存,并进行销售或使用前的简单加工与包装等。农产品配送仓储一般通过选点设置在商品的消费经济区间内,要求能迅速地送达销售地点和消费者。

(四)农产品运输转换仓储

农产品运输转换仓储是指衔接铁路、公路、水路等不同运输方式的仓储,一般设置在不同运输方式的相接处,如港口、车站等库场进行的仓储。它的目的是保证不同运输方式的高效衔接,减少运输工具的装卸和停留时间。农产品运输转换仓储具有大进大出以及存期短的特性,十分注重作业效率和农产品周转率,所以农产品运输转换仓储活动需要高度的机械化作业来支撑。

（五）农产品保税仓储

农产品保税仓储是指使用海关核准的保税仓库存放保税农产品的仓储行为。农产品保税仓库一般设置在进出境口岸附近。保税仓库受到海关的直接监控，虽然说农产品也由存货人委托保管，但保管人要对海关负责，入库或者出库单据均需要由海关签署。

子任务三　农产品仓储管理

一、仓储经营管理概念

仓储经营管理是指在仓库管理活动中，运用先进的管理原理和科学的方法，对仓储经营活动进行的计划、组织、指挥、协调、控制和监督，以降低仓储成本，提高仓储经营效益的活动过程。

无论采用什么方式和方法储藏农产品，农产品储存都包括入库前、入库中、入库后、出库时的管理。

（一）入库前的准备

对农产品进行合理的采摘，并做好入库前的处理，包括分级、分类、晾晒等，合理安排摆放位置和程序，尽力减少重复运输，避免返回、对流运输，备好仓库、器械。做好仓库的清扫、消毒工作。

（二）入库中的管理

对入库农产品进行严格检验，挑出劣质农产品，对其进行合理摆放并做好详细记录。

（三）入库后的管理

入库后的管理是农产品储藏质量安全控制的核心环节，要合理地控制温湿度，防止虫、螨、鼠、霉等有害生物的啃食和侵害，防止各种人为的、自然的灾害，如偷盗、水灾、火灾等，定期对农产品质量进行检查，如出现问题尽快解决。

（四）出库时的管理

要对产品种类和质量、车辆卫生状况、出货单据进行严格核准，防止错发、错运或延误时间。

二、仓储经营管理的内容

仓储经营管理既包括仓储企业对内部仓储业务活动的管理,也包括对整个企业资源的经营活动的管理,即仓储商务活动的管理。

(一)仓储业务管理

仓储业务管理是指对仓库和仓库中储存的物资进行管理。这种业务管理是仓储经营管理的基础,是各种公共仓储、营业仓储和自营仓储都必须进行的管理活动。仓储业务管理的内容主要包括以下几个方面。

1.仓库的选址与决策管理

企业在建立仓库选址时要依据企业生产经营的运行和发展来考虑:应保证所建仓库各种设备的有效利用,不断提高仓库的经济效益;要能保证仓库运营的安全,一方面要保证储存物资不被各种可能的自然灾害或人为破坏,另一方面要保证储存物资对企业及周围环境的安全。

2.仓库的机械作业的选择与配置

企业根据实际需要以及自身的实力来决定是否采用机械化、智能化设备,若要使用,就要对智能化的程度、投资规模、设备选择、安装、调试与运行维护等进行管理。

3.仓库的日常业务管理

仓库的日常业务管理有如何组织物资入库前的验收,如何存放入库物资,如何对物资进行有效的保养,如何出库等。

4.仓库的库存管理

库存管理包括对库存物资的分类、库存量、进货量、进货周期等的确定。

5.仓库安全管理

仓库安全管理是其他一切管理工作的基础和前提,包括仓库的警卫和保卫管理、仓库的消防管理、仓库的安全作业管理等内容。

6.其他业务管理

除了以上的业务管理外,仓库业务考核问题、新技术和新方法在仓库管理中的运用问题等都是仓储业务管理所涉及的内容。

(二)仓储商务管理

仓储商务是指仓储经营人利用所具有的仓储保管能力向社会提供仓储保管产品和获得经济收益所进行的交换行为。仓储商务是仓储企业对外的基于仓储经营而进行的经济交换活动,是一种商业性的行为,因而仓储商务发生在公共仓储和营业仓储之中,企业自营仓储则不发生仓储商务。

仓储商务管理则是仓储经营人对仓储商务所进行的计划、组织、指挥和控制的过程,是独立经营的仓储企业对外商务行为的内部管理,属于企业管理的一个方面。仓储商务管理的目的是仓储企业充分利用仓储资源,最大限度地获得经济收入和提高经济效益。仓储商务管理涉及企业的经营目标、经营收益,因而更为重视管理的经济性、效益性。仓储商务管理的具体内容主要有以下几个方面。

1.仓储经营组织管理

仓储经营组织管理包括仓储经营管理机构的设定、经营管理人员的选用和配备、经营管理制度、工作制度的制定与实施等。

2.仓储企业经营战略管理

经营战略管理包括企业经营战略的制定、经营环境跟踪、战略调整、战略实施等内容。制定战略时,要综合考虑企业自身的人力、财力和物力以及市场对仓储产品的需求和供给状况,以实现可持续发展和利润最大化为原则,合理制定企业经营发展目标和经营发展方法。仓储企业可以在总体经营战略的基础上选择租赁经营、公共仓储、物流中心或者配送中心的经营模式,或者采用单项专业经营或者综合经营,实行独立经营或者联合经营的经营定位。

3.市场管理

仓储企业要广泛开展市场调查和研究,对市场环境因素以及仓储服务的消费者行为进行分析,细分市场以发现和选择市场机会;向社会提供能满足客户需求的仓储服务,制定合理的价格策略;加强市场监督和管理,广泛开展市场宣传。

4.资源管理

仓储企业需要充分利用仓储资源,为企业创造和实现更多的商业机会。

因此,要合理利用仓储资源,做到物尽其用。

5.制度管理

高效的商务管理离不开规范、合理的管理制度。仓储企业应该在资源配置、市场管理、合同管理等方面建立和健全规范的管理制度,做到权力、职责明确。

6.成本管理

一方面,企业应该准确进行仓储成本核算、确定合适价格,提高产品或服务的竞争力;另一方面,企业应该通过科学合理的组织,充分利用先进的技术来降低交易成本。

7.合同管理

仓储企业应该加强商务谈判和对合同履行的管理,做到诚实守信、依约办事,创造良好的商业信誉。

8.风险管理

仓储企业通过细致的市场调研和分析、严格的合同管理,以及规范的商务责任制度,妥善处理商务纠纷和冲突,防范和减少商务风险。

9.人员管理

仓储企业应以人为本,重视商务人员的培训和提高,通过合理的激励机制调动商务人员的积极性和聪明才智,建立一支拥有良好业务素质和服务态度的高效、负责的商务队伍。

三、仓储经营方法

企业经营活动连续不断地进行,商品的仓储数量和仓储结构也在不断变化,为了保证商品的仓储趋向合理化,必须采用一些科学的方法,对商品的仓储及仓储经营进行有效的动态控制。如何确定科学、先进、有效的仓储经营方法,使仓储资源得以充分利用是仓储企业搞好经营管理的关键。现代仓储经营方法主要包括保管仓储、混藏仓储、消费仓储、仓库租赁经营、流通加工经营等。

(一)保管仓储经营

1.保管仓储经营的方法

保管仓储是指存货人将储存物交付给仓储经营人储存,并支付仓储费用的一种仓储经营方法。

在保管仓储经营中,仓储经营人一方面需要尽可能多地吸引仓储,获得大量的仓储委托,求得仓储保管费收入的最大化;另一方面还需在仓储保管中尽量降低保管成本,来获取经营成果。仓储保管费取决于仓储物的数量、仓储时间以及仓储费率,其计算公式为:

$$C = Q \times T \times K \tag{5-1}$$

式中:C——仓储保管费;Q——存货数量;

T——存货时间;K——仓储费率。

$$仓储总收入 = 总库容量 \times 仓容利用率 \times 平均费率 \tag{5-2}$$

2.保管仓储的经营特点

保持储存物原状是保管仓储的经营特点。存货人将储存物交付给仓储经营人,他的主要目的在于保管,储存物的所有权不会因交付给仓储经营人而转移。因此,仓储企业必须提供必要的保管条件保持储存物原状,而不能对储存物进行其他处理。

3.保管仓储的经营管理

如何使仓储物品质量保持完好,需要加强仓储的管理工作。首先,要加强仓储技术的科学研究,根据商品的性能和特点提供适宜的保管环境和保管条件,保证仓储商品的数量正确,质量完好。其次,要不断提高仓储员工的业务水平,培养出一支训练有素的员工队伍,在养护、保管工作中发挥其应有的作用,最后要建立和健全仓储管理制度,加强市场调查和预测,搞好客户关系,组织好商品的收、发、保管保养工作,掌握库存动态,保证仓储经营活动的正常运行。

(二)混藏仓储经营

1.混藏仓储的经营方法

混藏仓储是指存货人将一定品质、数量的储存物交付给仓储经营人储存,在储存保管期限届满时,仓储经营人只需以相同种类、相同品质、相同数量的替代物返还的一种仓储经营方法。

混藏仓储主要适用于农业、建筑业、粮食加工等行业中对品质无差别、可以准确计量的商品。在混藏仓储经营中,仓储经营人应寻求尽可能控制品种的数量和大批量混藏的经营模式,从而发挥混藏仓储的优势。混藏仓储经营方法的收入主要来源于仓储保管费,存量越多、存期越长,收益越大。

2. 混藏仓储的经营特点

混藏式仓储是成本最低的仓储方式。当存货人基于物品之价值保管目的而免去保管人对原物的返还义务时,仓储经营人既减轻了义务负担,又扩大了保管物的范围。混藏仓储是在保管仓储的基础上,为了降低仓储成本,通过混藏的方式,使仓储设备投入最少,仓储空间利用率最高,从而使仓储成本最低。种类物混藏的方式便于统一仓储作业、统一养护、统一账务处理等管理。将所有同种类、同品质的保管物混合仓储保存,在保存方式上失去了各保管物特定化的必要,种类物成为保管合同中的保管物。各存货人对混合保管物交付保管时的份额各自享有所有权。这种种类物混藏的方式给各种作业、养护及账务工作带来管理上的便利。

3. 消费仓储经营

(1)消费仓储的经营方法

消费仓储是指存货人不仅将一定数量、品质的储存物交付仓储经营人储存,而且双方约定,将储存物的所有权也转移到仓储经营人处,在合同期届满时,仓储经营人以相同种类、相同品质、相同数量替代物返还的一种仓储经营方法。

消费式仓储经营人的收益主要来自对仓储物消费的收入,当该消费的收入大于返还仓储物时的购买价格时,仓储经营人获得了经营利润。反之,消费收益小于返还仓储物时的购买价格时,就不会对仓储物进行消费,而依然原物返还。在消费仓储中,仓储费收入是次要收入,有时甚至采取零仓储费结算方式。消费仓储的开展使得仓储财产的价值得以充分利用,提高了社会资源的利用率。消费仓储可以在任何仓储物中开展,但对于仓储经营人的经营水平有极高的要求,现今广泛开展在期货仓储中。

（2）消费仓储的经营特点

消费仓储最为显著的特点是仓储经营人在接收储存物之时便取得了储存物的所有权。在储存过程中,仓储经营人可以自由处分储存物。返还时,只需以相同种类、相同品质、相同数量的替代物返还。因此,消费仓储是仓储经营人利用仓储物停滞在仓库期间的价值进行经营,追求利用仓储财产经营的收益。

消费仓储是一种特殊的仓储形式,以种类物作为保管对象,兼有混藏仓储的经营特点,原物虽然可以消耗使用,但其价值得以保存,为仓储经营提供了发挥的空间。

4.流通加工经营

流通加工是指物品从生产地到使用地的过程,根据需要施加包装、分割、裁剪、计量、分拣、刷标志、拴标签、组装等简单作业的总称。

四、仓储经营管理的任务和原则

（一）仓储经营管理的任务

简单来说,仓储管理是对仓库及仓库内的货物进行的管理,是仓储机构为了充分利用所具有的仓储资源提供高效的仓储服务而进行的计划、组织、控制和协调过程。具体来说,仓储管理主要包括仓储资源的获得、仓储商务、出入库作业、货物的保管保养、库存控制及安全管理等一系列管理工作。宏观方面,仓储管理的任务是进行资源的合理配置及储存。微观方面,仓储管理的任务是提高企业的仓储效率、降低储运成本、减少仓储损耗,具体有以下几项。

1.合理组织收发,保证收发作业准确、迅速、及时,使供货单位及用户满意。

2.采取科学的保管保养方法,创造适宜的保管环境,提供良好的保管条件,确保在库物品数量准确、质量完好。

3.合理规划并有效利用各种仓储设施,搞好革新改造,不断扩大承载能力,提高作业效率。

4.积极采取有效措施。保证仓储设施、库存物品和仓库职工的人身安全。

5.搞好经营管理,开源节流,提高经济效益。

（二）仓储经营管理原则

仓储管理的基本原则是保证质量、注重效率、确保安全、追求经济效益。

1. 保证质量

仓储管理的一切活动,都必须以保证在库物品的质量为中心。没有质量的数量是无效的,甚至是有害的(如资金占用、产生管理费用、产生积压和报废物资)。为了完成仓储管理的基本任务,仓储活动中的各项作业必须有质量标准,并严格按标准进行作业。

2. 注重效率

仓储管理要充分发挥仓储设施设备的作用,提高仓库设施和设备的利用率;要充分调动仓库生产人员的积极性,提高劳动生产率;要加速在库物品周转,缩短物品在库时间,提高库存周转率。

3. 确保安全

仓储活动中不安全因素有很多,有的来自库存物,如有些物品具有毒性、腐蚀性、辐射性、易燃易爆等;有的来自装卸搬运作业过程,如违反机械安全操作过程等。因此,企业特别要加强安全教育,提高认识,制定安全制度,贯彻执行"安全第一,预防为主"的安全生产方针。

4. 追求经济效益

仓储活动中所耗费的物化劳动和活劳动的补偿是由社会必要劳动所决定的。为实现既定的经济效益目标,企业必须力争以最少的人、财、物消耗,及时准确地完成最多的储存任务。

五、仓储经营合理化

（一）合理化的概念

仓储合理化是指用最经济的办法实现储存的功能。仓储合理化的实质是,在保证储存功能实现的前提下尽量减少投入,这也是一个投入产出的关系问题。

(二)仓储合理化的主要标志

1.质量标志

保证被储存物的质量,是完成承载功能的根本要求,只有这样产品的使用价值才能通过物流得以最终实现。在储存中增加了多少时间价值或获得了多少利润,都是以保证质量为前提的。因此,储存合理化的主要标志中,为首的必须是反映使用价值的质量。保证储存商品的使用价值是商品储存合理化的核心。

2.数量标志

商品储存合理化的另一个标志是在保证功能实现前提下对储存商品的合理数量作出科学的决策。

3.时间标志

在保证功能实现的前提下,寻求一个合理的储存时间,这是与数量有关的问题。储存量大而消耗速度慢,则储存的时间必然长,因而在具体衡量时往往用周转速度指标来反映时间标志,如周转天数、周转次数等。

4.结构标志

结构标志是从被储存的不同品种、不同规格、不同花色的储存数量的比例关系对储存进行合理的判断。尤其是相关性很强的各种物资之间的比例关系更能反映储存合理与否。

5.分布标志

分布标志指不同地区储存的数量比例关系,以此判断当地需求比和对需求的保障程度,也可以此判断不同地区对整个物流的影响。

6.费用标志

仓租费、维护费、保管费、损失费、资金雇用利息支出等,都可以从实际费用上判断仓储的合理与否。

(三)实现商品储存合理化的措施

为了实现商品储存的合理化,企业可以采取以下十大实施要点。

1. 储存物品的 ABC 分析法

ABC 分析法是根据事物在技术或经济方面的主要特征进行分类排列,分清重点和一般,以有区别地实施管理的一种分析方法,ABC 分析法是实施储存合理化的基础,在此基础上可以进一步解决各类结构关系、储存量、重点管理技术措施等合理化问题。

2. 实施重点管理

在 ABC 分析法的基础上,分别决定实施各种物品的合理库存储备数量以及经济储备数量的办法,乃至实施零库存。

3. 适当集中储存

在形成一定规模的前提下,追求规模经济、适度集中储存是合理化的重要内容。适度集中库存是利用储存规模优势,以适度集中储存代替分散的小规模储存来实现合理化。

4. 加速总的周转,提高单位产出

储存周转速度加快,会带来一系列的合理化好处,如资金周转快、资本效益高、货损少、仓库吞吐能力增加、成本下降等。具体做法有采用单元集装存储、建立快速分拣系统等,它们都有利于实现快进快出、大进大出。

5. 采用有效的"先进先出"方式

"先进先出"是保证物品储存期不至于过长的合理化措施,也成为储存管理的准则之一。有效的"先进先出"方式主要有:贯通式货架系统、"双仓法"储存、计算机存取系统。

6. 增加储存密度,提高仓容利用率

它的主要目的是减少储存设施的投资,提高单位存储面积的利用率,以降低成本、减少土地占用。

7. 采用有效的储存定位系统

如果定位系统有效,就不仅能大大减少寻找、存放、取出的时间,而且能防止差错,便于清点。储存定位有"四号定位"和电子计算机定位等方法。

8. 采用有效的监测清点方式

对储存物品数量和质量的监测,既是掌握基本情况所必需的,也是科学库存控制所必需的。在实际工作中稍有差错,就会使账物不符,因而必须及时、准确地掌握实际储存情况,经常与账卡、物进行核对,这在人工管理或计算机管理中,都是必不可少的。此外,经常监测也是掌握被储存商品质量状况的重要工作。仓储管理中常用的监测清点方式有"五五化"堆码、光电识别系统和电子计算机监控系统。

9.采用现代储存保管技术

这是储存合理化的重要方面,主要有气幕隔潮、气调储存、塑料薄膜封闭等技术。

10.采用集装箱、集装袋、托盘等运储装备一体化方式

集装箱等集装设施的出现,给储存界带来了新观念,是储存合理化的一种有效方式。

子任务四　仓储行业发展状况

一、仓储行业发展现状

近十年来,宏观经济增速下滑,仓储行业增长放缓,生产性仓储物流流失比较明显。当前,行业竞争者数量众多,市场集中度较低,规模较小。一些传统的仓储服务技术含量低,劳动资本密集,导致价格竞争激烈,从整体上看仓储行业的利润率偏低。中小型企业以贸易贩卖为主要经营模式,基本不提供物流增值服务,行业投机性强,抗风险能力弱,并存在效率低下、人员素质低、管理水平低等各种问题。未来很多的小企业将面临淘汰,或是被大型企业并购整合的局面,行业集中度将逐渐提升。

在设备与信息化方面,仓储业普遍效率偏低、利用率不高、作业条件差、相关的技术配套和人才培养不够完善,缺乏自身发展能力。仓储作业大都负荷重、作业量大、作业环境恶劣、时间紧。虽然很多仓储服务企业与货主企业都建设了立体仓库,但很多设备依然有待升级,机械化、信息化程度也有待提升。对于存货品种繁多、存量巨大的物流与配送中心,信息技术是发展的关键。一些先进的物流企业重视信息化建设,把物流业务与信息化技术很好地融合在

一起，大大提高了物流的速度，帮助企业在短时期内迅速扩大。物流企业信息系统正在向供应链的上下游延伸，与制造业和商贸企业的信息系统融合，实现协同式发展。

在业务方面，单纯的出租库房或只提供简单服务的方式在竞争中不具优势，应在仓储保管的基础上发展增值服务，如开展加工、分拣、包装、配送、质押监管、货运代理等业务。货物质押监管有利于帮助货主企业融资、提高其生产经营规模。20世纪90年代末，中小企业飞速发展，银行积极寻求突破，沿海的一些银行尝试和大型物流仓储企业合作，借鉴西方的成功经验积极地进行了仓储金融创新。我国独特的行业环境、法律环境和流通模式等决定了仓储金融在相当长一段时间内仍然是我国重要的物流金融创新模式，未来必定有更加广阔的市场。

在行业结构性上，我国物流的社会化程度还不理想，第三方物流规模小、效率低、效益差，第三方物流占物流市场的比重尚不足25%（日本、欧洲和美国等已超过70%）。中国仓储协会针对国内450家大中型企业进行了一项关于物流需求的调研活动，很多企业都表示会选择新型物流企业，60%的企业将本企业的物流业务以外包的形式与新型物流企业合作，这样既可以享受仓储、配送等一条龙式物流服务，也有利于降低运营成本。

就地域结构而言，仓储行业整体地域分布不均，大部分分布在东部地区，尤其是长三角地区和珠三角地区分布最为集中。西部地区企业的发展明显落后于东部地区，东部外向型经济发展特点首先带动了东部地区仓储业的发展，珠江三角洲、长江三角洲、环渤海经济圈首先形成产业集群，物流业、仓储业发展迅速。最少的地区是东北部地区，占有率总体不到10%。近些年来，国家开始把缩小地区经济差异提上工作日程，并提出了诸如"西部大开发""振兴东北老工业基地""促进中部地区崛起"等国家大政方针。宏观经济的地区不平衡有望改观，落后地区的仓储行业有望得到更好的发展。

总体而言，2011年以来在全国经济快速增长的大背景下，居民消费能力也迅速提高。受益于我国经济结构转型及居民消费能力的不断提高，社会需求的增加刺激了仓储行业服务水平的提升、产能的扩大，为消费品仓储的发展提供了持续动力。在消费升级驱动下，消费品仓储和冷链仓储的发展处于快速发展期。由于环境约束要求而提升供应链服务水平的危险品仓储也处于快速发展期。大宗品仓储呈现萎缩态势,转向转型升级。其中,粮油仓储各项财务指标保持平稳,棉花仓储能力过剩,钢铁进入产能过剩时期。危险品仓储供不应求,液体危险品仓储公司在"油改"下开始发展成品油"储运和销售"业务。服装行业进入消费高增长期,并保持着高增速,物流企业对供应链分销网络进行重新优化,新的物流中心投资建设需求显著增加。电子信息制造业行业的景气度下行直接影响仓储企业需求,但制造业在西部(如成都、重庆等地)也有新发展,吸引了不少相关国内外企业投资建设仓储。家电物流的干线运输和仓储配送发展迅速,越来越多的物流企业将重心转移到发展仓储配送业务上来,零库存、立体仓库、区域分拨中心、射频识别技术发挥重要作用并日趋成熟。

二、仓储行业发展趋势

随着国家支持物流业发展相关政策措施的出台,仓储企业将面临新的发展机遇,呈现出以下六大发展趋势。

(一)服务功能不断完善,向仓配一体化发展

仓储企业通过与工商企业、零售企业与连锁商超企业、电子商务企业、农产品批发市场、生产资料批发市场等不同需求方供应链的有机融合,向各类配送中心发展。

(二)资源整合速度加快,向仓储经营网络化发展

面对工商企业供应链的一体化物流需求,仓储企业与货运、快递、货代企业之间以及各类仓储企业之间将会加快推进资源整合、兼并重组、连锁经营与经营联盟。有条件的仓储企业将会依托自身优势,以城市共同配送为基础,通过转变经营方式与资源整合,发展区域配送网络甚至全国范围内的仓储配送网络。

(三)市场进一步细分,向仓储专业化发展

面对工商企业供应链的不断优化与创新,有条件的仓储企业必将改变同质化经营策略,转向各类专业仓储。低温仓储、危化品仓储、电商仓储、物资仓储、医药及中药材仓储的管理与服务将更加专业和精细。

（四）新兴业态逐步成熟，向规模化发展

仓库租赁企业将会更加贴近物流需求，仓库设施的建设将向网络化与定制化方向发展，仓库开发方式将会更加灵活。私人自助仓储将会逐步进入快速发展期，更多投资人将会进入这个领域，现有自助仓储企业将会不断扩建经营网点，并逐步走进大型高端社区。处于阵痛期的金融仓储业将随着 3 年左右的调整与规范在探索中前进，仍将保持稳定发展态势。

（五）行业标准广泛实施，向仓储管理规范化发展

随着国家有关部门对物流标准化工作力度的加强，特别是市场竞争的加剧，标准化必将成为引领仓储业转型升级和现代化建设的主要力量，仓储企业经营管理必将向规范化发展。

（六）技术改造加快推进，绿色环保成为新趋势

机械化、自动化与信息化成为仓储业转型升级的重要内容。在国家政策推动与企业自身降低成本的内在驱动下，绿色环保的仓库建筑材料、节能减排的仓储设备、仓库屋顶光伏发电、冷库节能技术等将会逐步在仓储行业得到应用。

任务二　农产品仓储保管办法

一、传统仓储

传统仓储是劳动人民在长期生产实践中发明创造出来的方法，如堆藏、沟藏、窖藏、通风库等简易储存方式。这类简易储存方式投资少，结构较简单。目前，我国蔬菜果品储存中相当大一部分仍采用传统储存方法。

二、低温储存

低温储存一般可以分为冷冻和冷藏两种方式。前者要将保藏物降温到冰点以下，使水分部分或全部变成冻结状态，动物性食品通常用此法。后者无冻结过程，通常降温至微生物和酶活力较小的温度，新鲜果蔬类常用此法。食品变质的原因有多种，如果把食品进行冷冻加工，食品的生化反应速度就会大大减慢，这样食品可以在较长时间内储存而不变质，这就是低温储存食品的基本原理。

三、气调储存

气调储存是在冷藏保鲜的基础上,增加气体成分调节,通过对储存环境中温度、湿度和二氧化碳、氧气、乙烯浓度等条件的控制,抑制果蔬的呼吸作用,延缓其新陈代谢过程,更好地保持果蔬新鲜度和商品性,延长果蔬储存期和销售货架期。

四、生物保鲜技术储存

生物保鲜技术原理主要有隔离农产品与空气的接触、延缓氧化作用、抑菌或杀菌调节果蔬生理代谢等。它的方法主要有涂膜保鲜、天然提取物保鲜、生物酶保鲜、拮抗菌保鲜、微生物菌体次生代谢产物保鲜等。

任务三　案例分析

"仓配一体化"成为电商物流企业发展新方向

2012年至2017年的五年,电商物流相互成就,电商贡献了快递公司60%以上的单量,2015年和2016年电商GMV增速放缓,主要来源于电商对低客单商品的渗透,所以电商单量依旧维持较高增速。仓配一体化是未来的大趋势。仓配一体化,就是仓和配的结合,既要有仓储的网络,又要有配送的网络,仓储网络和快递网络联手才能真正为企业做到"一条龙、一站式"服务。从电商运营模式看,B2C电商物流运营模式可分为:自建仓配、卖家仓储＋第三方配送、第三方仓配。

对于中小型的电商企业来说,仓配一体化成本上优于卖家"自选仓储＋第三方配送"及自建仓库,主要体现在节省仓储成本和运输成本、提高存货周转率、改善客户体验上。

首先,通过卖家货物的集中存放,可以实现仓储成本的规模经济。

其次,货物出仓后的统一配送成本低于卖家从单个仓库统一发货。

再次,通过物流网络,可以统一运往中心仓,减少了揽件成本和运输费用。

最后,通过销售大数据库,商家在客户下单前就用算法预测了当地的出货量,并提前在相应的大区仓库铺货,节省了干路运输费,又大大缩短了整体快递时间,最终提高了存货周转效率,改善了客户体验。

电商的各种运营模式各有优劣,对于第三方仓储物流的优势主要是大数据运营能力、仓储和配送。大数据能力,即通过数据安排铺货,合理配置存货和仓储资源。京东和天猫都有非常成功的运营经验和数据。仓储端:仓储分布基本一致,仓储铺货核心在于销售数据,通过数据分析安排铺货,节省运输成本,提高运输效率。配送端:节约配送成本,第三方凭借规模经济成本更低。

未来,电商企业只有在整个供应链条的衔接与配合方面做到都足够出色,才能在众多电商企业中脱颖而出。第三方仓配可有效避免在仓储中消耗过多的人力、物力、财力等,使商家有更多时间去处理经营中的问题。由此来看,仓配一体化已经成为电商物流和第三方物流新的发展方向。

问题:

1. 互联网环境下,电商快速发展对物流产生怎样的影响?

2. 传统仓储配送行业和仓配一体化有何不同?

项目六　农产品物流信息

任务一　农产品物流信息的含义

物流信息是反映各种物流活动内容的知识、资料、图像、数据和文件的总称,包括进货信息、库存信息和运输信息等。物流信息是在物流活动中产生及使用的信息,是物流活动在内容、形式、过程以及发展变化上的反映。物流与信息关系非常密切,物流从一般活动成为系统活动,有赖于信息的作用,如果没有信息,物流则是一个单向的活动。只有靠信息的反馈作用,物流才能成为一个有反馈作用的,包括输入、转换、输出和反馈四大要素的现代系统。

一、物流信息的概念及特点

(一)物流信息的概念

GB/T 18354—2006 对物流信息的定义是"反映物流各种活动内容的知识、资料、图像、数据、文件的总称"。

物流信息首先是反映物流领域各种活动状态、特征的信息,是对物流活动的运动变化、相互作用、相互联系的真实反映,包括知识、资料、情报、图像、数据、文件、语言和声音等各种形式。它随着从生产到消费的物流活动的产生而产生,与物流的各种活动(如运输、保管、装卸、包装及配送等)有机地结合在一起,是整个物流活动顺利进行所不可缺少的条件。

(二)物流信息的特点

物流信息除了具有信息的一般属性之外,还具有自己的一些特点,主要包括如下几点。

1.广泛性

由于物流是一个大范围内的活动,物流信息源也分布于一个大范围内,信息源点多,信息量大,涉及从生产到消费、从国民经济到财政信贷的各个方面,物流信息来源的广泛性决定了它的影响也是广泛的,涉及国民经济各个部门、物流活动各环节等。

2. 联系性

物流活动是多环节、多因素、多角色共同参与的活动,目的就是实现产品从产地到消费地的顺利移动。因此,在该活动中所产生的各种物流信息必然存在十分密切的联系,如生产信息、运输信息、储存信息、装卸信息间都是相互关联、相互影响的。这种相互联系的特征是保证物流各子系统、供应链各环节,以及物流内部系统与物流外部系统相互协调运作的重要因素。

3. 多样性

物流信息种类繁多,从其作用的范围来看,该系统内部各个环节有不同种类的信息,如流转信息、作业信息、控制信息、管理信息等,物流系统外也存在各种不同种类的信息,如市场信息、政策信息、区域信息等;从其稳定程度来看,有固定信息、流动信息与偶然信息等;从其加工程度看,有原始信息与加工信息等;从其发生时间来看,又有滞后信息、实时信息和预测信息等。在进行物流系统的研究时,应根据不同种类的信息进行分类收集和整理。

4. 动态性

多品种、小批量高频率的配送技术与 POS、EOS 等技术的不断应用,使得各种物流作业频繁发生,加快了物流信息的价值交换速度,这就要求物流信息要不断更新。物流信息的及时收集、快速响应、动态处理已成为主宰现代物流经营活动成败的关键。

5. 复杂性

物流信息的广泛性、联系性、多样性和动态性带来了物流信息的复杂性。在物流活动中,企业必须对不同来源、不同种类、不同时间和相互联系的物流信息进行反复研究和处理,才能得到有实际应用价值的信息,去指导物流活动。这是一个非常复杂的过程。

（三）物流信息的组成与分类

1.按管理层次划分

按管理层次不同,物流信息可以分为战略管理信息、战术管理信息、知识管理信息、操作管理信息四类。

（1）操作管理信息

操作管理信息产生于操作管理层,反映和控制企业的日常生产和经营工作。例如,每天的产品质量指标、用户订货合同、供应厂商原材料信息等。这类信息通常具有量大且发生频率高等特点。

（2）知识管理信息

知识管理信息是知识管理部门相关人员对企业自己的知识进行收集、分类、存储和查询,并进行知识分析得到的信息。例如,专家决策知识、物流企业相关知识、工人的技术和经验形成的知识信息等。

（3）战术管理信息

战术管理信息是部门负责人做关系局部和中期决策所涉及的信息。例如,月销售计划完成情况、单位产品的制造成本市场商情信息等。

（4）战略管理信息

战略管理信息是企业高层管理决策者制定企业年经营目标、企业战略决策所需要的信息。例如,企业全年经营业绩综合报表、消费者收入动向和市场动态、国家有关政策法规等。

2.按信息来源分类

按来源不同,信息可分为物流系统内信息和物流系统外信息两类。

（1）物流系统内信息

物流系统内信息是伴随物流活动而发生的信息,包括物料流转信息、物流作业层信息、物流控制层信息和物流管理层信息。

（2）物流系统外信息

物流系统外信息是在物流活动以外发生的,但提供给物流活动使用的信息,包括供货人信息、顾客信息、订货合同信息、交通运输信息、市场信息、政策信息,还有来自企业内生产、财务等部门的与物流有关的信息。

（四）物流信息的作用

物流系统是由多个子系统组成的复杂系统，它们通过物资实体的运动联系在一起，一个子系统的输出是另一个子系统的输入。合理组织物流活动，就是使各个环节相互协调，根据总目标的需要，适时适量地调度系统内的基本资源。物流系统中的相互衔接是通过信息予以沟通的，而且基本资源的调度也是通过信息的传递来实现的。例如，物流系统和各个物流环节的优化所采取的方法、措施，以及选用合适的设备、设计合理的路线、决定最佳库存量，都要切合系统实际，即依靠能够准确反映物流活动的信息。因此，物流信息对提高经济效益起着非常重要的作用。

二、物流信息系统

（一）物流信息系统的概念

在物流范畴内建立的信息收集、整理、加工、储存服务工作系统，称为物流信息系统。它是一个对从采购到配送全过程进行控制的信息管理系统，同时也是为物流管理人员及其他企业管理人员提供战略及运作决策支持的人机系统，还是企业管理信息系统的一个重要子系统。建立物流信息系统，提供迅速、准确、及时、全面的物流信息是现代企业获得竞争优势的必要条件。

物流信息系统是一个由人、计算机等组成的能进行物流信息的收集、传送、储存、加工、维护和使用的系统。物流信息系统能监测物流的各种运行情况，利用过去的数据预测未来，从全局出发辅助进行决策，利用信息控制企业的物流行为，帮助企业实现其物流规划目标。物流信息系统是物流和物流信息的统一，它的内容贯穿于物流企业信息活动的全过程，如信息的产生、收集整理、编码、传递处理存储、分发和使用。物流信息系统具有物流数据处理、物流事物处理和辅助决策等功能，其应用范围广泛，实用价值很高。物流信息系统的概念模型，如图6.1所示。

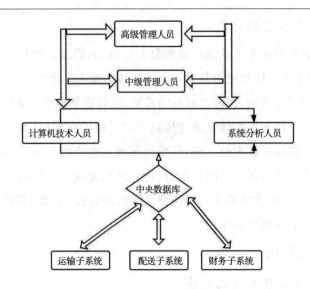

图 6.1 物流信息系统的概念模型

(二)物流信息系统的类型

(1)按系统的结构不同,物流信息系统可分为单功能系统和多功能系统。单功能系统只能完成单一的工作,如合同管理系统、物资分配系统等;多功能系统能完成一个部门或一个企业所包含的全部物流信息管理工作,如仓库管理系统、运输管理系统等。

(2)按系统功能性质不同,物流信息系统可分为操作型系统和决策型系统。操作型系统是按照某个固定模式对数据进行固定的处理和加工的系统,它的输入、输出和处理均是不可变的;决策型系统则能根据输入数据的不同,运用知识库的方法,对数据进行不同的加工和处理,并给用户提供决策的依据。

(3)按系统配置不同,物流信息系统可分为单机系统和网络系统。单机系统,即信息系统仅能在一台计算机上运行,虽然可以有多个终端,但主机只有一个;网络系统,即信息系统使用多台计算机,相互间以通信网连接起来,使各计算机实现资源共享。

三、物流信息系统的作用和功能

(一)物流信息系统的作用

物流信息系统的应用可以缩短从接受订货到发货的时间,实现库存适量化,缩减库存开支,提高搬运作业效率,实现合理运输,降低运输成本,提高运输效率,使接受订货和发出订货更为省力,提高订单处理的精度,防止发货与配送差错,实时反映物流市场变化并作出即时反应等。最重要的是通过物流信息系统的应用,能够实现物流各个环节、各个部门与各个企业之间的完美衔接和合作,实现物流资源的合理调配和使用,保证一体化物流供应链管理的完成,达到"以客户为中心,以市场为基础"的物流服务目标。国内外在物流领域中应用信息系统的结果证实,物流的各个领域都可以通过采用以计算机为基础的信息系统而得到改善。统计证实,应用物流信息系统,常常可使生产率提高 $10\% \sim 15\%$。

(二)物流信息系统的功能

物流系统的不同阶段和不同层次之间通过信息流紧密地联系在一起,因而在物流系中,总存在着对物流信息进行采集、传输、存储、处理、显示和分析的物流信息系统。它的基本功能可以归纳为以下几个方面,如图 6.2 所示。

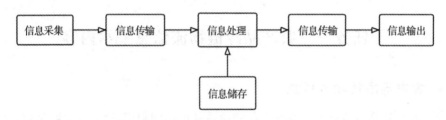

图 6.2 物流信息系统的基本功能

1.数据的采集

物流信息系统首先要以某种方式记录下物流系统内外的有关数据,集中起来转化为物流信息系统能够接收的形式并输入系统中。

2.信息的存储

数据进入系统之后,经过整理和加工,成为支持物流系统运行的物流信息,这些信息需要暂时存储或永久保存,以供使用。

3.信息的传输

物流信息来自物流系统内外有关单元,又为不同的物流职能所用,因而克服空间障碍的信息传输是物流信息系统的基本功能之一。

4.信息的处理

物流信息系统的最基本目标,就是将输入数据加工处理成物流信息。信息处理可以是简单的查询排序,也可以是复杂的模型求解和预测。信息处理能力的强弱是衡量物流信息系统能力的一个重要方面。

5.信息的输出

物流信息系统的作用是为各级物流人员提供信息,为了便于人们的理解,系统输出的形式应力求易读、易懂、直观、醒目。这是评价物流信息系统的主要标准之一。

物流信息系统应向信息采集的在线化、信息存储的大型化、信息传输的网络化、信息处理的智能化以及信息输出的图形化方向发展。

任务二　农产品冷链物流信息概述

子任务一　农产品冷链物流信息基本内容

一、农产品冷链物流信息

农产品物流信息是反映农产品物流活动内容的知识、资料、图像、数据、文件的总称,是农产品物流活动内容、形式、过程以及发展变化的反映。农产品物流信息有狭义与广义之分,狭义的农产品物流信息是指与农产品物流活动(如运输、保管、包装、装卸、流通加工等)有关的信息;广义的农产品物流信息还包括与其他流通活动有关的信息,如农产品交易信息、市场信息等。农产品物流信息具有市场交易、业务控制、工作协调和支持决策的功能。

二、农产品物流信息的分类

(一)按农产品物流信息的作用分类

1.计划信息

计划信息指尚未实现的但已作为目标确认的一类信息,如农产品物流量计划、仓库作业计划、与农产品物流活动相关的国民经济计划等。这种信息的特点是带有稳定性,信息更新速度较慢。

2.控制及作业信息

控制及作业信息是农产品物流活动过程中发生的信息,带有很强的动态性,是掌握物流现场活动状况不可缺少的信息,如农产品库存量、载运量、运输工具状况等。

3.统计信息

统计信息是农产品物流活动结束后针对整个物流活动归总的一种总结性、归纳性信息。虽然新的统计结果不断出现,从总体上来看具有动态性,但是已产生的统计信息都是一个历史性的结论,是恒定不变的。

4.支持信息

支持信息是能对农产品物流计划、业务、操作产生影响的相关科技、产品、法律、文化、教育等方面的信息。

(二)按农产品物流信息的活动领域分类

按农产品物流各个分系统和不同功能要素分,可以将农产品物流信息分为采购供应信息、仓储信息、运输信息等。

三、4PL冷链信息平台相关概述

(一)4PL冷链信息平台的构建

1.4PL冷链信息平台需求分析

4PL冷链信息平台为4PL冷链运作提供支撑,通过对冷链物流信息的收集、传输和处理,为整个供应链活动的整合提供决策依据,实现对整个冷链全过程的监控与追溯。然而,4PL冷链信息平台既需要对涉及的大量数据、众多应用进行整合,又需要保证对业务环境或业务需求变化的应对处理,因而为了保证4PL信息平台能有效集成各方应用,满足各方关注点和信息需求,充分利用现有冷链设施和设备,本章将在对4PL冷链和平台建设分析的基础上,采用TOGAF架构设计方法对4PL冷链信息平台进行构建。

2.4PL冷链业务分析

近年来,我国生鲜农产品的产量和流通量逐年增加,主要集中在冷饮市场、水果市场、肉制品市场、速冻食品市场和乳制品市场等。数据显示,2015年冷链物流市场规模 1509 亿元,年增长率为 22%。全社会对关乎生鲜农产品安全和品质的冷链物流也提出了更高的要求。2010 年,国家发展和改革委员会发布的《农产品冷链物流发展规划》提出要把"推动冷链物流信息化"作为冷链物流发展主要任务。我国农产品冷链物流虽然市场发展潜力大、发展速度较快,但由于农产品冷链本身比较复杂、运作难度大、成本高,专业化、规模化、系统化的冷链物流体系还没有形成,远远不能适应我国经济的发展需求。目前,很多企业借助第三方物流服务商专业的物流运作体系与配送设施等实现冷链物流业务,但冷链产品对环境、仓储和运输设备特殊的要求,4PL 对控制整体供应链成本的弱势,以及客户对生鲜产品多样化和品质的要求,使得选择什么样的物流模式成为解决我国冷链物流发展的关键问题。

共同配送是经过长期的发展和探索优化出的一种追求合理化的配送形式,也是美国、日本等一些发达国家采用较为广泛、影响面较大的一种先进的物流方式。共同配送可以是在几个有运输需求的企业合作下,由同一个物流服务公司提供配送服务,也可以是为某一地区的企业提供运输服务时,许多物流服务公司联合在一起进行配送,并由配送中心统一规划和指挥。其实,共同配送正是第四方物流某一方面特征的体现,也即为了提高物流服务效率、降低物流成本,基于资源整合和信息共享的理念,企业间通过合同契约等合作方式共享有限的资源,实现统一的目标。

然而,共同配送涉及的面毕竟太窄,虽然能够在某种程度上提高效率、降低成本,但是不能保证全局的优化,不能实现冷链上下游的整体规划和整合。另外,共同配送欠缺对一些关键问题,如路径优化、信任机制、冷链监控与追溯和应急决策等方面的考虑,而第四方物流能够很好地弥补共同配送方面的不足,具有有效整合供应链上下游资源、提供全局冷链优化方案以及解决冷链"断链"问题和监控与追溯等方面的能力。

3.冷链物流信息平台建设分析

目前,投入使用的大型冷链物流信息平台还很少,2015 年 12 月,由中国冷链物流联盟和中关村绿色冷链物流产业联盟指导的"冷链蜘蛛平台"上线,该平台实施网络实名制,充分利用互联网技术和大量行业资源,涵盖车货匹配、冷链监控与追溯、车辆定位和在线支付等功能，呼吁"区域联盟、专线联合"联储联运战略，把单体冷库、单线运输"连点成线、结链成网"，打通信息孤岛，实现资源共享。2015年，天猫"喵鲜生"与菜鸟网络、4PL合作，整合多家冷链仓储和物流团队，利用阿里大数据平台对生鲜宅配流程进行优化，建立了高效的开放式冷链，实现了北京五环内的三小时极速达服务。

而大多数的冷链平台都针对小范围企业或短途运输配送，行业标准不一，制度不完善，从服务到管理都很混乱，完全不能满足冷链物流信息化的需求，即便有些企业如京东自建冷链仓配一体化网络，构建自身物流信息平台，然而高额的冷链自建成本仍会导致企业亏损，无力打通平台的数据，也无法保障全程冷链。

另外，针对冷链信息平台的研究大多侧重于技术角度，黄锋等考虑将应用程序植入手机终端，通过该平台使用移动式和手持式等方式采集数据，提高数据采集准确率，以满足冷链物流灵活和实时信息化的要求。张珺基于冷链物流中的RFID，设计和实现了E－Pedigree系统。徐丽敏在肉品冷链物流背景下，研究基于Zigbee的无线传感器网络，实现冷链物流中冷藏车的温度数据实时采集和数据通信。然而，信息平台的构建离不开供应链网络的合理规划，以及行业标准和制度的规范等。

因此，针对当前冷链物流存在的问题，需要通过信息平台打通冷链仓储、运输和配送环节，解决"信息孤岛"问题，整合行业分散的资源，提高信息利用效率，既需要将移动互联网、大数据、云计算、物联网等技术应用到冷链产业，通过平台的决策功能等对需求和供给进行准确预测，也需要借助4PL运作模式以及合理的平台规划方法，如TOCAF方法指南，对冷链平台进行全方位的设计和规划，以满足冷链信息化需求。

(二)4PL冷链信息平台和运作模式

1.4PL冷链信息平台

第四方物流冷链平台是第四方物流对冷链进行集成、整合冷链各方资源、实现全程冷链无缝对接、统一服务标准、为冷链市场提供一体化服务的基础，是将消费者的需求信息、第四方物流的服务信息、冷链企业的供应信息联系起来的桥梁。

第四方农产品冷链平台的作用主要体现在以下几个方面。

　　一是整合冷链资源。第四方物流将冷链相关资源,如冷链大型供应商资源、冷链企业冷藏冷冻库、第四方物流企业、咨询服务机构等所拥有的车辆、配送中心、软硬件设施,把技术等资源进行合理的安排,解决当前车货匹配难、自建物流成本高、冷链覆盖率低、产品损失大等问题形成集调度、仓储、运输和配送于一体的综合控制平台。二是整合信息资源。第四方物流服务商利用现代化信息技术、网络技术以及先进的全温层配送解决方案等,实现信息的集成和共享,为冷链市场发展开创一种全新、高效率的模式。三是实现冷链全面跟踪和追溯。农产品冷链最重要的保证是全程温控,第四方物流在冷链的引入中可实现全程冷链无缝对接,全程电子监控可查。

　　第四方农产品冷链平台的核心也在于决策的支持以及全程温控,其基础在于信息和资源的集成,如图 6.3 所示。信息和资源中心通过现代化信息技术,尤其是物联网技术等,收集生产者、供应商等主体信息,冷藏冷库、配送中心等基础设施信息以及由订单带来的产品加工、冷藏、运输、配送物流业务信息。决策支持是在信息收集的基础上,提供物流业务解决方案和优化决策。全程温控是指农产品从采购、预冷、加工到运输、冷藏、集货和配送环节都处于一定温度条件下,以保证产品质量、减少产品损耗。而要实现全程温控则需要建立冷链跟踪与追溯体系。

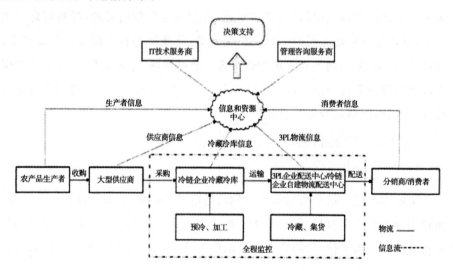

图 6.3　第四方农产品冷链平台信息和资源集成

2.4PL 冷链运作模式

第四方物流主要采用三种运作模式：协同运作、方案集成和行业创新。考虑到冷链运作特点，本书将采用冷链协同运作模式。3PL 企业和 4PL 企业通过商业合同或战略联盟方式进行合作，共同开发市场，3PL 主要负责冷链主体之间的运输、仓储和配送等具体物流任务，4PL 给 3PL 提供必要的战略管理能力和资源集成技术，并对物流解决方案进行规划和整合。这种模式能够避免冷链内部脱节，增加供应链的敏捷性和协调性，改善冷链的服务水平和运作效率。因此，根据第四方物流的核心、思想，在传统农产品运作模式的基础上，构建了图 6.4 的农产品冷链运作模式。

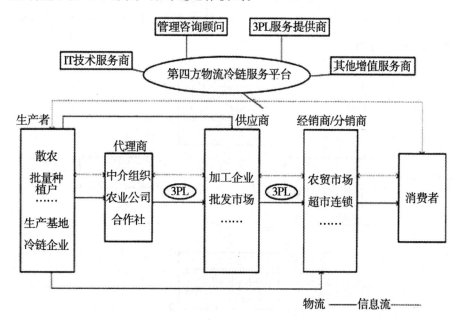

图 6.4　第四方农产品冷链物流运作模式

该模式下，服务平台根据各方需求，以订单信息流为核心，在冷链各主体之间的冷链环节，如流通加工、运输配送、市场交易、批发中转以及销售服务等，在 IT 技术服务商、管理咨询顾问、第三方物流服务提供商以及增值服务商的参与下，整合信息流、物流等，实现全程冷链运作。

(三)4PL 冷链信息平台总体架构设计

4PL 物流信息平台由多方参与建设，通过对物流各个环节的相关信息进行采集、分类、整合以及管理和控制,为整条供应链上的不同企业信息系统提供基础支撑信息,满足各方的信息需求,同时通过第四方物流送样的策略来实现各方的有效协同运作。依据 TOGFA 物流信息平台总体构建方法,4PL 冷链信息平台首先在明确架构愿景或目标的前提下,在充分考虑用户需求的基础上,合理提炼核心业务流程,集成平台数据,实现异构信息系统之间的信息共享和互通,它将为众多冷链行业提供数据接入服务,延伸企业各自为政的运作平台,并支持企业之间的交易活动。

1. 冷链平台架构愿景设计

根据 TOGAF 架构愿景规划方法,以及对冷链的发展现状,选取 PEST 方法来对区域性冷链物流环境进行分析,以确定冷链信息平台的发展策略和方向,如图 6.5 所示。

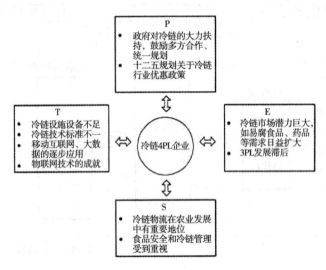

图 6.5　冷链 PEST 分析

4PL 冷链信息平台的总体目标是构建覆盖区域的冷链物流信息基础交换网络和门户网站,实现平台与各类相关物流信息平台或信息系统之间可靠、安全、高效、顺畅的信息交换;实现冷链平台及各方相关信息平台数据的标准化,提供权威和准确的物流公共信息服务;有效促进冷链物流产业链的各环节信息互通和资源共享。

该平台主要提供五大功能:基础数据交换、物流信息服务、在线交易、决策支持和冷链监控与追溯。基础数据交换功能是通过统一的技术标准、基础交换网络,满足跨企业或部门的物流数据交换需求。物流信息服务功能是通过门户网站,实施更新冷链信息及车货供需信息,满足各方对信息的需求。在线交易功能为冷链平台供需双方提供冷链运输交易的平台,同时包括在线支付、运输方式选择等功能。决策支持则为4PL提供解决方案生成及优化等帮助。冷链监控与追溯功能主要为监管机构、企业及客户提供监控与溯源服务。

2.冷链业务架构设计

业务架构是第四方物流关键业务战略以及它对业务及功能和流程的影响的宏观体现,业务架构定义了第四方物流冷链平台的业务价值以及平台相关企业的协作关系,将宏观的业务目标转换成了可操作的业务流程或模型。冷链业务架构除了包含上述的运作模式和集成模式外,还应根据业务提取出业务组件或业务流程等。

通过 BPM 流程建模提炼出平台的核心业务功能,主要包括冷链业务交易系统、物流决策支持系统、冷链跟踪与追溯系统三个子系统,各个系统之间可以实现平台内部的功能调用。

如描述一个简易冷链业务流程,如图 6.6 所示。该业务流程驱动始于客户订单需求,通过车货匹配选择合适的 3PL 供应商,由 3PL 供应商负责运输配送环节,4PL 也会辅助 3PL 进行决策,进行路径规划、车辆调度、冷藏冷冻处理等完成运单,最终的企业或个人用户可进行溯源查询,并在线上达成交易。

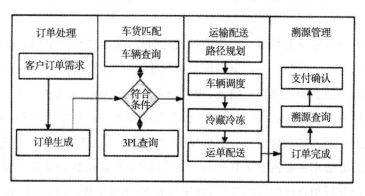

图 6.6 冷链业务流程

(1)物流业务交易

物流业务交易主要解决当前冷链信息不对称、车货不匹配、信用不确定以及金融支付等方面的问题,提供相对应的综合信息服务、车货供需匹配、信用评估认证、金融支付服务功能。

综合信息服务主要是在 4PL 冷链户口平台上,发布一些最新的冷链行业资讯、车辆等运输资源、货物派送等需求信息。车货供需匹配主要针对货主、承运人以及 3PL 等主体对象,将货主发布的货物派送需求信息与 3PL 服务商信息、承运人发布的车辆信息进行智能匹配,提供可选的多个优化方案,以降低车辆空载率、解决冷链货源因不能及时找到合适的运输方式而浪费的问题。与此同时,企业发布的冷藏设备、冷藏仓库等资源也可以作为 4PL 规划考虑的内容,作为全程冷链解决方案的一部分。信用评估认证主要是综合考虑 3PL 的规模、历史数据等信息做出一个 3PL 信用量化评价,以便 4PL 服务商为供应链提供更优化的服务方案。金融支付主要是对供需匹配后的业务交易提供金融支付服务,如第三方支付、交易明细查询、融资服务以及风险控制服务等。

(2)物流决策支持

第四方物流服务商要想在满足用户服务质量需求和各方物流运作业务需求的同时,最大效率地降低冷链成本和提高服务质量,就必须通过决策支持,根据已有的信息和资源,利用智能算法,生成最优的物流服务方案。

冷链决策支持模型主要包括决策资源库、决策处理中心和人机交互界面,如图 6.7 所示。

决策资源库是进行冷链决策的基础和前提,它主要包括主题资源库、模型库和方法库三个部分。主题资源库是根据物流任务需要将分布在不同异构系统数据服务器上的物流动态信息、物流服务历史数据以及物流资源信息通过构建数据仓库,经过数据抽取、清洗、转换和加载来进行数据的集成,继而在较高层次上按照主题对象进行分类组织的,如划分产品、订单、运输、冷冻等主题资源库。方法库主要指通过联机分析处理 OLAP 以及数据挖掘 DM 等来对数据进行分析和处理的智能算法,如决策树法、KNN 法、支持向量机、神经网络等。模型库主要指通过智能算法和流程构建的处理模型,如基于模糊网络分析法的供应商评价模型、基于粒子群算法或蚁群算法的物流配送模型等。模型库中的模型随着冷链物流的运作不断更新和完善,以便为冷链物流决策提供更优化的决策方案。

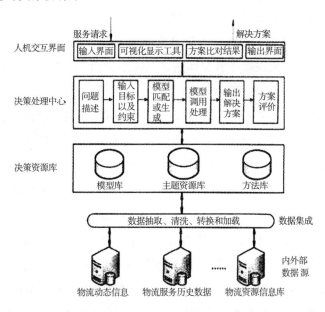

图 6.7　冷链决策支持模型

决策处理中也包括决策问题描述、输入目标及约束条件、模型匹配、模型调用和处理、输出解决方案以及方案评价等过程。问题描述用来确定问题边界、输入目标及约束条件,并用决策资源库中相应模型进行匹配,然后调用该模型进行处理,得到最优解,形成解决方案并输出,最后通过评价算法实现方案的评价和选择。

人机交互界面通过友好的用户界面帮助决策者实现物流问题决策。用户根据请求的服务在输入界面输入各类查询条件,系统自动显示满足查询条件的各类物流运作信息,在涉及路径选择和冷藏配送等复杂的决策问题时,系统提供可选的决策模型并通过可视化图表等显示工具和方案比对结果帮助用户更直观地进行决策。

(3)冷链跟踪与追溯

从整个冷链角度出发,真正实现农产品从田间到餐桌的全程跟踪和监控,保障农产品质量安全是 4PL 冷链平台的目标。实现冷链的全程跟踪和监控离不开冷链技术的支撑,国内外不少学者研究了冷藏冷冻各项技术的实现方法和手段,射频识别、GPS、无线传感网络、温控管理系统等先进技术也在冷链物流监控实践领域得到了广泛的运用。

根据农产品冷链的组成以及物联网技术在冷链物流中的应用,构建了图 6.8 所示的冷链物流跟踪与监控体系。该体系分为四个层次:业务信息、信息采集、信息传输与信息处理。

业务信息伴随着冷链活动的进行而实时流动,信息流伴随物流变化而变化。信息采集是在冷链不同环节采用不同技术对环境和过程等信息进行采集,如通过温度、湿度、SO_2 浓度等传感器采集生产加工信息和仓储信息,通过 RFID 和 EPC 技术实现农产品的编码标识和信息存储,利用全球定位系统 GPS 采集运输车辆位置信息,通过 RFID 标签和嵌入式设备采集销售控制信息、电子交易信息等。信息传输则根据不同传输网络的特点和不同应用场景的实际需求,采用无线传感器网络 WSN、电信网络、广电网络和互联网等进行信息传输,如在交易环节,可以采用 WIFI 进行交易管理系统与销售控制终端之间的数据传输。

在信息处理层,生产加工管理信息系统的数据来源于生产或加工者手持终端数据采集、采集设备数据导入,通过多种方式实现农产品的生产加工过程记录。仓储配送管理信息系统将采集节点传上来的数据进行集中式控制,实时监控环境状态包括运输车辆的定位、跟踪和监控,并针对异常情况及时处理并跟踪档案。市场交易管理信息系统则对冷链产品渠道进行监管,明确责任人,建立监管档案。质量溯源管理信息系统将冷链各方的数据进行汇总,建立统一的质量安全追溯基础数据库,提供方便的查询服务,使得最终的消费者或监管部门通过溯源终端即可追溯到产品信息。因此,通过 4PL 冷链物流跟踪与监控体系即可全方位地实现冷链产品的跟踪与追溯。

4PL 冷链平台的目的在于为冷链上下游资源的整合提供信息支撑环境,为农产品配送、仓储和销售等冷链环节提供决策支持,因而结合上述第四方物流运作模式和集成方式,以及冷链决策支持和跟踪追溯体系,设计 4PL 冷链平台,其主要功能结构图如图 6.9 所示,主要包括冷链信息发布、实时监控、决策支持、溯源管理以及系统管理五大功能模块。

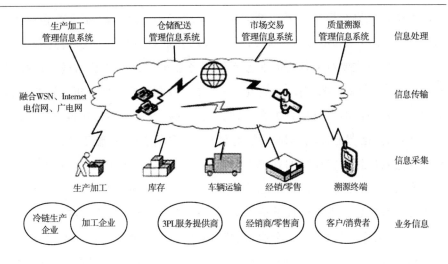

图 6.8　冷链跟踪与监控体系

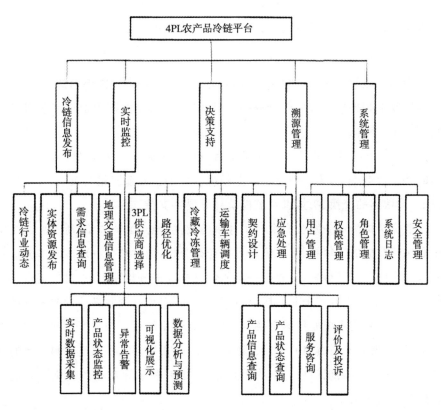

图 6.9　4PL 冷链平台功能结构图

冷链信息发布模块主要包括冷链行业动态,实体资源(如冷链企业的车辆、3PL的冷藏库和电子设备等),需求信息查询以及地理交通信息管理等。实时监控模块主要对从各实时业务系统服务器采集过来的数据进行监控,包括数据采集、产品状态监控、可视化展示、异常报警以及数据分析与预测,从各个角度来对产品的实时信息进行处理。决策支持模块主要是在各方基本信息如区域信息、运营业务范围和时间、仓储中心、冷藏中心、运输工具以及运营策略等信息及决策支持模型的基础上根据特定物流需求和物流问题,解决3PL供应商选择、路径优化、冷链冷冻管理策略、运输车辆调度和规划、契约设计和应急处理等问题。溯源管理模块则为平台用户提供产品溯源功能,如产品信息查询,包括产地信息、加工企业、包装时间以及保质期等信息的查询,也可以根据相应权限查询产品在冷链某环节的状态信息,对溯源结果评价反馈,对有问题的产品进行服务咨询和投诉。系统管理模块则对平台进行管理,包括用户管理、权限管理、角色管理、安全管理和生成系统日志等。

3. 冷链数据架构设计

当前冷链数据库大多很孤立,都是为了某业务环节的需要而建立的,重复的数据收集和整理一方面造成数据的极大冗余,另一方面也造成了资源的浪费和效率的降低。

在冷链业务架构提炼出的冷链业务功能的基础上,数据架构考虑构建统一的共享数据中心,集成现有的业务系统及外部企业系统相关数据,规范数据标准,为数据的交换、决策以及监控统计等提供支持。

数据架构为业务系统提供一个共享的数据中心,如图6.10所示。该共享中心包括数据的采集更新、组织管理和挖掘分析,通过数据抽取或同步方法将各数据源的数据进行采集,并按一定的信息标准进行数据更新;对外提供统一的接口,不依赖于各方企业的接口,可实现在不对现有资源进行大改的基础上完成分布式异构系统的数据交换,将重要的、通用的业务数据汇总到一个数据库中,通过划分不同面向业务的主题数据库,便于数据在各部门之间有效的流通、共享和利用,实现门户平台的单点登录,也有利于针对业务变化灵活地开发相对应的应用。

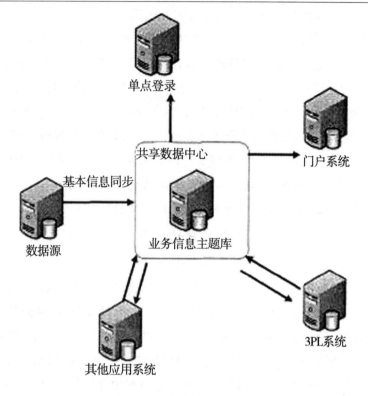

图 6.10 冷链数据共享中心

子任务二 农产品冷链物流公共信息平台——基于物联网

一、物联网技术在农产品冷链物流中的应用

（一）物联网技术在农产品冷链物流生产加工中的应用

农产品从产地采购时，对其进行电子标签编码，把产品产地、当时的存在状态以及相关负责人等信息输入数据库，通过电子标签，可以监控产品的生产加工过程，使其在生产加工过程中的操作透明化。

（二）物联网技术在农产品冷链物流运输环节中的应用

农产品冷链运输中物联网技术的应用，大大提高了运输的质量和效率，有效地保证了运输时间。首先，物联网技术的应用可以对冷链运输车辆进行实时跟踪,可以实时地从 GIS 地理信息系统上直观了解运输车辆所在的地理位置、道路情况、离最近冷库的距离,可以为运输车辆设计最佳行驶路线并通过 GPS 进行导航,确保了运输车辆的及时、准确调度,缩短了产品的在途时间。其次,对于冷链产品而言,温度控制极为重要。在农产品运输过程中,利用 RFID 温度标签记录产品所在环境的温度,并通过无线网络发送出去。如果发现产品所处环境的温度接近设定的温度值,系统就会发出警报,进而对温度进行调整,实现对温度的控制,确保农产品的质量与安全。最后,物联网可以实现对各冷库库存情况、在途运输量情况的动态掌握,以便科学做出运输决策,从而提高运输的合理性,实现农产品冷链物流的有效流通。

(三)物联网技术在农产品冷链物流存储环节中的应用

在农产品仓储管理过程中,贴有 RFID 标签的产品无需人工记录,只要在仓库进出口安装 RFID 标签阅读器,就可自动识别标签,而且 RFID 技术是非接触性的,可以远距离动态地同时识别多个标签,实现了快速、高效的出入库作业。同时,由于产品数据录入的自动化,可以对冷库库存实现动态实时的监控。另外,运用物联网红外感应等技术可以感知仓库的异常情况,如人员的出入、其他异物的入侵等,从而确保产品在仓储过程中的质量安全。最后,在存储环节中同样利用温度传感设备感知产品所处环境的温度,及时交由系统处理,实现冷库温度变化的控制。

二、基于物联网的农产品冷链物流公共信息平台的功能设计

根据公共信息平台及冷链行业的特点,运用物联网技术设计农产品冷链物流公共信息平台的功能,如图 6.11 所示。

(1)电子政务系统,包括冷链公共信息服务与在线政务办理两个主要功能。冷链公共信息服务的作用是及时向用户宣传冷链企业的最新消息,政府在冷链物流领域的新的政策法规,冷链产品的市场动态及冷链物流中的冷链技术、冷链设备等。在线政务办理主要是用户在线注册,注册后由信息平台管理者对用户的营业执照等相关材料进行审核,并对用户通过系统登记的车辆相关证件进行审核,保证交易的安全。

(2)冷链物流信息管理系统,主要分为管理冷链货源信息、冷链运力信息以及冷库信息等。用户根据自身的需要,可以在冷链公共信息平台发布与查

询相关信息。该系统有利于冷链信息资源的整合与共享。

（3）冷链货运交易系统，包括客户服务中心与电子交易中心两大功能。客户服务中心主要是对用户进行疑难问题解答。电子交易中心的主要功能是用户双方交易前，对用户的合法身份进行确认，并对用户提供的车辆进行审核，确认所有信息合法后，冷链货运系统会将提交的车辆信息与货物信息进行自动匹配，并且用户可对安装 GPS 的车辆进行跟踪。交易完成后，用户可通过系统对对方的信用状况进行评价。

（4）内部运营管理系统，包含订单管理、运输管理、仓储管理、财务管理和报表管理五大功能。订单管理主要是将客户的订单经过确认之后，进行分类与整理，并生成订单进行发货。在冷链物流中，运输管理主要是制定和优化运输路线，确保商品的有效期；同时进行车辆位置跟踪以及冷箱内温度的记录与跟踪，确保商品的质量安全。冷链物流的仓储管理也比一般物流严格，商品在冷库中需对批号、有效期进行严格管理，并时刻跟踪商品在冷库中的温度及位置。财务管理是把系统的所有财务数据进行统计并形成财务报表，便于查询和管理各类费用。报表管理的功能是将业务数据进行汇总并生成报表，为用户提供有价值的信息，为企业管理提供决策依据。

（5）GPS 系统，就是通过 GPS 技术对车辆进行跟踪与监控，并进行实时指挥调度。同时，客户可以通过 GPS 系统对自己的货物运输情况进行实时查询。GPS 定位技术在冷链物流中的应用，实现了资源共享并使运输过程透明化。

（6）温度控制系统，冷链物流最大的特点就是温度的控制，尤其是在运输与仓储过程中。温度控制系统通过带有温度采集功能的设备对冷藏车车内温度与冷库温度进行实时采集，当温度发生异常时系统自动报警，控制中心就对其温度进行调整。系统会自动保存温度变化信息，可供用户查询，取得客户的信任。

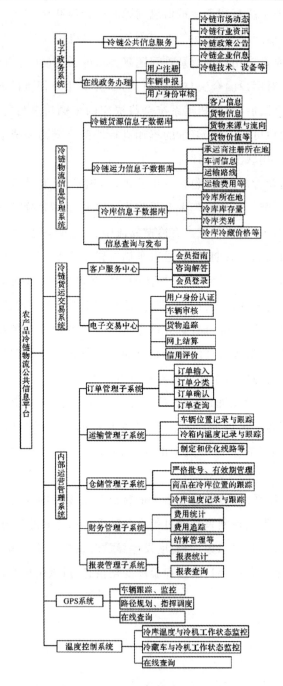

图 6.11　基于物联网的农产品冷链物流公共信息平台功能示意图

三、基于物联网的冷链物流公共信息平台技术框架

根据物联网的技术构架,建立基于物联网的冷链信息平台技术框架,如图6.12所示。

(1)感知层,是物联网应用的基础层,由各种具有感知能力的设备组成,主要对冷链物流中各环节的信息进行采集。

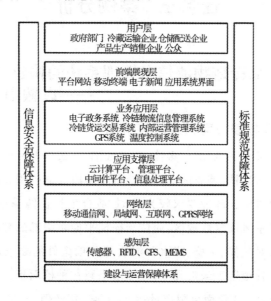

图 6.12　基于物联网的冷链物流公共信息平台技术框架

(2)网络层,将感知层采集的有关冷链物流的数据信息通过现行的通信网络进行传送与处理。

(3)应用支撑层,包括云计算平台、管理平台、中间件平台、信息处理平台等,主要对获取的冷链信息数据进行汇总、转换、分析。

(4)业务应用层,主要实现信息平台的各种应用功能,如冷链物流信息服务、冷链货运交易、GPS 监控以及冷链温度控制。

(5)前端展现层,是信息平台与用户在信息服务与管理的过程中直接接触的界面,主要由平台网站、移动终端、电子新闻和应用系统界面等单元组成。

(6)用户层,基于物联网的农产品冷链物流公共信息平台的主要服务对象是政府部门、冷藏运输企业、仓储配送企业、产品生产销售企业以及公众等。

(7)保障体系,基于物联网的农产品冷链物流公共信息平台的保障体系主

要包括信息安全保障体系、标准规范体系以及建设与运营保障体系。信息安全保障体系主要保证信息平台信息资源的安全性;标准规范体系主要规范信息平台相关数据的存储、交换以及处理方式;建设与运营保障体系主要保障平台的正常建设与有效运营。

任务三　案例分析

农产品冷链物流信息管理系统的构建分析
——以鞍山南果梨为例

一、南果梨特性与鞍山南果梨销售情况

南果梨果实呈金黄色,爽口多汁,味道浓郁,于每年九月份成熟,含有多种微量元素(钙、钾、锌、铁、赖氨酸等),适合各年龄段人群食用,可以帮助人体补充营养。南果梨对生长环境要求较为苛刻,适合生长在四季分明、光照充沛、雨水充足的温带季风性气候地区,而位于松辽平原东南部的鞍山市,恰好能够满足南果梨生长对气候、土壤、降水和温度等各项条件的要求,是公认的南果梨主产区与最佳种植区。最近几年,鞍山南果梨在种植面积、产量和销量上都呈逐年上升趋势,2013年南果梨产量达25万吨,年产值20亿。

二、农产品冷链物流信息管理系统构建对策

(一)引入第三方物流,加快市场化发展

针对鞍山南果梨当前农产品冷链物流市场化程度低、物流技术水平也较低的问题,在构建农产品冷链物流信息管理系统时,应注重加快市场化发展,提高南果梨及其加工产品(如南果梨酒等)的市场化程度,对市场需求进行细分,对南果梨产品进行细分,引入第三方物流。第三方物流是一种新型物流配送方式,企业将自己不擅长的物流委托给第三方专业物流,自己做好跟踪定位与控制工作即可,不仅提升了物流服务水平,而且能够在一定程度上降低物流成本,提高物流配送效率。

(二)创新农产品冷链物流发展模式

鞍山南果梨农产品冷链物流发展模式落后,跟不上冷链物流与冷链农产

品发展步伐,必须要加强南果梨农产品冷链物流发展模式创新。根据南果梨产品特性,创新农产品冷链物流发展模式,应以周边地区配送为主,包括大连、葫芦岛、吉林等,从产品商品化、多样化,品牌树立与宣传,丰富销售渠道,细分南果梨酒等方面入手,积极探索适合鞍山本地的、适合南果梨的农产品冷链物流发展模式与冷链物流信息管理系统。

(三)加大资金投入,提高政策扶持

相对而言,鞍山经济发展水平较低,对于南果梨产业的资金投入与政策扶持力度不够。为弥补这一缺陷,尽快构建起适合本地南果梨销售的农产品冷链物流信息管理系统,需要当地政府提高政策扶持,加大资金投入,制定更多优惠政策来扶持南果梨种植户,吸引社会投资者对鞍山南果梨产业进行投资,共同为鞍山农产品冷链物流发展提供尽可能多的资金支持,提高南果梨产量与品质。同时,积极带动当地种植户,充分挖掘与利用当地一切可利用的资源条件,为农产品冷链物流发展模式创新奠定基础。

思考:针对鞍山南果梨的冷链物流信息管理系统,你有什么更好优化系统的建议?

项目七　我国农产品冷链物流的对策与措施

任务一　技术与设备的丰富

冷链物流信息管理系统是农产品冷链物流建设的重要环节。目前,市场需求变化比较迅速,必须对市场需求做出快速响应,这就要求对整个冷链系统进行整合,整合的关键之处就在于冷链物流信息的共享和有效传递。冷链物流信息管理系统主要包括库存控制系统、消费者服务系统、仓库管理系统和运输管理系统。企业可以运用物流管理软件来有效降低企业的物流成本,逐步提高企业的利润。整个系统可以提供从确切的采购数据处获取购买信息,收集到售卖数据来提高工作效率和管理水平。系统还可以提供各种预警,如产品保质期的预警、库存阶段分析等,使仓库管理员能采取及时有效的措施来降低库存损失。具体可以通过运用 GIS、GPS 技术以及 POS 技术等方式来提高信息管理系统的运作效率。

农产品冷链物流的运输涉及两个部分:一是从冷藏仓库到分销中心,另一个则是从分销中心到销售商。鉴于目前冷链物流的发展,企业应该积极发展多品种小批量的冷藏车,来适应市场对多品种小批量的货物资源的需求。同时,企业应该发展装备了冰箱和保温装置的冷藏车,使用铁路、公路、水路多种形式的联合运输组织方式,使用信息技术监控整个运输过程。企业还应加大对运输过程的监察力度,对在路途中的运输车辆严格执行规定的时间标准,来缩短运输期限,避免运费的增加。

任务二　专业人才的培养

人才的培养是商业领域储备实力的一个重要环节。目前,冷链物流的操作人员大部分文化程度不高,对冷链物流的具体操作的规范性缺乏足够的能动意识。冷链行业要得到稳健发展,就必须采取各种可能的方法来吸引和集聚大量的杰出物流人才,以达到发展中国的农产品冷链物流的目的。

国家的相关部门和教育部门应该采取各种必要的措施来强化这方面人才的培养。主要有两条路子来培养专业人才:第一条路子是满足冷藏物流供应链管理和操作人员严重匮乏的社会需求,同时通过科学研究机构、大学和学院的针对性培训来获得人才。第二条路子是通过企业的充分合作和专业组织举办的高水平物流培训班来培养出一批高质量的物流人才。通过走产—学—研三位一体的健康发展道路,根据冷链市场的需求来培养实践能力强的专业化人才。

任务三 机制的制定与完善

作为宏观经济的管理者,政府应该采取必要的激励措施调动冷链物流主体的积极性,引导他们的行为动机;建立必要的监管机制,来严格监控农产品冷链的主体,以达到每一个企业的目标行为都符合整个冷链物流行业和社会的发展目标。

政府部门可以制定一些激励措施,来促进冷链物流行业的发展,可以采取如下激励措施:以更多的农产品冷链物流产业相关支持政策的出台来增大农产品冷链物流的投资热度,引导更多的资金加入冷链物流的设施建设和发展中;政府提供财政支持和税收优惠政策来吸引更多的企业加入冷链物流市场的竞争中来;增加技术发展的投资来提升冷链物流的发展等级;加强冷链物流基础设施的建设和整合,以便形成一条冷链物流渠道;加速国有农产品加工企业的组织改革,运用商业运营机制,借助电子信息网络技术实施科学管理,使企业群提供的一体化增值服务实现高效率、高收益的目标。

国家监管机制对农产品冷链物流的发展同样重要。目前,农产品冷链物流行业标准几乎空白,已经成为农产品冷链物流发展的一大制约。由于入市门槛较低,冷链物流市场存在很多小规模的物流公司,运作效率极为低下,对整个行业的竞争力提升产生不利影响。相关部门应尽快制定出统一冷链物流的食品标准和农产品冷链物流标准,以及有效的监督机制,严格监测易腐农产品在冷链物流中的储运条件,制定标准化的作业系统和操作系统。同时,加强实施农产品冷链物流的认证管理,完善农产品安全系统等的认证许可和卫生登记,把专项整治和发展农产品市场的质量安全准入工作结合起来,同时执行严格的市场准入检查,切实加强在认证授权方面的监督管理,完善我们国家食品安全和冷链物流的相关法律法规。加强对市场欺诈行为的法律惩罚力度,建立相应的处罚系统和诚信体系,增加抽检力度,从组织到食品类产品都要实行严格的抽样监督调查,引导消费,加大法制查办力度,特别当重大食品安全事件出现后,必须找出具体原因,明确相关责任,迅速展开调查。

再次,政府部门可以利用自身的权力,从宏观的层面打破冷链物流行业间的分割限制,按照统一的市场要求,保持冷链物流市场秩序的稳定,鼓励冷链物流企业之间相互融合,提高竞争力。我们国家的公共食品安全应该得到食品冷链系统的保障,建立食品质量监测系统迫在眉睫。具体来说,我们必须结合我国的基本国情,借鉴发达国家的经验,完善技术管理的方法和监管的措施。政府应该构建出促进农产品冷链物流发展的政策环境,加强行业规划的方向性引导;行业协会应该起到沟通协调的作用,制定且执行行业的计划和行业标准。企业运作效率要提高,作为冷链物流运营主体的企业,必须认清形势,抓住机遇,发展市场,强化服务意识,丰富服务功能,提高服务水平。中国农产品的冷链物流中的核心企业应该加强整合和规划整个农产品冷链工作。规划时,企业必须注重其特点,紧扣市场需求和产品特点,规划好冷链物流系统的各个组成部分。具体来说,根据实际需求规划好整个冷链所需的硬件设施的布局,如加工车间、储存设施、运输车辆等与运营效率有关的设施;根据整个冷链物流建设的需要,规划好库存控制系统、消费者服务系统、仓库管理系统、运输管理系统等软件设施的布局。通过整合规划整个冷链物流,以达到每个环节无缝链接的效果。鼓励发展第三方物流是冷链物流企业效率提高的一个很好的突破口。从冷链物流产业的发展趋势、市场需求导向以及企业的长期发展来看,专业化的第三方冷链物流企业将是冷链物流市场竞争的主体。运输易腐货物和一般的商品存在很大的区别。企业必须建立一套完整的冷藏链、严格的温度控制和包装使冷链物流操作有效率,达到最好地储运货物的目的。当物流业务是企业的薄弱环节,且是公司的非核心业务,同时对基础设施、技术含量、业务操作有较高的要求时，企业就应该选择可以提供完整的冷链物流服务的第三方物流来外包企业所有的冷链物流业务。有利分销策略的制定对冷链物流的效率提升同样有效，因其能提升服务等级和降低分销费用。目前，冷链物流朝多品种小批量的方向转变成为必然的趋势。鉴于生鲜农产品自然保存时间比较短、订单大批量小、分配网点众多、时间窗口复杂等特点，企业应该采取合并小订单，整合分销网点，合并不同产品的时间窗口来提高消费者服务水平，降低运输费用。再者，许多企业联合分销可以提高运输装载率，降低运输费用，实现规模效应。

附录　综合训练

项目一　习题训练一

一、单项选择题

1. 水果蔬菜的保鲜温度范围为(　　)。

A. -15℃~0℃　　　B. -5℃~5℃　　　C. 0℃~15℃　　　D. 10℃~20℃

2. 下列属于冷冻农产品的是(　　)。

A. 冰淇淋　　　　　B. 鲜鱼　　　　　C. 豆制品　　　　　D. 奶酪

3. 下列不属于易腐农产品的是(　　)。

A. 水产品　　　　　B. 小麦　　　　　C. 豆制品　　　　　D. 水果

4. 冷冻区带仓库内温度保持在(　　)。

A. -15℃~0℃　　　　　　　　　B. 0℃以下(不含0℃)

C. 0℃~10℃　　　　　　　　　D. 10℃~20℃

5. 具有机动灵活、适应性强特点的冷藏运输方式属于(　　)。

A. 公路运输　　　B. 铁路运输　　　C. 水路运输　　　D. 管道运输

6. 可以实现"无处不到、无时不有"以及"门到门"的冷藏运输方式属于(　　)。

A. 公路运输　　　B. 铁路运输　　　C. 水路运输　　　D. 管道运输

7. 公路运输的冷链运输方式的缺点是(　　)。

A. 不能实现"门到门"直达运输　　　B. 资金周转慢

C. 运量较小　　　　　　　　　　　D. 运输成本较低

8. 铁路冷链运输方式的特点是(　　)。

A. 铁路冷链运输的准确性和连续性差

B. 铁路冷链运输速度比较慢

C.运输量比较大

D.铁路冷链运输对技术要求不高

9.冻结货物的温度范围为（　　）。

A. −8℃～−18℃ 　　　　　　　　　B. −8℃～−17℃

C. −8℃～−16℃ 　　　　　　　　　D. −8℃～−15℃

10.冷却货物温度范围为（　　）。

A.0℃～4℃ 　　　　B.0℃～5℃ 　　　　C.0℃～6℃ 　　　　D.0℃～7℃

11.未来冷藏集装箱多式联运主要是海铁联运和（　　）。

A.公铁联运 　　　　B.公海联运 　　　　C.多式联运 　　　　D.公空联运

二、多项选择题

1.一般的防腐法有（　　）。

A.高温处理 　　　　B.干制 　　　　C.熏制 　　　　D.盐渍

E.糖渍 　　　　F.冷藏处理

2.（　　）类产品必须经过冷链运输。

A.生鲜农产品 　　　　B.加工产品 　　　　C.特种商品 　　　　D.普通产品

3.一般情况下,农产品根据货物品类可以分为（　　）。

A.冻畜禽肉类 　　　　B.水产品 　　　　C.水果 　　　　D.冰淇淋

E.奶制品

4.食品危害是由（　　）因素引起的。

A.物理性 　　　　B.化学性 　　　　C.微生物性 　　　　D.放射性

5.农产品冷链运输方式有（　　）。

A.公路运输 　　　　B.铁路运输 　　　　C.水路运输 　　　　D.管道运输

6.易腐货物按温度状态的不同分为（　　）。

A.冻结货物 　　　　B.冷却货物 　　　　C.未冷却货物 　　　　D.鲜活货物

7.铁路易腐货物的装载方法基本上可以分为（　　）。

A.紧密堆码装载法 　　　　　　　　B.留通风空隙装载法

C.空隙装载法 　　　　　　　　　　D.空间堆码装载法

8.可以采取空隙的装载方法的有（　　）。

A.苹果 　　　　B.白菜 　　　　C.香梨 　　　　D.冻鱼

9.适合采用"三二一"装载法的货物有( )。

A.苹果 B.土豆 C.香梨 D.冻鱼

三、简答题

1.我国农产品冷链物流存在的问题有哪些？如何解决？

2.农产品冷链物流的特点。

3.什么是农产品冷链物流？请举例说明。

4.简述公路、水运、航空冷藏运输的特点。

5.水果、蔬菜进冷藏运输车前作何处理？

项目二　习题训练二

一、单选题

1. 根据肉的冷藏保鲜程度可以把肉分为（　　）。

　　A. 四类　　　　　　　B. 三类　　　　　　　C. 两类　　　　　　　D. 五类

2. 肉的冷却终温最佳为（　　）。

　　A. 0℃～　℃

　　C. －1℃～－4℃

　　B. 1℃～3℃

　　D. 0℃～－4℃

3. 冷冻肉的低温库温度波动不超过（　　）。

　　A. ±1℃　　　　　　B. 1℃　　　　　　　C. 2℃　　　　　　　D. ±2C

4. 加工肉制品的包装不包括（　　）。

　　A. 铝箔

　　C. 收缩袋

　　B. 人造肠衣

　　D. 塑胶膜复合材料

5. 冷却肉的短途运输应选用（　　）。

　　A. 保温车　　　　　B. 冷藏车　　　　　C. 冷冻货车　　　　　D. 常温车

6. 冷却肉的运输车要保持湿度为（　　）。

　　A. 30%～50%　　　B. 50%～80%　　　C. 70%～80%　　　D. 80%～90%

7. 运输工具的卫生要求不包括（　　）。

　　A. 防虫　　　　　　B. 防水　　　　　　C. 防尘　　　　　　D. 防晒

8. 冷却肉在贮藏期间的变化不包括（　　）。

　　A. 发霉　　　　　　B. 干耗　　　　　　C. 成熟　　　　　　D. 变味

9. 现代肉类贮藏最好的办法是（　　）。

　　A. 冷冻冷藏　　　　B. 常温放置　　　　C. 低温保藏　　　　D. 低温冷冻

10. 预冷的方式分为自然预冷和（　　）。

　　A. 人工预冷　　　　B. 天然预冷　　　　C. 手工预冷　　　　D. 强制预冷

11. 下列采用天然人工合成化学物质对果蔬表面进行处理的是（　　）。

　　A. 保鲜防腐处理

　　C. 涂膜处理

　　B. 预冷处理

　　D. 人工分级

12. 将较多的产品或若干个小包装单位集在一起进行包装的方式称为（　　）。

A. 小包装　　　　　B. 大包装　　　　　C. 中包装　　　　　D. 单元包装

13. 温度与湿度是对果蔬产生直接影响的两大要素，一般果蔬的适宜温度是（　　）。

A. 1℃～3℃　　　　B. 2℃～5℃　　　　C. 6℃～9℃　　　　D. 5℃～8℃

14. 下列将果蔬商品按照适宜的温度和湿度要求，放入冷藏库中保存的方法称为（　　）。

A. 低温冷藏法　　　B. 冰水降温法　　　C. 盐水复苏法　　　D. 散热法

15. 采用干藏法适用于（　　）。

A. 短期贮藏　　　　B. 长期贮藏　　　　C. 中期贮藏　　　　D. 不定期贮藏

16. 以下适合干藏法的是（　　）。

A. 玫瑰花　　　　　B. 菊花　　　　　　C. 百合花　　　　　D. 荷花

17. 切花常用的预冷方式方法中，冷却效率最高，冷却速度最快，商业最常用的预冷方法是（　　）。

A. 冷库内冷却　　　　　　　　　　　B. 包装内加冰

C. 真空冷却　　　　　　　　　　　　D. 强制通风冷却

二、多项选择题

1. 冷鲜肉的特点有（　　）。

A. 安全系数高　　　　　　　　　　　B. 营养价值高

C. 感官舒适性高　　　　　　　　　　D. 利用价值高

2. 肉类冷藏办法有（　　）。

A. 空气冷藏　　　　　　　　　　　　B. 冰冷藏法

C. 低温贮藏　　　　　　　　　　　　D. 冷冻保存

3. 肉在冻结和冻藏期间的变化有（　　）。

A. 容积增加　　　　B. 冻结烧　　　　　C. 重结晶　　　　　D. 蛋白质变性

4. 解冻的方法有（　　）。

A. 空气解冻法　　　B. 水解冻法　　　　C. 常温解冻法　　　D. 暴晒解冻法

5. 生鲜肉类气调包装有（　　）。

A. 红肉包装　　　　B. 白肉包装　　　　C. 防腐包装　　　　D. 保鲜包装

6.冷冻肉的包装有( )。

A.铝箔　　　　　　　　　　　B.塑胶膜复合材料

C.收缩袋　　　　　　　　　　D.拉伸膜

7.肉类鲜度管理措施包括( )。

A.温度管理法　　　　　　　　B.冷盐水处理法

C.减少细菌源法　　　　　　　D.避免交叉感染法

8.我国果蔬冷链物流的现状有( )。

A.果蔬冷链物流技术落后　　　B.果蔬冷链物流市场化程度低

C.果蔬物流配套设施低端　　　D.果蔬物流信息网络体系完备

9.采收期的确定取决于( )。

A.产品的成熟度　　B.产品的特性　　C.销售策略　　D.市场的前景

10.确定采收成熟度的方法有( )。

A.色泽　　　　　　B.饱满程度和硬度　　　C.果实形态和大小

D.生长期　　　　　E.口味

11.采后的商品化处理包括( )。

A.清洗和预冷　　　B.愈伤　　　　C.冷藏　　　　D.保存

12.鲜苹果的等级规格有( )。

A.特级　　　　　　B.一级　　　　C.二级　　　　D.三级

13.分级的方法包括( )

A.人工分级　　　　B.系统分级　　C.挑选分级　　D.机械分级

14.脱涩的方法有( )

A.CO_2脱涩　　　　　　　　　B.酒精脱涩

C.石灰水脱涩　　　　　　　　　D.乙烯及乙烯利脱涩

15.气调指标分为( )。

A.单指标气调　　　　　　　　　B.少指标气调

C.多指标气调　　　　　　　　　D.双指标气调

16.气调贮藏管理有( )。

A.贮藏前的准备工作

B.选择适宜品种,适时采收,保证果蔬产品的原始质量

C. 产品入库和堆码

D. 贮藏管理

17. 运输对环境条件的要求有( )。

A. 温度　　　　　　B. 振动　　　　　　C. 湿度　　　　　　D. 气压

18. 鲜度管理的具体办法有( )

A. 低温冷藏法　　　B. 冰水降温法　　　C. 盐水复苏法　　　D. 散热法

19. 切花的贮运方法有( )。

A. 干藏　　　　　　B. 冷藏　　　　　　C. 保鲜　　　　　　D. 湿藏

三、简答题

1. 影响肉色变化的因素有哪些?

2. 何谓肉的尸僵? 尸僵肉有哪些特征?

3. 简述冷却肉生产的基本原则、冷却条件控制的一般原则。

4. 简述果蔬采收成熟度的确定方法和采收技术。

5. 影响果蔬运输质量的环境因素有哪些?

6. 果蔬运输的基本要求和技术要点是什么?

7. 简述果蔬鲜度管理和陈列的方法。

项目三 习题训练三

一、单选题

1. 仓储最基本的任务是( )。

A. 物资储存   B. 流通调控

C. 流通加工与包装   D. 配送

2. 仓储的( )根据用户的需要,对商品进行分拣、组配、包装和配送等作业,并将配好的商品送货上门。

A. 调节功能   B. 检验功能   C. 集散功能   D. 配送功能

3. 我国选用的水产品冻藏温度为( )或以下。

A. −10℃   B. −18℃   C. −25℃   D. −30℃

4. 仓库用于储存物品,并根据储存物品的( )配备相应的设备,以保持储存物品的完好性。

A. 数量   B. 特性   C. 体积   D. 高度

5. 冷却海水保鲜是将渔获物浸渍在( )的冷却海水中保鲜的一种方法。

A. −1℃～0℃   B. −1℃～4℃

C. 0℃～4℃   D. −1℃～−5℃

6. 酸乳在销售时应置于( )中。

A. 货架上   B. 运输车中   C. 冷柜中   D. 保鲜盒中

7. 冷库内贮藏鲜蛋的最佳温度为( )。

A. −1.5℃～−1℃   B. 2℃～−10℃

C. 10℃～−15℃   D. 2℃～40℃

8. 巴氏杀菌奶的保质期为( )

A. 1～2 天   B. 7～15 天   C. 15～30 天   D. 一个月以上

9. 鲜蛋冷藏适宜的温度为( )

A. 1℃～−3℃   B. −2℃～−1℃

C. 3℃～−5℃   D. 5℃～−10℃

10.冷冻乳制品的恒温区的温度一般保持在(　　)

A. −1℃～−3℃　　　　　　　　　　B. 0℃～4℃

C. 4℃～10℃　　　　　　　　　　　D. 10℃～−15℃

二、多选题

1.仓储形成的原因在于(　　)。

A.社会产品出现剩余　　　　　　　B.商业营业仓储

C.公共仓储　　　　　　　　　　　D.配送仓储

E.战略储备仓储

2.仓储的作用有(　　)。

A.社会生产顺利进行的重要保证

B.调整生产和消费的时间差,维持市场稳定

C.保持劳动产品价值和增值

D.衔接流通过程

E.市场信息的传感器

3.水产品微冻保鲜主要有(　　)。

A.冰盐混合微冻法　　　　　　　　B.低温盐水微冻法

C.空气冷却微冻法　　　　　　　　D.冷却海水保鲜法

4.鲜活水产的鲜度管理主要靠提升养殖技术,在(　　)密度等各方面保障鱼类的生存环境。

A.水温　　　　　　B.水质　　　　　C.氧气　　　　　　D.盐度

5.常用的活鱼运输方法有(　　)。

A.增氧法　　　　　　　　　　　　B.麻醉法

C.低温法　　　　　　　　　　　　D.无水法

6.下列属于乳制品包装技术的有(　　)

A.利乐无菌砖　　　　　　　　　　B.利乐枕类包装

C.屋顶包　　　　　　　　　　　　D.复合塑料软包装

7.禽蛋类的流通模式包括(　　)。

A.自产自销模式　　　　　　　　　B.零售商承货模式

C.批发中转模式　　　　　　　　　D.企业收售模式

8.禽蛋类贮藏技术包括（　　　）

A.冷藏法

B.液浸法

C.气调保鲜方法

D.涂膜贮藏方法

9.禽蛋类的运输要注意的事项包括（　　　）

A.防寒

B.防暑

C.防震

D.防压

10.包装禽蛋可以采用的材料有（　　　）。

A.木箱

B.纸箱

C.蛋托

D.玻璃瓶

三、简答题

1.水产品新鲜度鉴定有哪些指标？

2.水产品冻结保藏的基本原理？

3.水产冷冻食品冻藏过程中表面发生哪些不良变化？为什么会发生？应怎样防止？

4.乳制品在运输过程中要注意哪些事项？

5.禽蛋类进行冷藏入库前要做好哪些准备工作？

6.请简述常见乳制品的保鲜技术？

项目四　习题训练四

一、单选题

1.以蔬菜类为例,从冷链物流运作角度来看,整个冷链物流运作的关键是（　　）

  A.运输与仓储　　　　　　　　　B.配送与运输

  C.运输　　　　　　　　　　　　D.仓储

2.夏晖物流是典型的（　　）冷链物流运作模式。

  A.第一方　　　　C.第三方　　　　B.第二方　　　　D.第四方

3.物流公司整合自有物流资源,建立多家便利店以控制销售终端,进而建设物流配送中心实现冷链物流向原料供应商的延伸,形成"产供销一体化",这属于（　　）冷链物流运作模式。

  A.第一方　　　　B.第二方　　　　C.第三方　　　　D.第四方

4.冷链物流市场上从事交易活动的组织和个人属于（　　）。

  A.市场主体　　　B.市场客体　　　C.市场体系　　　D.市场行为

5.物流冷链市场包括各种有形商品、无形商品和各种服务属于（　　）。

  A.市场主体　　　B.市场客体　　　C.市场体系　　　D.市场行为

6.冷链物流企业根据自身的实力,为占据较佳的市场位置,不惜与市场上占支配地位的、实力最强或较强的竞争对手发生正面竞争,而使自己的产品进入与对手相同的市场位置（　　）。

  A.迎头定位　　　B.创新定位　　　C.重新定位　　　D.多重定位

7.冷链物流企业寻找新的尚未被占领但有潜在市场需求的位置,填补市场上的空缺,生产市场上没有的、具备某种特色的冷链物流产品属于（　　）。

  A.迎头定位　　　B.创新定位　　　C.重新定位　　　D.多重定位

8.我国农产品保鲜产后产值与采收时的自然比值是（　　）。

  A.3.7∶1　　　　B.2.2∶1　　　　C.0.5∶1　　　　D.0.38∶1

9.我国果蔬产品在冷链物流环节的损失率是（　　）。

  A.80%　　　　　B.40%～50%　　C.20%～30%　　D.25%～30%

10.我国冷链物流规划中要求到 2015 年,我国果蔬的腐损率提高到( )。

A.20% B.30% C.40% D.50%

11.我国冷链物流规划中要求到 2015 年,我国肉类的腐损率提高到( )。

A.20% B.30% C.40% D.50%

12.我国冷链物流规划中要求到 2015 年,我国水产品的腐损率提高到( )。

A.16% B.26% C.36% D.46%

二、多选题

1.冷链物流市场包括( )。

A.市场主体 B.市场客体 C.市场体系 D.市场活动

2.冷链物流市场研究主要包括( )、市场调查、市场预测。

A.市场分析 B.市场调查 C.市场预测 D.市场活动

3.国家对冷链物流越来越重视,从政策、资金、税收、运输等各方面为冷链物流创造的优越条件包括( )。

A.税收减免 B.财政补贴

C.资金扶持 D.运输绿色通道

4.在冷链物流市场上属于政府方的有( )

A.工商 B.环保 C.商检 D.协会

5.在冷链物流市场上属于中介的有( )

A.经纪人 B.货运代理公司

C.商检 D.信息咨询公司

6.我国农产品冷链物流发展现状有( )。

A.农产品冷链物流初具规模

B.农产品冷链物流基础设施逐步完善

C.冷链物流技术逐步推广

D.农产品冷链物流发展环境逐步完善

7.冷链物流规划中要求到 2015 年,我国果蔬、肉类、水产品的腐损率分别提高到( )。

    A. 10％、20％、36％　　　　　　B. 20％、30％、36％

    C. 30％、20％、36％　　　　　　D. 20％、26％、36％

8. 广西及北部湾经济区冷链物流发展的建议包括( )。

A. 推行冷链物流技术开发与应用扶持政策

B. 构建广西区域性冷链物流网络设施体系

C. 发展物流金融,拓宽农产品物流融资渠道

D. 大力引导和推动冷链物流管理人才培养

9. 广西及北部湾经济区冷链物流存在的问题有( )。

    A. 冷链物流技术应用低下　　　　B. 冷链物流网络构建

    C. 冷链物流人才培养问题　　　　D. 冷链物流发展观念

三、简答题

1. 我国冷链物流存在的问题是什么?

2. 简述公路冷藏运输的特点。

3. 简述水运冷藏运输的特点。

4. 如何选择冷链运输方式?

5. 我国冷藏船的发展现状如何?

6. 水果、蔬菜进冷藏运输车前作何处理?

项目五 综合案例分析训练

苏州华润万家连锁超市生鲜冷链物流案例

一、苏州华润万家生鲜冷链物流现状分析

(一)华润万家概况

1. 华润万家简介

华润万家是中央直属的国有控股企业集团、世界 500 强企业——华润集团旗下优秀零售连锁企业集团,同时也是中国最具规模的零售连锁企业集团之一。旗下拥有华润万家、苏果、欢乐颂、中艺、华润堂、Ole、blt、Voi_la!、VIVO 采活、Pacific Coffee 等多个著名品牌,其中超市业务已连续多年位居中国连锁超市第一位。

截至目前,华润万家连锁超市已进入我国 31 个省、自治区、直辖市和特别行政区,100 多个重点城市。2012 年,实现销售额 941 亿,全国门店总数达到 4425 家,员工人数超过 20 万人。

华润万家超市主要为大卖场和便利店两种经营模式:

(1)大卖场经营面积 800~15000 平方米,经营 2 万~3 万种商品,为顾客提供日常生活用品为主的一站式购物服务。

(2)华润万家便利超市,经营面积 80~800 平方米,经营约 5000 种商品,主要提供便利消费和便民服务,以满足顾客便利性需求为目的。

2. 苏州华润万家连锁超市简介

1950 年 10 月,华润万家进入本地市场,在工业园区注册成立华润万家苏州超市有限公司。现在,华润万家的网点已经遍布市区及昆山、吴江、常熟、张家港等周边县市,业态包括卖场、标超、小标超等,主要经营生鲜、食品、日用百货、大小家电、服装等大类,经营品种达到 3 万多种。华润万家围绕"家"字的内涵,还推出了"简约组合"和"润之家"两大自有品牌,其品牌产品主要涉及了

"家"中日常的粮油、休闲食品、日用品等,其价格普遍低于其他同类商品10%～20%,真正让消费者感到其品牌的温馨和贴心。

虽然,华润是最早进入苏州的连锁超市,但是如今在苏州地区,大卖场对连锁型超市确实造成了影响。但是,苏州是华润万家战略布局中的"重镇",华润万家进入苏州市场以来,已累计投资近 8 亿元,目前,在苏州市范围内已开设了百余家标准便利超市和 6 家综合超市。不难发现,华润万家在苏州的选址一般都在大学和居民区周围,相比周边的普通零售店,消费者更信赖华润万家这个品牌超市。针对苏州的城市特点,华润万家将以社区居民为依托,大力发展灵活的便利超市,除了低价外,它们还营造购物环境,使消费者有家的感觉,更愿意进入华润万家购物。目前,华润万家正以每月新增 2～4 家便利店的发展速度抢占苏州消费市场。

3. 苏州华润万家配送中心简介

苏州华润万家连锁门店主要集中在华东地区,而苏州则处在沪宁高速公路与沪嘉杭高速公路交汇处,具有得天独厚的交通优势。因此,华润集团根据合理运输原则,决定在苏州吴中区设立华润万家区域配送中心,承担华东地区华润万家各门店的配送工作。2002 年 9 月,建成华润万家(苏州)超市有限公司配送中心,占地面积 44000 平方米,配置有各式常温、保温厢式自备货车 30 多辆。苏州华润万家配送中心的设立,大大缩短了货品的运输时间,最大限度地满足了华润万家各分店的需要。

(二)苏州华润万家配送中心的运作模式

一是存储型配送:供应商将商品运输到华润万家配送中心后,商品经过验收过程,进入仓库进行存储,当配送中心收到门店需求订单时,再由配送中心统一发往各门店。在苏州华润配送中心,存储型配送的商品一般都是销量比较大且时效性比较长的商品,配送中心一般都会为其保证安全库存,从而避免断货。例如:酒类饮料、家居百货、日化用品等。

二是直通型配送:供应商将商品运输到配送中心后,马上进行分拣处理并发往各门店,商品在配送中心不做停留。在苏州华润配送中心,直通型配送的商品一般为两类:一类是销量不大,周转较慢的商品,如箱包鞋帽、五金家电等;另一类是生鲜品,此类商品易腐败、时效性强,需要进行日配。

生鲜品作为华润万家经营的主要商品之一,其每日配送量占据了其商品总配送量的 30% 左右。生鲜品在华润万家配送中心短暂存储后,部分进行加工包装,然后根据各门店的需求量进行配货,最后由冷藏车辆送至各门店销售给消费者。因此,华润万家配送中心承担了生鲜品冷链物流的大部分工作,其运作水平的高低直接影响了生鲜品的品质、安全和价格。

二、苏州华润万家连锁超市生鲜品管理现状

生鲜品是顾客购买频率最高、与消费者日常生活关系密切的商品,顾客常常会把超市是否经营高质量的生鲜品作为选择购物场所的重要标准,因而超市生鲜区是驱动整体卖场的灵魂,是超市经营的命脉,是门店吸引顾客的重要因子。因此,苏州华家连锁超市 90% 以上的门店都设置了生鲜区。

(一)苏州华润万家连锁超市生鲜品经营现状

苏州华润万家超市生鲜品经营范围涉及了消费者日常所需的各类生鲜品,其生鲜品主要包括以下各类。

表 1 苏州华润万家生鲜品经营范围表

生鲜品大类	生鲜品小类		
蔬菜类	蔬菜	干菜	
水果类	水果	鲜果汁	
肉类	猪肉及分割	猪肉加工品	牛肉及分割
	牛肉加工品	羊肉及分割	羊肉及加工品
	禽类及分割	禽类加工品	
水产类	淡水鱼类	海水鱼类	虾蟹贝龟
	水产制品	水发制品	
奶蛋类	鲜奶	发酵奶	调味奶
	奶油乳酪	蛋品类	
冷冻品类	速冻面点	微波食品	肉类制品
	水产制品	蔬菜制品	冰棒雪糕
其他	熟食品	面包糕点	豆制品

近年来,随着生鲜品需求的不断增长,苏州华润万家超市也增加了生鲜品的经营品种,同时在各门店也扩大了生鲜品经营面积。苏州华润万家生鲜品经营的不断扩大迎合和满足了现代人快节奏、高质量的生活方式,同时也为超市吸引了更多的客流,创造了更多的利润。

以下是对苏州华润万家连锁超市生鲜经营情况的调查,由于其门店众多,因而我们将门店按照苏州市区各行政区域划分进行了数据统计。

表2　苏州华润万家生鲜品经营情况调查表

区域	营业面积（m²）	销售额（万元）	生鲜经营面积（m²）	生鲜销售额（万元）	生鲜经营面积占比（%）	生鲜销售占比（%）
姑苏区门店	8300	70650	1685	19005	20.3	26.9
灵中区门店	12000	82130	2544	26528	21.2	32.3
高新区门店	10800	72030	1998	20457	18.5	28.4
工业园区门店	6800	48860	1510	11629	22.2	23.8
相城区门店	5600	32900	913	5560	16.3	16.9
吴江区门店	1200	25890	506	3210	15.8	12.4

上表中显示,苏州华润万家生鲜品销售在各门店的整体销售中起着举足轻重的作用,且单位面积销售贡献率远远大于其他商品,因而对于华润万家连锁超市来说,生鲜品是其应重点关注的商品。

（二）苏州华润万家连锁超市生鲜品管理部门

苏州华润万家生鲜品管理部门的设置本着营运和采购相分离的原则,与大规模连锁经营相适应,并在组织机构人员编制相对精简的基础上设置。

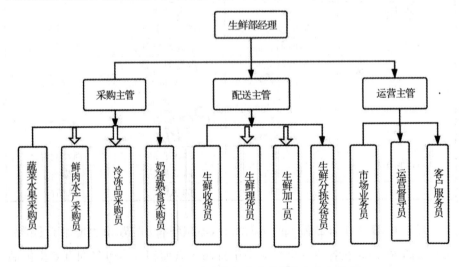

图1　苏州华润万家连锁超市生鲜品部组织架构图

（三）苏州华润万家连锁超市生鲜品冷链物流流程

要保证生鲜品的品质，就必须从生鲜品产出开始就进行温度控制，保证各个环节的无缝衔接。此外，为了提高生鲜品的时效性，生鲜品物流信息网络不可缺少，信息平台的建设，可缩短生鲜品流通环节，降低流通成本。苏州华润万家连锁超市生鲜品冷链物流流程，如图2所示。

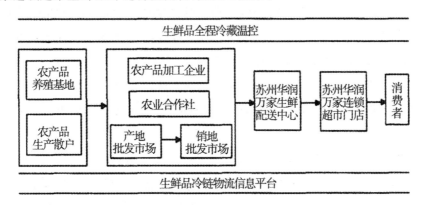

图2 苏州华润万家连锁超市生鲜冷链物流流程

华润万家连锁超市要提高生鲜品的销售额和销售利润，首先必须保证生鲜品的质量，当然生鲜品的价格也是决定其销售额的关键因素。冷链物流作为生鲜品质量和安全的重要保障，其运作水平的高低直接决定着生鲜品的"新鲜度"和价格。因此，苏州华润万家连锁超市要扩大生鲜的销售，必须不断发展和优化生鲜冷链物流。

三、苏州华润万家生鲜冷链物流存在的问题

华润万家连锁超市覆盖苏州全境，生鲜货品涵盖了肉蛋禽、果蔬、奶制品、熟食加工食品等。生鲜冷链物流涉及的设备、环节、流程都较普通货物要求高，因而华润万家连锁超市专门设置相对独立的部门对其进行管理。整体生鲜冷链物流衔接起产地或加工厂、配送中心及各家门店。

（一）生鲜采购分散，没有规模效应

生鲜采购可以作为整体生鲜冷链物流的起始点，管控好生鲜采购的品质、价格、时效性是生鲜采购的重中之重。苏州华润万家生鲜采购的具体流程为：第一，生鲜采购部门主管每日采购计划；第二，采购主管平衡整体采购任务，并

分派给各个采购员,采购员按要求向签约生鲜供应商发出采购信息;第三,供应商接到采购信息后,安排物流人员送货;第四,采购员按照采购的数量、价格等填写好四联验收单,交给配送中心收货员,准备接货;第五,货物送至配送中心后,收货员负责接货验收;第六,由采购员按实际进货数量核算生鲜货物金额,交财务会计做账。

以上是一个简单的采购流程,所涉及的流通节点包括蔬菜种植地或产地批发市场—销地批发市场—华润配送中心—门店—消费者。由于采购的源头很多很杂,有的采购员会去大型批发市场寻找卖家,签订长期供货合同,根据进货需求,与供应商提前约定好供应货品的要求。对于时令蔬菜,采购员会根据需求直接到原产地找到当地小规模的经销商,逐批次分时段进货。采购中间层级复杂,耗时耗力,直接导致生鲜品采购成本高,货损率大。

苏州华润万家较早地认识到集中采购的规模化效应,认识到生鲜食品集中采购所带来的高效率和低成本优势,尽可能通过一个信息平台来整合供应商,既不依附于某一家供应商的独家货源,又能够灵活平衡对同一种类生鲜品采购的多渠道。但许多供应商在纳入统一采购信息平台时存在着诸多不足,供应商对于采购平台要求的信息反馈不及时,信息录入不准确,使采购人员对于生鲜品的采购进度跟踪不力,信息失真的情况时有发生。造成车辆调配不精确,经常出现车辆延误和空置的情况。对即将入库的生鲜食品的仓储空间安排也存在低效率现象。集约采购的某些生鲜食品存在着多点采购汇总的需求,多点的供应商在地域上比较分散,需要在一定时间段内准确守时地配合采购完成供货,甚至是退换生鲜货物。

(二)生鲜配送中心布局不合理

苏州华润万家生鲜配送中心总体分为配送作业功能区和辅助功能区,各个区域彼此之间存在着货品流动、信息流动和人员流动,经常会出现生鲜货品重复搬运、货品摆放不合理、作业人员区间活动频繁、设备利用不合理等情况。

例如,部分生鲜品需要分拣、清洗、包装和加工,在生鲜加工区工作人员加工规模稍微加大,就会造成混乱局面,加工后的废弃物大量产生,虽然华润万家已安排了废弃物区,但废弃物区相对出口比较远,通常积累了一定的废弃物才会搬运一次,搬运的路径、次数和运输量都比较随机,这增加了作业人员的工作量,增加了污染源的扩散可能,也使整体加工工作较为混乱。

配货区在生鲜配送中心中是货品出货必经的区域,由于凌晨是生鲜品的集中出货时段,此时配货区内除了大量的待分拣和已配完货的生鲜外,还有搬运工具、作业人员来回活动,因而运输设备和作业人员经常发生拥堵。

辅助服务区的生鲜货品进出量不大,仅退货区会不时地堆放退货的生鲜品,或再次进入存储区。但辅助服务区的布局安排,也会对配送作业功能区产生间接影响,如工作人员休息区应安排在配送中心进出口处,这样方便工作人员更换工作服后进入配送作业功能区。

(三)生鲜配送路线缺乏规划,效率较低

苏州华润万家生鲜配送下辖上百家门店,本着追求高效配送效率和最低配送成本的原则,以苏州大区为配送区块作业,每日凌晨按照前一日超市的销售反馈,装配好生鲜品,在凌晨时段内送到各门店。各门店分布在苏州城市的角角落落,主要都围绕一些居民区而建,路况复杂多变。

华润万家配送中心安排车辆送货时,考虑了车辆载货的核定重量以及门店分布的区域,因而常由一辆车负责某一区域的门店生鲜配送。门店配送的先后由配送中心事先制订好,但是其制订的方法是以配送中心出发后从最近的门店开始配送,而后配送距离上一家最近的门店,直至最后配送完最一家门店返回配送中心。因冷藏车的送货路线合理性有限,冷藏车到达门店后,很容易与其他送货车辆发生冲突,互相干扰货物进出路径和搬运优先次序等。这样的局面常常造成冷藏车较长时间滞留在一家门店等待卸货的情况,既浪费了宝贵的生鲜货物配送时间,又极大地浪费了运输设备的效能。部分司机为了和其他送货车辆争抢卸货时间,甚至还提前将生鲜品卸货至门店货仓门口,等待门店工作人员收货,造成生鲜货物长时间暴露在外,大大降低了生鲜品的品质。

(四)管理方式粗放,生鲜冷链物流标准化程度低

华润生鲜冷链物流涉及的人员多、物流节点多,这造成其在采购、存储、配送、销售等环节往往会出现各种各样的情况。看似这些环节为纵向结构,其实他们组成了一个复杂网格,每一个环节都会对其他环节产生重要影响。

虽然华润万家已有其标准化作业流程,但其中的管理较为粗放,有些标准

作业还不够细化,权责划分不明确,出了问题出现互相推诿的情况较多。

例如,生鲜配送是生鲜冷链物流中较为关键的环节,目前,生鲜配送的很多细节要求还没有做到位,货损率和车辆保养完好率长期维持在一个较高的值,一些冷藏车司机未注意生鲜品的恒定的温控范围要求,仅凭经验惯性操作,只做到卸货时生鲜品保证外观完好就好,物流配送中心的监控系统也未完善到可以跟踪车辆冷藏室温度值。生鲜品到门后,新鲜程度和保质期大打折扣,损失是显而易见的。冷藏车的环境卫生要求,通常在夏季温度高的时段,车内很少做到装货前进行严格的卫生清洁和检查,往往简单地打扫后,还有污迹和残留物。另外,在存储工作中,工作人员着装不严谨,冷库内未定期进行全面清洁,废弃物未及时清理,这些问题有可能对生鲜品的卫生带来隐患。因此,生鲜冷链物流规范化操作能确保物流时间段的规划更为可靠,货品损耗率保持在低位,从整体上降低生鲜冷链物流成本。

(五)生鲜冷链物流信息水平较低

以生鲜冷链物流的特性来说,信息流的通畅是至关重要的,若能够第一时间对即刻发生的任何相关信息做到数据采集,就能及时进行信息数据的分析并做出相关决策,但苏州华润万家现今的物流信息渠道存在诸多不足之处。

生鲜品的供给与需求平衡,是减少连锁超市生鲜品经营成本的关键,而供需双方信息沟通不畅,造成了生鲜成本的提高。苏州华润万家拥有企业内部局域网,但是其利用率较低,没有真正利用技术联系供应商和消费者。华润万家缺乏一个完整的实用性强的生鲜冷链物流信息平台。

此外,在冷链物流信息技术方面,华润万家已逐年在发展和改善,但还存在一些缺憾。例如,每一辆配送车辆虽然都已配置了地理信息系统,能够明确上报冷藏车辆所在的位置,但由于车辆对周围的时时路况没办法把握,当路段出现交通事故或道路维修时,车辆经常会滞留或缓行,大大降低了配送效率,也增大了运输设备的能耗。

还有,苏州华润万家在存储及配送相关设施设备信息化管理方面的水平较低,生鲜品的保存条件比较严格,但是配送中心内存储区的大门现为人工开启,任何人员都可以开关门,且当工作人员开启大门后,一般都在货物搬运作业结束后才重新关闭大门,当存储区内温度上升后,无任何警告设施,这对存储区内生鲜品的品质有着直接影响。周转箱等设备使用和状态情况没有信息跟踪,周转箱经常出现丢失或损坏后不能得到及时修理的现象,增加了周转物流成本。

以上是华润万家在生鲜冷链物流中存在的不足,不难看出,待改善的空间很大,通过改善能带来的改观也是很多的。

四、苏州华润万家生鲜冷链物流优化对策

(一)华润万家生鲜采购管理优化

1.生鲜采购冷链直通模式

生鲜的采购渠道每增加一个层级,其增加的物流成本和货损成本都会影响生鲜品的价格和品质。因此,我们要尽量减少生鲜采购渠道层级,特别是对于货损率较高的蔬菜。

"农超对接"可作为华润万家生鲜采购中重要的直通模式,华润万家和苏州本地或附近区域内的农户签订意向性协议书,由农户直接向华润万家超市直供农产品。"农超对接"的本质是将现代流通方式引向广阔农村,将千家万户的小生产与千变万化的大市场对接起来,构建产销一体化链条,实现华润、农户、消费者共赢。它的采购模式可以是"华润合作社农超对接种植基地",华润负责提供销售平台及稳定持续的订单,消除农户以前的销售烦恼,转而把心思用在提高蔬菜品质的问题上。华润万家跟合作社签订订货合约后,可给予农户市场销售信息、加工包装技术指导、物流及价格制定等方面的指导和服务,让农户能更好地配合华润万家所规定好的送货时段和送货数量,以规定的单位包装方式和清洁方式,直接送到华润万家的配送中心或门店。"农超对接"的方式在华润万家连锁超市中逐步由点到线,由线到面地逐步铺开,确保了华润万家连锁超市的生鲜供应口碑,使消费者渐渐对华润的生鲜供应有了邻家菜市场的感觉,不断提升对华润万家超市的亲和力。

此外,近年来华润万家生鲜采购对生鲜食品加工企业的采购范围和采购数量日趋扩大,主要涉及熟食和糕点等。由于这些生鲜品是消费者直接食用的,为了防止其受到二次污染,华润万家也可以采用"生产加工企业门店"的采购直通模式,生产加工企业按照华润万家采购订单的要求,每日或多日在指定时段给门店直接送货,如苏州市凯特肉食品厂,每周定期与华润万家确定下周

的订货需求和未来一个月的需求走势情况,以便安排生产和送货。华润万家对送货的准时度和产品质量给出意见反馈,厂家及时给出应对策略。

无论是"农超对接",还是厂家直送的直通模式都降低了华润万家的销售成本压力,同时使得农户和厂家更注重生鲜品的品质。但是,由于是供货方直接供货,华润万家还应加强生鲜品的品质监控,华润万家可对"农超对接"的农产品建立追溯制度,对供货方的生鲜品做定期和不定期抽查,确保生鲜品在直通模式低价高效的情况下,还要有着可靠的安全保障。

2.生鲜采购冷链集约化管理

集约化管理是企业整合现有的人力、物力、财力等生产要素,进行全局考量、统一配置,从而提高企业效率与效益的做法。生产要素在生产过程中得以规范,以高效低成本的方式来运作,从而提升企业的核心竞争力。近些年,劳动力上涨、物流成本增加、货品原材料涨价等因素,使得以往那种分散和小批量的采购很难有价格优势,更谈不上议价能力了。华润万家生鲜集约化采购正是应对市场发展的顺势所为,其采购集约化管理主要在以下两个方面展开:

其一,华润万家应不断优化采购运作管理。以往华润万家生鲜采购强调计划为主,灵活性差,遇到无法及时达成的采购任务,基本没有备选方案来应对。在一个时间段内,做好两套甚至三套同一类生鲜品采购计划,在首选采购方案出现交货延期、货品不足、品质有变等情况下,第二套和第三套方案可以及时跟进。当然,这需要采购人员的专业技能的提升和工作时效的提高作为基础,应强调采购人员的多面性,注重采购人员的专业培训和协同作业,以几名采购人员为某一类生鲜食品采购组,各组之间人员互相调配和互相协同,建立优胜劣汰的采购人员用人机制,启用优秀人才参与到有竞争关系的各个采购项目组。经过一定时期的磨合后,使采购人员的采购工作得以互补,采购经验更加丰富,可以应对较全面的生鲜货品采购工作。同时,供应商与采购人员的关系在一个开放透明的监督环境下配合,降低了个体采购人员本身对整体生鲜采购的影响。

其二,华润万家应发展电子化采购平台,把采购平台电子化作业细化,使供应商、华润采购部、生鲜配送中心、门店都时时地反馈相关数据,整合融汇在一个系统平台下。在集约化的指导思想下,每一台车、每一个周转箱、每一笔交易都即刻反映到华润万家生鲜采购数据平台上,从数据中掘金,让数据说话。利用平台把以往分散的数据整合在一起,各方面的数据有一个历史脉络,为当前的采购工作做决策参考,使采购决策更加精准细化。例如,华润万家把果蔬采购地数量、当地季节气候和销售量的三者常年数据做比较分析,从中寻找出销量较大和利润较高的果蔬及其较精确的上市时段。这比以往单凭采购人员经验和有限的数据,做出的简单采购计划要精准许多。再如,把生鲜采购的数据集中处理,做出即刻的比对图表,让采购人员清晰地比对出某一类生鲜品的在途量、库存量、采购量和销售量,设定好某一监控量的上下限,使此类生鲜品的采购运营在一个较为良性的范围内,使采购与收益的互动关系较为清晰。

生鲜采购是一门专业的学科,涉及食品科学、食品安全、种植培育、应用数学等,专业的生鲜冷链采购更需要精益求精的理论基础知识和良好的职业道德操守,不但要对生鲜品本身特性有所认识,还要对产品的产地分布、加工方式、上市周期、贮藏方式、运输方式等全盘了解,对生鲜品前期采购有所计划,在采购中对生鲜食品的性价比找到最佳平衡点,采购后期能确保生鲜品供应的品质稳定和供应充足。想做好以上这些,不但需要专职的采购人员有基础的跨学科知识,而且在日积月累的工作中要有不断提升的工作素养。生鲜品是变化多样的,生鲜品的加工工艺是不断改进的,消费者的口味和对生鲜安全的认识也是逐年提高的。面对这些问题,华润万家的采购人员需要提升和改进的空间还很大。

(二)华润万家生鲜品配送中心布局规划

在生鲜品配送中心内,由于存放的货物对品质有其特殊的要求,在整个配送中心物流活动中,生鲜品都必须处在低温、冷藏或冷冻环境下。因此,生鲜品冷链配送中心的物流作业环节尤为重要,而其非物流环节也间接影响着各个物流环节。配送中心内部布局规划,直接影响着这些物流及非物流作业的运作,而布局的合理性也影响着生鲜品的品质的高低及货损的多少。本书就对苏州华润万家生鲜品配送中心内部布局进行规划。

1.配送中心内部布局方法

(1)摆样法

摆样法是比较早出现的一种布局方法,主要根据作业流程图,通过设施、活动等关系的分析,对样片排列的方法进行布局规划。此种方法的优点是直观、简便、易行,但受人的主观因素影响比较大,不适合于设施设备多和作业活动较复杂的布局规划。

（2）数学模型法

数学模型法通过建立数学模型的方式，将系统抽象成一种数学表达式，通过设定各种约束条件以及目标函数来确定最佳的平面布局方案。数学模型法能获得较为精准的最优解，但是，在实际操作中还有一定的局限性。其一，由于现实情况比较复杂，因而约束条件多，所以很难构建恰当的模型；其二，数学建模后，由于模型太复杂，因而求解比较困难；其三，数学模型法没法得出布局规划需要的布局图。

（3）计算机仿真法

计算机仿真法主要通过一些仿真软件，如 Aeran、Witness、VR－Platform 等，利用系统建模及仿真来表示系统内部的输入和输出状态，而后通过比较、评价，在预先设计好的几种布局方案中选择最佳方案。此种方法不足之处就在于，计算机决策必须依赖预先设计的方案。

2. 系统布置设计法（SLP）

SLP 是由 R·Muther 提出的一种工厂布置方法，它把产品 P、产量 Q、工艺路线 R、生产技术 T 和辅助服务部分 S 作为设计的基本要素，通过比较各作业单位之间的相互关系及密切程度，决定各作业单位之间的远近、位置、占地面积等，得出合理的布局方案。

SLP 在综合各学科发展的基础上，运用了系统工程概念和系统分析的方法。目前，国内将这一方法应用于平面布置领域，效果十分显著。工厂内部布局和配送中心内部布局有一定的相似性，因而本书选择此法进行华润万家生鲜冷链配送中心内部布局设计。

SLP 的原理是将作业单位进行量化比较，通过评定各作业单位之间的相关程度进行平面布置，其设计的主要步骤如下：

第一步，通过对配送中心内部物流与非物流相互关系进行分析，得到各作业单位之间的关系密切程度，最终建立配送中心内部作业单位关系表。

第二步，根据作业单位关系表得出各作业单位的综合接近程度，从而安排各作业单位之间距离的远近及位置。将关系密切程度分析得分最高的作业单位安排在中心位置，以此依次安排布置，最终得出空间关系图。

第三步,由于各作业单位受到实际占地面积的约束,结合作业单位位置关系图,对作业单位布置图进行调整和修正,最后得到几个可行方案。

第四步,对各方案进行评价,并选择出最佳方案。

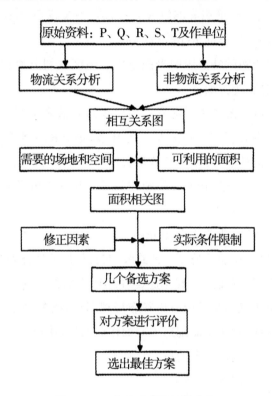

图 3 SLP 法平面布置规划步骤

3. 基于 SLP 法的华润万家生鲜品配送中心布局规划

由于生鲜品的特殊性,生鲜品配送中心比一般普通货物配送中心在软硬件方面的要求更高。而生鲜品配送中心作为连锁超市的重要部门,它是连锁超市生鲜品产销链条上的一个关键衔接点。华润万家生鲜品配送中心整合分拣配送、流通加工等活动,其内部布局规划以简化操作流程、减少生鲜品搬运、降低生鲜品损耗、有效利用空间、降低设备闲置率等为目标,通过运用先进设备及技术,提高运作效率,降低物流成本,最终实现生鲜品按需按时安全送达各门店的目标。

华润万家生鲜品配送中心基本要素分析如下。在 SLP 方法中,配送中心以产品 P、产量 Q、工艺路线 R、生产技术 T 和辅助服务部门 S 作为工厂设施布置的依据和切入点。由于配送中心与工厂存在一定的差异,因而华润万家生鲜品配送中心的基本要素为配送中心的生鲜品 P(production)、配送中心的作业路线 R(route)、辅助服务部门 S(service)、物流技术 T(technique)。

(1)配送中心的生鲜品 P(production)

配送中心内货物的特点影响着配送中心内区域划分面积的大小、设施设备的配备、操作流程等方面。

华润万家生鲜品配送中心的货物指由华润万家采购部采购的生鲜品,这些生鲜品经配送中心暂存、分拣、加工等环节,最终配送至华润万家各门店。由于生鲜品自身的特点,对以上环节都有特殊的要求,因而在进行内部布局规划时,应对操作流程相近、作业路线相同的不同种类生鲜品进行归类布置,提高配送中心内部作业效率。

(2)配送中心的作业路线 R(route)

在传统 SIP 中,R 表示的是工艺路线,它直接影响着作业单位的相互关系以及布置规划,是基本要素中最为直观的影响因素之一。

在华润万家生鲜品配送中心内部布局规划中,指的是生鲜品在配送中心内的物流流动路线,是生鲜品配送中心的作业流程,体现了各作业单位间的关系程度,是配送中心内部布置的决定性基本因素。

(3)辅助服务部门 S(service)

华润万家生鲜品配送中心的辅助服务部门是配送中心正常运营的保障部门,其主要包括设施配合作业区、综合办公区、员工活动区。这些区域虽不会直接影响生鲜品的配送作业,但是却对整个配送中心的运作效率有着间接的影响,在布局规划时不可小觑。

(4)物流技术 T(technique)

在配送中心内部布局规划中,物流技术主要指从事物流作业的物流设备,在其他影响因素一定的情况下,物流技术水平的高低决定着物流作业效率、所需设备数量、所需工作人员的数量等,从而影响配送中心内部布局的结果。

表3 苏州华润万家生鲜配送中心作业区功能划分

区域	序号	作业区		功能
配送作业功能区	1	收货检验区		卸货收货、清点数量、质量检验等
	2	存储区	冷冻区	储存温度小于-10℃
			冷藏区	储存温度介于-2~-10℃
			低温区	储存温度介于-2~10℃
	3	加工区		挑选、包装、贴标等
	4	配货区		分拣、集货、配装等
	5	废弃物区		堆放加工包装废弃物、其他作业废弃物等
辅助服务区	6	退货区		退货接收、退货暂存、退货处理等
	7	配合作业区		设施设备存放、设施设备维护等
	8	综合办公区		检验部、仓储部、运输部、会议室、计算机控制室等
	9	员工活动区		员工更衣、休息、盥洗等

思考:你是如何理解苏州华润万家冷链物流的?

主要参考文献

[1] 郭家德.农产品冷链物流模式及对策研究[D].武汉:武汉理工大学出版社,2012.

[2] 李建超,邓志勇.广西保税物流体系逐渐完善,保税物流助企业降成本[N].南果早报,2011—8—19.

[3] 国家发展改革委员会.农产品冷链物流发展规划[EB/OL].(2010—6—18)[2021—4—13].http://www.gov.cn/gongbao/content/2010/content_1737211.htm.

[4] 毋庆刚.我国冷链物流发展现状与对策研究[J].中国物流与采购,2011(2):28.

[5] 赵敏.农产品物流[M].北京:中国物资出版社,2007.

[6] 隋博文,王景敏.广西北部湾经济区农产品冷链物流模式研究[J].安徽农业科学,2011,39(28):17733—17735.

[7] 张国治,温纪平.速冻食品的品质控制[M].北京:化学工业出版社,2007.

[8] 曹程明.肉及肉制品质量安全与卫生操作规范[M].北京:中国计量出版社,2008.

[9] 傅泽田,张小栓,张领先,等.生鲜农产品质量安全可追溯系统研究[M].北京:中国农业大学出版社,2012.

[10] 吴砚峰.中国—东盟自由贸易区物流标准体系建设研究[J].物流技术,2013,32(09):77—81.

[11] 杜凤蕊.中国—东盟农产品物流研究[J].价格月刊,2013(4):64—69.

[12] 杜凤蕊.中国—东盟农产品物流现状与对策分析[J].对外经贸实务,2013(2):89—92.

[13] 任奕林,伍冬生,李旭荣.我国禽蛋业的现状及发展对策[J].中国家禽,2005,27(2):5—6.

[14] 舒在习.禽蛋贮藏保鲜技术的应用[J].畜禽业,2001(9):64—65.

[15] 孙黎宏.我国鲜花与盆花物流的现状与前景分析[J].武夷学院学报,2009(2):96—99.

[16] 王可山.中国花卉冷链物流的现状、问题与建议[J].中国流通经济,2010,24(7):35—38.

[17] 张引潮.中国花卉业的现状及前景[J].中国林业,2000(1):38—39.

[18] 章建浩.生鲜食品贮藏保鲜包装技术[M].北京:化学工业出版社,2009.

[19] 张玉廷.农产品检验技术[M].北京:化学工业出版社,2009.

[20] 覃毅延,唐连生.广西新鲜果蔬冷链物流发展现状及建议[J].中国经贸导刊,2012(3):24—26.

[21] 兰必近.广西及其北部湾经济区冷链物流发展研究[J].物流技术,2012,31(9):51—54.

[22] 韦克俭,路胜.德国冷链物流管理的做法及对我国的借鉴作用[J].广西职业技术学院学报,2012,5(6):34—39.

[23] 刘新社,易诚.果蔬贮藏与加工技术[M].北京:化学工业出版社,2009.

[24] 彭增起,刘承初,邓尚贵.水产品加工学[M].北京:北京轻工业出版社,2010.

[25] 刘红英.水产品加工与贮藏[M].北京:化学工业出版社,2006.

[26] 李来好.水产品保鲜与加工[M].广州:广东科技出版社,2004.

[27] 林洪,张瑾,熊正河.水产品保鲜技术[M].北京:中国轻工业出版社,2001.

[28] 汤晓艳,钱永忠.我国肉类冷链物流状况及发展对策[J].食品科学,2008(10):656—660.

[29] 杨芳,李梅芳.中国果蔬产品冷链物流现状及需求趋势研究[J].经济研究,2011(22):89—91.

[30] 杨松夏,陆华忠.探析我国果蔬冷链物流发展对策[C].中国农业工程学会2011年学术年会论文集,2011.

[31] 李剑桥.商业龙头青睐果蔬冷链物流非冷链一年损失300亿[N].大众日报,2013—3—4.

[32] 刘清.台湾名优水产首度直送广西四种鱼均超低温速冻[N].广西新闻网,2013—7—25.

[33] 胡亚东,杨兴丽.水产品冷链物流发展浅议[J].河南水产,2011(1).

[34] 聂小宝,章艳,张长峰,等.水产品低温保活运输进展[J].食品研究与开发,2012,33(12):218—223.

[35] 广西鲜肉的冷链之路[N].制冷快报,2011—3—10.

[36] 农业部.2011年全国花卉业统计数据公布[J].中国花卉园艺,2012(16):1.

[37] 朱蓓薇,曾名湧.水产品加工工艺学[M].北京:中国农业出版社,2010.

[38] 李文杰,刘道平,刘磊,等. 我国食品冷藏链行业发展研究[A]. 中国制冷学会.第七届全国食品冷藏链大会论文集[C].北京:中国制冷学会,2010:4.

[39] 张宴魁.基于冷链物流配送的路径优化探讨[J].商场现代化.2015(18):51.

[40] 彭丽霞.我国冷链物流发展对策及现状研究[D].邯郸:河北工程大学,2011.

[41] 漆莼.国内冷链物流发展现状与对策[J].物流科技.2012(3):82—85.

[42] Lerther Tone. Sraml Matjaz, KramberAer Janezetal. Analytical travel time models for multi-aisle automated storage and retrieval systems [J]. The International Journal of Advanced Manufacture Technology. 2006,30(3/4):340—356.

[43] Chin Chia Jane,International Journal of Physical Distribution & Logistics Management,2000,30(1):55—72.

[44] Wang Ying. The way of solving traveling salesman problem the research on schedulingg in AS/RS[J]. Procedia Engineering. 2011,16:601—607.

[45] 王梦捷.农产品冷链物流网络布局优化研究[D].北京:北京交通大学.2015.

[46] 杨丹婷.冷链物流配送路径优化研究[D].大连:大连海事大学.2014.

[47] 李玉民.物流中心设施布置的方法探讨[J].物流科技 2005,28(121)：97—100.

[48] 王金伟.上海农产品冷链发展研究[D].大连：大连海事大学,2013.

[49] 李作聚.生鲜电商冷链物流发展模式、问题与思路[J].中国物流与采购,2013,(24):76—77.

[50] 傅莉萍.仓储管理[M].北京：清华大学出版社,2015.

[51] 崔剑,成龙.冷链物流体系构建研究[M].武汉：武汉大学出版社,2016.